한국형 조직문화 변화전략

직원존중
주식회사

미문사

직원존중 주식회사

2018년 9월 18일 초판 1쇄 발행

지은이 _ 김철영
펴낸이 _ 김종욱

표지 디자인 _ 북드림
편집 디자인 _ 박용
마케팅 _ 이경숙, 송이솔
영업 _ 박준현, 김진태, 이예지

주소 _ 경기도 파주시 회동길 325-22 세화빌딩
신고번호 제 382-2010-000016호
대표전화 _ 032-326-5036
내용문의 _ 010-2778-4104(전자우편 tycoonkcy@naver.com)
구입문의 _ 032-326-5036/010-6471-2550/070-8749-3550
팩스번호 _ 031-360-6376
전자우편 _ mimunsa@naver.com

ISBN 979-11-87812-07-4

한국형 조직문화 변화전략

직원존중
주식회사

김철영 지음

미문사

대한항공 직원들이 처음으로 촛불을 든 날, 이 책을 써야겠다고 마음먹었습니다. 또한 당시에는 미투 운동도 한참이었죠. 왜 이런 일들이 벌어졌을까 고민하던 저는 이 모든 일의 중심에 '존중의 결여'가 있었다는 사실을 발견했습니다.

요즘 넷플릭스나 구글의 조직문화가 화제입니다. 많은 기업들이 실리콘밸리의 조직문화를 흉내 내기 위해 노력하고 있습니다만, 정작 자신의 구성원들을 존중하지 않는다면 이런 노력들은 아무런 의미가 없습니다.

이제 기업의 성과는 '직원존중'에서 나옵니다. 저는 이 사실을 알리기 위해 나름의 작은 촛불을 들어보고자 합니다. 이 촛불이 여러분과 여러분이 속한 조직을 더 나은 곳으로 인도했으면 하는 소망을 가져봅니다.

한편 이 책이 있기까지 많은 분들의 도움이 있었습니다. 그걸 먼저 밝히고 이 책을 시작해야 할 것 같습니다. 늘 아낌없는 지원과 성원을 보내 주신 미문사 김종욱 대표님, 바쁜 시간에도 흔쾌히 자문과 감수를 맡아 준 법무법인 예강의 박영태 변호사와 국제온누리 노무법인의 김철민 노무사, 버크만코리아의 황윤선 팀장님 그리고 늘 살아 있는 정보와 함께 아낌없는 응원을 전해 준 고려대 기업교육 35기 동기들과 선후배님들. 모두모두 감사합니다. 가족도 빼놓을 순 없겠지요. 책을 쓴답시고 허구한 날 집을 비운 남편을 용서해 준 아내와, 두 딸 서진, 유진에게도 감사를!

특히 이 책은 암 투병 중이지만 나에겐 언제나 바위와도 같은 아버지께, 그리고 사랑하는 친구이자 멘토였던 故 정규익 님께 바칩니다.

무엇보다 손에 못 자국 나신 그분께 감사합니다. 이 모든 일이 제 힘으로 이뤄진 게 아니라는 걸 잊지 않겠습니다. 감사합니다.

우리들의 일그러진 워크 라이프

워라밸은 개뿔!!
우리는 강요하는 기업 문화 속에서
심하게 일그러진 워크라이프를 살고 있다.
이런 삶의 악순환을 끊기 위해서는 변화를 모색해야 한다.

이제, 강요의 울타리를 걷어내고 존중을 펴야 할 때가 왔다.

워킹맘에게 '워라밸'은 사치일 뿐!

평소 같으면 즐겁게 퇴근 준비를 하고 있을 금요일 오후. 사무실엔 설렘 대신 무거운 침묵이 흐르고 있었다. 퇴근 시간인 저녁 6시가 되자 임원실의 문이 열리고 이 전무님이 나왔다.

"다들 준비됐지?"

그 한마디에 모두가 일사불란하게 사무실을 빠져나가 회사 앞에 대기하고 있던 관광버스에 몸을 실었다. 그렇다. 그들은 '워크숍'을 하기 위해 떠나는 것이다. 그것도 황금 같은 금요일과 토요일에 걸친 워크숍! 하지만 이름만 워크숍일 뿐, 콘도에 짐을 풀자마자 전무님의 일장 연설을 들은 뒤 미친 듯이 술을 마시고 다음 날 산행을 하고 돌아오는 게 전부다. 물론 이 전무님의 컨디션에 따라 산행 후에 막걸리를 걸치는 일정이 추가될 수도 있다.

어린이집에 다니는 세 살 된 딸을 키우는 워킹맘 최 과장. 그녀의 얼굴은 어둡기만 하다. 일주일 내내 야근에 독박 육아까지, 하루도 편할 날이 없었는데 주말마저 워크숍이라니…. 도무지 이해할 수가 없었다. 관광버스 창가로 보이는 어두운 하늘을 보니 산다는 게 왜 이리도 피곤한 건가 하는 서글픔이 밀려왔다.

워라밸은 개뿔! 워킹맘에게 워라밸은 누구 집 개 이름보다도 못한 말이다.

       2018 likes

#워라밸은_누구집_개이름이니? #워크만있고_라이프는_없다
#이렇게_힘든데_계속_애낳으래

퇴사를 부르는 회식의 압박

이제 입사한 지 3개월이 지난 신입사원 K. 그의 표정도 어둡긴 마찬가지다. 워크숍이 있는 오늘 저녁에는 거나한 술자리가 펼쳐질 게 뻔한데 그는 선천적으로 술이 약하다. 김 부장은 이런 그에게 '비주류'라는 별명을 붙여 주었고 회사에서도 K는 어느새 비주류로 통하고 있었다.

그토록 바라던 사원증을 목에 걸던 날의 감격도 잠시, 이제 K는 퇴사할 생각만 하고 있다. 김 부장님이 시도 때도 없이 술자리를 마련하는 바람에 하루하루가 지옥이다. 특히 오늘처럼 워크숍이 있는 날에는 더욱 괴롭다. 모든 술잔이 신입사원인 자기에게로 향할 텐데…. 벌써부터 막막하기만 하다.

도대체 무슨 이유로 술을 강요하는지 알 수 없지만 그렇다고 선배들이 주는 술을 거부할 수도 없다. 폭력이나 다름없는 회식 문화 때문에 이직하고 싶은 마음이 간절하지만 다른 회사를 가도 상황이 다를 것 같지는 않다. 그래서 더욱 절망적이다.

그는 어떻게 하면 회식의 공포에서 벗어날 수 있을까 고민하고 있지만, 아무도 가르쳐 주는 사람이 없다.

    2018 likes

#입사하자마자_퇴사각 #회식의공포 #오늘도회식
#간이열개라도_견디기힘들어

김 부장님의 '나쁜 손'

팀장을 맡고 있는 20년차 직장인 김 부장. 그는 나름대로 자신이 조직 내 '소통' 전문가라고 생각한다. 그는 회사 내 여러 부서 사람들과 밤늦도록 술잔을 기울인다.

'미투' 운동이다 뭐다 해서 주변에선 이런 그에게 우려의 시선을 보내기도 했지만 그는 아랑곳하지 않고 술잔을 들었다. 회식 때도 모든 팀원이 마지막까지 가야 한다는 게 그의 지론. 회사 생활의 연차가 쌓일수록 그의 간 수치도 높아졌기에 그는 조직을 위해 자신이 희생한다고만 생각했다. 그러던 어느 날. 인사팀에서 보낸 메일 한 통에 그의 마음은 무너져 버렸다.

'블라인드 앱의 우리 회사 게시판에 부장님의 지나친 음주 권유와 성희롱으로 인한 불만을 토로하는 게시글이 올라오고 있습니다. 사실 확인을 위해 인사팀 회의실로 와 주시기 바랍니다.'

그의 손이 떨려 왔다. 친밀감을 표시하기 위해 한 행동을 가지고 성희롱이라니. 기가 막힐 노릇이었다. 그는 밀려오는 배신감을 주체할 수 없었다.

   2018 likes

#부장님아_내허리에_손올리지_마오 #내허리는_나의것
#부장님은_아직_모르고있음 #미투가_도대체_뭐니?
#지금_김부장님에게_필요한건?

이 전무님의 시간은 거꾸로 흐른다.

이 전무는 오늘도 모든 게 못마땅하기만 하다. 직원들이 일하는 모습이 영 마음에 들지 않아서. 지시를 내리면 제대로 해내는 녀석이 없다. 주 52시간 근로제가 시행되고부터는 다들 퇴근할 생각만 하고 있다는 게 눈에 보일 정도였다.

직원들의 동기 부여를 위해 해병대 캠프에도 참여해 보고, 주말이면 워크숍과 함께 산행도 하는 등 온갖 노력을 기울였지만, 그럴수록 퇴사하는 직원들만 늘어갔다.

'옛날에는 직원들이 이러지 않았는데…. 옛날에는 상사가 지시를 내리면 일사불란하게 움직였는데…. 요즘엔 그런 맛이 없어! 쯧쯧쯧…'

평생 일만 알고 살았던 그였기에 가족과의 관계도 소원해졌다. 아들이 군대 갈 때 훈련소까지 데려다 주겠다니까 "그냥 하던 대로 하세요."라며 훌쩍 떠나버릴 정도였다. 그렇게 열심히 살아왔는데도 그의 임원 재계약은 불투명한 상태. 거기다 건강검진 결과도 최악이었다. 이 전무는 말할 수 없는 허무함을 느꼈다.

 ♥ 2018 likes

#옛날이_그렇게_그리우신가요? #산행은_혼자서_하시는걸로
#해병대캠프라니요_우리는_군인이_아닙니다!

새로운 조직문화 형성, 왜 안 되는 걸까?

왜 그들은 되고 우리는 안 되는 걸까?

'조직문화'가 기업의 성과에 큰 영향을 미친다는 사실은 이제 상식이나 다름없다. 특히 구글이나 넷플릭스 등 미래를 이끌어갈 세계적인 기업의 성공 뒤에는 놀랍도록 혁신적인 조직문화가 자리 잡고 있었다고 대서특필된다. 하지만 전설과도 같은 그들의 이야기가 그저 딴 세상의 일로만 여겨지는 게 우리들의 현실이다. 그들은 그들이니까 가능했고, 어차피 우리는 안 될 거라고 체념부터 해버리는 것이다.

덕분에 우리는 혁신적인 조직문화는커녕 강압적인 분위기 속에서 하루하루를 버텨야 한다. 앞서 소개한 워킹맘 최 과장과 신입사원 K는 다름 아닌 우리들의 모습이다. 몸만 출근할 뿐 이미 영혼은 떠난 회사이기에 당장이라도 때려치우고 싶지만 마땅한 대안이 없다. 결국 이러지도 저러지도 못하는 모순의 나날만 반복될 뿐이다.

그러나 다시 한번 진지하게 생각해 보자. 왜 미국이나 유럽에 있는 기업들만 그런 일을 해내는 걸까? 왜 우리는 그들처럼 혁신적인 문화를 만들어내지 못하는 걸까?

글로벌 기업의 한국지사에서 근무했던 나는 미국 본사에서 근무하는 직원들이 생각보다 똑똑하지 않다는 사실을 잘 알고 있다. 오히려 그들보다 우리나라 사람들이 훨씬 똑똑하다. 그럼에도 불구하고 그들은 해내고 우리는 맨날 제자리를 맴돌고 있는 이유는 뭘까?

어쩌면 우리는 그 이유를 이미 알고 있다. 바로 우리 사회가 고질적으로 가지고 있는 문화, 즉 가부장제와 권위주의 그리고 서열 의식 같은 것들이 혁신적인 조직문화를 만드는 데 걸림돌이 되고 있다.

혁신적인 조직문화란 구성원들의 창의성과 자율성이 마음껏 발휘될 수 있는 분위기를 말하는데, 이를 위해선 구성원 간의 수평적인 관계가 핵심이다. 하지만 오래전부터 수평적인 관계가 형성되어 왔던 미국이나 유럽과는 달리 우리에겐 수직적인 관계가 훨씬 자연스럽다. 심지어 놀이터에서 처음 만난 아이들끼리도 나이로 서열을 나누는 나라에서 하루아침에 수평적인 조직문화를 형성한다는 건 불가능에 가까운 일이다.

다행히 최근 들어 조직문화에 대한 관심이 높아지면서 대기업을 중심으로 직급을 단순화시키고 호칭에 변경을 주는 등 여러 가지 노력을 기울이고 있다. 하지만 이런 시도들은 벌써 몇 년 전부터 시도된 적이 있었지만 대부분 별 성과 없이 흐지부지 끝나 버리고 말았다. 우리나라 특유의 수직적 문화를 도외시한 채 무작정 외국 기업을 따라하려니 실패할 수밖에 없었던 거다.

강요당하는 직원들은 혁신을 이뤄낼 수 없다.

이처럼 수직적인 문화는 우리의 조직문화를 변화시키는 데 걸림돌이 되고는 있지만, 지금까지 우리에게 상당한 효율을 안겨 준 건 부인할 수 없다. 조직 내의 서열에 따라 일사불란하게 움직인 덕분에 우리는 '기적'을 만들어 낼 수 있었다. 그러니 덮어놓고 이런 문화를 나쁘다고 말할 수는 없다.

다만 이런 권위적이고 수직적인 문화는 심각한 부작용을 낳았으니, 그것은 바로 무언가를 '강요'하기에 최적화된 시스템을 형성해 버렸다는 사실이다. 상사에게 어떠한 의문도 제기하기 힘든, 눈에 보이지 않는 이 구조적인 강요 시스템이 우리의 창의성과 자율성을 갉아먹고 있다. 강요당하는 직원들은 결코 21세기의 시장이 원하는 혁신을 이뤄낼 수 없다.

강요의 문화를 대표하는 사례를 들어 보자. 잘 알다시피 우리나라에선 퇴근 시간도 계급 순이다. 자리를 지키고 있는 상사의 모습은 부하 직원들에게 묵시적 강요로 작용한다. 회의 시간엔 창조적 논의보다는 리더의 말씀을 받아 적을 뿐이다. 이런 현상 역시 지속적으로 침묵과 복종을 강요당한 결과이다. 즐거워야 할 회식 자리에서는 상사에 대한 충성을 강요받는다. 무엇보다 군대에서나 통할 법한 '시키면 시키는 대로 하고, 까라면 까라'는 분위기가 여전히 팽배하다. 덕분에 상사가 어떤 지시를 내리든 아무도 의문을 제기하지 않는다. 정말 창의성과 거리가 먼 우리의 기업문화가 아닐 수 없다.

들불처럼 일어나 우리 사회를 뜨겁게 달궜던 미투 운동 역시 강요에

짓눌려 왔던 우리의 조직문화를 고스란히 보여 준다. 미투 운동을 촉발시킨 사건은 대부분 몇 년 전에 일어난 건데 왜 이제서야 세상에 드러나게 됐을까? 가해자와 그 주변 인물들이 막강한 권력을 바탕으로 침묵을 강요했기 때문이다. 이런 강요의 울타리를 뛰어넘은 용기 있는 이들이 아니었다면 미투 운동은 결코 일어나지 못했을 것이다.

이처럼 우리는 스스로 인식을 하고 있든 못하고 있든 간에 '강요라는 이름의 기업문화' 속에서 일하고 있다. 이런 분위기 속에서는 그 어떤 노력을 기울인다 해도 변화는 일어나지 않는다. 오히려 그런 시도 역시 새로운 강요로 인식될 가능성이 크다. 그러므로 우리의 기업문화를 변화시키기 위해서는 제일 먼저 '강요'의 울타리부터 걷어 내야 한다.

이제 기업의 성과는 '직원존중'에서 나온다.

2018년 5월 4일, 또 하나의 촛불이 광화문을 메웠다. 대한항공 회장 일가의 갑질을 견디다 못한 직원 수백 명이 촛불을 든 것이다. 4년 전 조현아 전 부사장이 '땅콩회항' 사건을 일으켰을 때에는 온 국민이 분노했지만, 정작 대한항공의 직원들은 침묵을 지켰다. 그들은 회사 측의 침묵 강요에 고개를 숙여 버렸다.

하지만 이번에는 달랐다. 조현민 전 전무에 의해 또다시 갑질 논란이 촉발되자 그들은 자발적으로 채팅방을 만들고 촛불을 들었다. 촛불 집회에서 가면으로 얼굴을 가리긴 했지만 그들의 용기마저 숨길 수는 없다. 그 용기는 경쟁사에게도 선해졌다. 국내를 대표하는 두

항공사의 직원들은 경쟁 관계를 뛰어넘어 함께 촛불을 들었다.

그들이 촛불을 들어 원하는 결과를 얻을 수 있을지 없을지는 지금으로선 알 수가 없다. 그래도 그들이 든 촛불 덕분에 어떤 형태로든지 변화가 시작될 거라는 것만큼은 확실하다. 그 변화의 방향은 직원들에 대한 '존중'이 될 것이다.

이제부터는 제아무리 재벌 총수라 할지라도 일개 직원을 함부로 대할 수 없는 분위기가 확산될 것이다. '조직의 발전'이라는 명분으로 직원 개개인에 행해지던 강압적인 조치에 대해서도 제동이 걸릴 것으로 보인다. 그 대신 직원의 인격이나 사생활에 대한 존중의 문화는 점점 확산될 것이다.

사실 시장을 이끌어가고 있는 혁신적인 기업은 이미 오래전부터 이런 문화를 형성하기 위해 엄청난 노력을 기울여 왔다. 그들은 직원들을 강요의 대상으로 보지 않고, 혁신의 원동력으로 대우해 온 것이다. 이제 우리도 직원들에 대한 강요의 울타리를 걷고 존중의 문화를 형성해 가야 한다.

그런데 수십 년간 행해지던 관행이 쉽게 사라질 수 있을까? 기업에서는 어떤 부서가 그런 변화를 이끌어야 하는 걸까? 팀이나 사업부를 이끌고 있는 리더들은 그 방법을 알고 있을까? 혹시 '직원존중'이라는 미명 아래 새로운 강요의 문화가 형성되는 건 아닐까? 이런 우려를 할 수밖에 없는 게 우리의 현실이다.

물론 기본적으로 몇 가지 방법을 생각해 볼 수 있다. 성과를 내는 직원들에게 충분한 성과금을 지급하거나 직원들의 삶의 질을 높이기 위해 각종 복리 후생 제도를 갖추는 일이 그것이다. 하지만 그런 제도는 이미 오래전부터 그 효과를 의심받고 있다.

직원들 간의 상대 평가에 근거한 철저한 성과 보상제로 유명했던 GE와 마이크로소프트, 골드만삭스와 같은 글로벌 기업은 그들이 그토록 신봉해 왔던 상대 평가제를 폐지해 버렸다. 그들은 이런 제도가 직원들의 창의성과 사기를 저하한다고 말한다.

완벽한 복리 후생 역시 한계가 있다. 복리 후생 제도가 잘 갖춰진 자동차 회사에서 노사 관계 업무를 했던 나는 이러한 사실을 잘 알고 있다. 자동차 회사에는 이미 완벽한 복리 후생 제도가 갖춰져 있음에도 매년 새로운 복리 후생에 대한 요구가 쏟아진다. 그런 다양한 요구를 맞추기 위해 회사는 엄청난 노력을 기울여야 한다. 그러나 시간이 지날수록 직원들은 이를 당연하게 여길 뿐 크게 만족하지는 않는다.

이 두 가지가 힘들다면 일부 기업에서 시행하고 있는 새로운 인사 제도를 도입하는 건 어떨까? 일반적으로 '사원-대리-과장-차장-부장-임원'으로 나눠지는 복잡한 계층을 단순화시키고 호칭을 '~님'으로 통일시키면 어떤 효과가 나타날까?

이 역시 크나큰 모험이 아닐 수 없다. 직급을 단순화시킬 경우 승진으로 인한 임금 인상의 효과가 줄어들어 오히려 직원들의 불만을 초래할 우려가 있으며, 호칭 역시 오랜 관성 때문에 바꾸기가 쉽지 않다. 수직적인 문화는 그대로인데 호칭만 다르게 부르니 어색한 거다. 무엇보다 자율적인 분위기를 위해 새로운 제도를 '강제'해야 하는 모순이 발생한다.

직원존중의 기업문화를 형성하기 위한 3단계 과정

결국 직원 존중의 기업문화를 형성하기 위해서는 조직 내에 깊이 자리 잡은 권위주의적 요소를 걷어 내는 수밖에 없다. 앞서 말했듯이 강요는 권위주의라는 시스템 속에서 자라왔기 때문이다. 이를 위해서는 조직 내의 모든 계층이 발 벗고 나서야 한다. 앞서 살펴본 워킹맘 최 과장과 신입사원 K, 김 부장과 이 전무 모두가 나서야 비로소 변화가 일어난다.

그러나 저마다의 권한이 다른 만큼 역할도 다를 수밖에 없다. 각종 차별과 성희롱에 노출된 여성 직장인과 육아의 부담을 떠안고 있는 워킹맘을 대변하는 최 과장, 그리고 회식의 압박에 괴로워하는 신입사원 K에게는 변화를 주도할 힘이 없다. 그들에겐 강요하는 조직에서 살아남는 일이 우선이다. 변화를 주도하는 건 그다음의 일이다.

그래서 이 책에서는 3단계의 변화 과정을 제시한다. 첫 번째 단계인 'Step 1'에서는 생존이 우선인 이들을 위한 생존 전략을 제시한다. 최 과장과 신입사원 K를 통해 강요하는 조직 안에서 어떻게 해야 살아남을 수 있는지, 어떻게 해야 당당하게 자신의 목소리를 낼 수 있는지에 대한 구체적이고 현실적인 방법을 제시한다.

두 번째 단계인 'Step 2'에서는 조직을 변화시킬 수 있는 실질적인 힘을 가진 리더들의 자세를 알아보고자 한다. 대한민국의 대표 상남자라고 자부하는 김 부장과 이 전무를 통해 우리 조직 안에 뿌리 깊게 박혀 있는 가부장적인 리더십을 조명해 보고 이를 대체할 새로운 모델을 제시하고자 한다. 부장님과 성영신이 신성한 리더십을 발휘할 때에야 비로소 변화는 시작된다.

지금까지는 개인적인 차원의 노력을 다룬 반면, 세 번째 단계인 'Step 3'에서는 조직 차원에서 시도해 볼 수 있는 방법을 다룰 것이다. 특히 조직 구성원들이 나서서 '무엇을' 바꿀 것인가를 중심으로 살펴볼 것이다. 우리 조직 안에 뿌리 깊게 박혀 있는 5가지의 강압적 요소를 찾아 이를 직원존중의 방향으로 변화시킬 수 있는 솔루션을 제시하고자 한다. 국내 기업의 고질적인 문제점으로 꼽혀 왔던 회식과 야근의 강요를 비롯해서 최근에 문제가 되고 있는 직장 내 성희롱의 문제를 살펴본 다음 올바른 리더십의 방향과 서로의 다름을 극복하고 최고의 팀워크를 발휘할 수 있는 방법을 제시할 것이다.

이와 같은 3단계 과정을 거쳐 우리가 이룩하고자 하는 것은 바로 '직원존중의 조직문화'이다. 다시 말하지만 강요당하는 직원은 혁신을 이룰 수 없다. 직원들은 존중받는다고 느낄 때 혁신을 향해 뛰기 시작한다.

이제 우리는 강요를 벗어나 스스로 일하는 즐거움을 누릴 수 있는, 그런 회사로 출근할 수 있어야 한다. 이 책이 그 로드맵을 제시할 수 있기를 바란다.

목차

Step 2.
변화를 이끄는 리더의 자세

Step 3.
강요에서 존중으로 가기 위한 5가지 방법

Step 1.

강요하는 조직에서
나를 지키는 방법

01. 강요하는 조직에서
여성으로 살아가기

강요하는 조직 속에서 여직원들은 어떻게 해야 할까?
그녀들을 가두고 있는 보이지 않는 유리 장벽과 성희롱,
그리고 독박 육아까지.
여직원과 워킹맘을 힘들게 하는 그 모든 것에 맞서 당당
하게 이길 수 있는 가장 현실적이고 강력한
방법을 알아보자.

강요하는 조직에서
여성으로 일한다는 건

숨이 턱밑까지 차올랐다. 어젯밤에 마신 소주가 식도를 타고 역류하는 듯했다. 다리는 이미 내 다리가 아니었다.

'워크숍에서 등산을 할 거면 어젯밤에 술을 먹이지 말든가, 아니면 처음부터 산악 전문가를 채용했어야지, 왜 애까지 딸린 여자에게 이런 개고생을 시키냐고, 이것들아!'

저만치 앞서가고 있는 김 부장과 이 전무의 면전에다가 이렇게 소리치고 싶은 마음이 굴뚝같았지만 꾹꾹 눌렀다. 그나마 생리 기간이 아닌 것만 해도 천만다행이었다. 더 이상 애를 낳을 마음은 추호도 없지만 임산부라서 이번 워크숍에서 열외로 빠진 윤 대리가 그렇게 부러울 수가 없었다.

두 시간의 산행 끝에 간신히 정상에 섰다. 정상에서 본부 인원 전체가 현수막을 펼치고 사진을 찍었다. 김 부장은 사람들에게 웃으라고 외쳤지만 도저히 웃음이 나오질 않았다.

'제발, 막걸리만큼은 마시지 말고 그냥 가자!'

마음속으로 간절히 외쳤지만 오늘따라 유난히 전무님의 컨디션이 좋아 보였다. 아니나 다를까, 결국 점심과 함께 막걸리 마시는 일정이 추가!

더 어이가 없는 건 여직원들은 이 전무님 주변에 앉으라는 김 부장의 말이었다. 숟가락 들 힘도 없는데 전무님 주변에 앉아 억지로 웃어야 한다니.

"애 낳았다고 쉬는 날 집에만 있으면 안 돼. 이렇게 좀 움직여 줘야지. 그래도 등산을 하고 나니까 개운하지?"

정말, 전무님은 그렇게 생각하세요? 주말엔 쉬어야 하는 거 아닌가요? 워킹맘은 주말에 애도 봐야 한답니다.

어느새 오후 2시가 됐고 드디어 돌아가는 관광버스에 몸을 실었다. 서울 도착하면 5시. 그렇게 주말은 흘러가 버렸다. 마음은 서글픈데 무심한 하늘은 맑기만 하다.

'출산율 세계 최하위'

한때 아이들로 넘쳐나던 대한민국의 현주소다. 정권이 바뀌거나 선거 때만 되면 요란하게 출산 정책이 쏟아지지만 현실은 버겁기만 하다.

우리나라에서는 아이를 찾기 위해 정시에 퇴근하는 게 왜 죄악시되는지, 왜 주말에도 회사에 나와서 일을 해야 하는지, 왜 주말에만 워크숍이다, 산행이다 해서 고생을 시키는지, 도무지 이해가 안 된다. 그러고도 애를 낳으라니!

물론 조금씩, 아주 조금씩 개선되고는 있지만 아직도 갈 길은 멀다. 하지만 제도가 개선되고 어린이집이 아무리 많이 생겨도 아이들을 키우는 사람들의 처지는 크게 달라지지 않는다. 그녀들이 일하고 있는 '회사'가 변하지 않기 때문이다. 회사에선 엄마의 역할은 버리고 오직 직장인으로서의 역할에만 충실하길 강요한다. 다른 사람보다 더 날카로운 기준으로 그녀들을 평가하며 결국엔 알아서 조직을 떠나도록 만든다.

이런 워킹맘의 현실을 어깨 너머로 훔쳐 본 미혼 여성들은 갈수록 결혼하기를 꺼린다. 그들을 기다리고 있는 미래가 너무 가혹하다는 걸 눈치채 버린 거다. 그래도 여전히 TV에서는 애먼 통계 숫자를 거들먹거리면서 마치 여성들이 문제라는 식으로 보도하고 있다. 그게 그렇게 문제면, 너희들이 여자로 살아보든가!

여자라서 짊어져야 할 짐은 많지만 회사라는 공간에서 여성의 목소리는 여전히 약하기만 하다. 여성 직장인의 숫자는 갈수록 늘어나고 있지만 조직 내에서 소수의 목소리를 벗어나지 못하고 있는 것이다. '미투' 열풍은 역설적으로 그동안 일터에서 여성들의 처지가 얼마나 형편없었는지 보여 주고 있다. 몇 년 전에 벌어졌던 일이 이제야 문제가 되고 있기 때문이다. 그 긴 시간 동안 피해자들은 얼마나 많은 한숨을 삼켜야만 했을까?

침묵과 충성과 복종을 강요하는 대한민국의 일터에서 여성으로 살아간다는 건 정말이지 힘든 일이다. 이제 강요하는 회사에서 그녀들의 짐을 조금이나마 덜어 줄 생존 가이드를 제시하고자 한다.

여성들을 차별하고 소외시키는 '유리 장벽'을 열 수 있는 방법에서부터 조직에 충성스럽게 보일 수 있는 '충성 퍼포먼스'를 연출하는 방법, 현명하게 육아를 분담하는 법과 술자리에 대한 전략 그리고 성희롱에 대처하는 방법에 이르기까지, 가장 현실적인 방법을 소개하고자 한다.

"이거, 써먹기에 너무 힘든 방법들 아닌가요?"라며 긴장할 필요는 없다. 굳이 슈퍼맘, 슈퍼우먼처럼 독해지지 않더라도 충분히 가능한 방법만 모았으니까. 생활에서 오는 자연스러운 변화, 그것이야말로 가장 강력한 힘이다.

'유리 천장'보다 '유리 장벽'을
먼저 열어야 한다!

"이제 여직원들은 들어가 봐."

회식 때마다 "마지막까지!"를 외쳤던 김 부장님의 의외의 말에 여직원들은 내심 기뻤다. 이제 회식의 1차를 마쳤을 뿐인데 집에 가라니! 워킹맘 최 과장은 뛸 듯이 기뻤다. 그녀는 택시를 타자마자 집에 전화를 걸었다.

"예린아, 엄마 곧 도착하니까 조금만 기다려."

집으로 향하는 최 과장의 발걸음은 가벼웠지만 김 부장이 오늘은 무슨 이유로 일찍 보내는지 궁금해졌다. 불현듯 약간의 불안감이 머리를 스쳤지만 집에서 기다리고 있을 예린이를 생각하니 모든 걱정이 사라졌다.

여직원들을 모두 집에 보낸 김 부장과 이 전무는 다른 남자 직원들을 데리고 어딘가로 향했다. 그곳은 바로 OO비즈니스클럽.

"전무님, 이제 여직원들도 보냈으니 우리끼리 즐겨 보시죠!"

"그래, 이 맛에 회사 생활을 하는 건데, 여직원들이 끼면 안되지! 걔네들, 이제 애도 낳았으니 회사 그만둘 때 된 거 아냐? 애 낳을 때마다 육아 휴직 줘야지, 대체 인력 써야지, 아이고! 골치 아파!"

"네, 네, 전무님 말씀이 맞습니다요. 걔네들이 눈치가 없어요, 눈치가!"

"어휴, 오늘은 그런 얘기는 하지 말고 마셔 보자고! 이봐, 아가씨들! 우리 직원들 잔 좀 채워 봐!"

다음 날 아침, 최 과장은 자신과 떨어지지 않으려고 하는 딸과 한바탕 전쟁을 치렀다. 하지만 오늘만큼은 자기보다 김 부장이 더 힘들어 보였다. 전날의 과음 탓인지 피곤한 기색이 역력했고 옷마저도 어제 입은 것 그대로다. 술이 덜 깬 그는 최과장이 건네는 인사도 받는 둥 마는 둥 했다.

그 날 점심시간. 이 전무가 해장을 하자며 김 부장을 비롯한 남자 직원들만 데리고 나가 버렸고, 사무실에는 최 과장을 비롯한 여직원들만 남게 됐다. 최 과장은 묘한 소외감을 느꼈다. 함께 남은 다른 여직원이 최 과장에게 물었다.

"최 과장님, 우리 지금 따 당한 거 맞죠?"

"맞아요, 다들 정말 치사하네요."

그녀들이 떠난 뒤에 어떤 일이 벌어지는가?

남자인 내가 봐도 참 어이없는 상황이다. 하지만 결코 낯설지 않은 이 풍경. 슬프게도 이게 바로 우리의 현실이다. 여직원들과 밤늦게까지 회식을 하기보다는 그녀들을 일찍 집에 보내고 남자들끼리만 모여 질펀한 2차, 3차를 가지며 '그들만의 리그'를 형성하는 모습. 미투 열풍 이후 이런 현상은 더욱 심해졌다.

특히 다음 날 아침이면 그들은 마치 대단한 일을 함께한 것처럼 서로 "형님 동생"이라 부르며 친한 척을 한다. 이런 식으로 쌓인 남자들만의 세계에 여성들은 끼지도 못하고, 그렇다고 외면하지도 못한 채 슬그머니 뒤로 물러나 버린다.

이런 분위기에 주눅 들어 '그냥 내 할 일만 열심히 하면 되지 뭐'라고 생각하면 큰일 난다. 결국 그들이 바라는 건 당신이 언제까지나 조직의 핵심이 아닌 주변부만 맴돌다가 회사가 힘들어졌을 때 자기들을 대신해 조직을 떠나 주는 것이니까. 남자들은 회사의 위기가 올 걸 대비해서 여직원들에게 미리 무언의 압박을 가하고 있는 셈이다. 현실은 결코 공평하지 않다.

여성이 회사를 떠나도록 강요하는 '유리 장벽'의 힘

2017년 여성 가족부가 국내 매출 상위 500대 기업의 임원 현황을 분석한 결과 여성 임원의 비율은 고작 2.7%에 불과했다. 더 놀라운 사실은 500대 기업 중에서 여성 임원이 한 명도 없는 곳이 336곳으로

67.2%나 됐다는 점이다.[1] 여성 임원의 비율이 해마다 아주 조금씩 늘고는 있지만 OECD 회원국의 평균인 20.5%에 도달하려면 아직도 멀었다.

이런 수치는 말 그대로 여성들의 승진을 막는 '유리 천장'이 존재하고 있다는 현실을 고스란히 보여 주고 있다. 대기업에서 임원에 오르는 것 자체가 '하늘의 별 따기'에 비유될 만큼 어렵다는 걸 감안할 때 여성들은 아예 임원이 되길 포기해야 된다고 할 정도이다.

하지만 이마저도 대부분의 여성들에겐 아득하게 느껴질 뿐이다. 유리 천장에라도 닿았다는 건 역설적으로 조직에서 어느 정도 인정을 받고 있다는 말인데, 많은 여성들은 능력을 인정받아 '유리 천장'에 닿기도 전에 '유리 장벽'에 먼저 갇혀 버리고 만다.

조직에서 능력을 드러내는 여성이 있으면 주위에 있는 남자 동료들은 정보 공유나 업무 협조에 있어서 벽을 쌓아서 보이지 않는 '유리 장벽'을 만들어 버린다. 그곳에 여성을 밀어 넣고 핵심적인 위치에 오르지 못하게 막는 것이다. 그 장벽은 눈에 보이지만 않을 뿐 치밀하게 여성들을 압박한다. 남자들만의 거나한 술자리는 그런 장벽을 짜기 위한 팀워크를 다지는 자리라고 봐도 무방하다.

여성 직장인들은 그 보이지 않는 벽과 더불어 육아의 부담까지 겹쳐 능력을 펼쳐 보이기도 전에 제풀에 지쳐 조직을 떠나 버린다. 그 결과 여성들은 임원 후보에도 오르기 전에 대부분 조직을 떠나는 게 현실이다. 결과적으로 여성 임원으로 승진할 수 있는 후보군 자체가 형성되지 않는다.

조직에서 여성들을 떠밀어 내고 있는 일등공신은 바로 '유리 장벽'이다. 그러니 '유리 천장'에라도 닿으려면 먼저 '유리 장벽'부터 제거해야 한다.

그렇다고 해서 이 '유리 장벽'을 억지로 깨뜨리려고 하면 안 된다. 깨뜨리기도 힘들 뿐만 아니라 깨뜨리는 과정에서 감정의 파편이 온 사방으로 튀어 상처를 입을 수 있기 때문이다. 오히려 유리 장벽을 만든 사람들 스스로 그 장벽을 열도록 유도하는 게 훨씬 현명한 방법이다. 그럼 어떻게 해야 그들 스스로 문을 열게 할 수 있을까? 그 문을 열 수 있는 세 가지 열쇠를 여기서 소개한다.

'유리 장벽'을 열 수 있는 세 가지 열쇠

첫 번째 열쇠는 여성 특유의 부드러운 리더십으로 자기편을 확보해 가는 것이다. 우리나라의 기업 문화는 여전히 '군대'와 다름없다 보니 업무 방식조차 군대와 비슷해졌다. 이렇게 딱딱한 조직 분위기 속에서 오히려 여성의 부드러움은 빛을 발할 수 있다.

남자들은 군대에서의 경험 덕분에 여기에 잘 적응하는 듯 보이지만 사실 말 못할 괴로움과 모멸감에 시달리고 있다. 대부분의 직원들은 '사수'라고 불리는 선배에게 업무를 배우는데 선배들은 친절하게 이해시키기보다는 군대처럼 '갈구면서' 일을 가르친다. 남자의 경우에는 이런 현상이 더욱 심해서 부드러운 사람에게 끌릴 수밖에 없다. 여성들은 바로 이 틈을 노려야 한다. 거질기만 한 사수에게 상처받은 남자들의 마음을 부드럽게 어루만져 줘야 하는 것이다.

여기서 말하는 '부드러움'이란 단순히 나긋나긋한 말투와 화를 내지 않는 태도를 말하는 게 아니라 상대방에게 '존중받고 있다는 느낌'이 들게 해주는 걸 의미한다.

남자들처럼 일방적으로 지시를 내리기보다는 후배라도 의견을 먼저 들어 보고 난 후에 피드백을 해주는 형식으로 업무를 진행한다면, 그 후배는 스스로 일하는 것처럼 느끼게 된다. 이런 경험을 하고 나면 후배들은 여성인 당신과 일하기를 더욱 선호하게 될 것이다.

그래서일까? '요즘것들'을 쓴 허두영 컨설턴트는 사회생활을 하고 있는 밀레니얼 세대들은 수평적으로 소통하고 고민을 나눌 엄마와 같은 리더십을 원한다고 강조한다.[2] 이른바 '엄마 리더십' 또는 '마더십'이라고 하는 새로운 리더십이 각광받는 시대가 온 것이다.

그런데 이런 리더십을 선보이다가 후배들이 당신을 만만하게 보면 어떡하냐고? 만약 남자 상사가 남자 후배에게 이런 태도를 보인다면 만만하게 보일 수도 있겠지만 여자들은 그렇지 않다. 여성은 대화의 기술도 남자보다 뛰어날 뿐만 아니라 온화한 분위기로 자연스럽게 상대의 동의를 이끌어 내는 능력도 뛰어나기 때문에 걱정하지 않아도 된다.

두 번째 열쇠는 여성 특유의 '센스'이다. 분위기를 파악하고 연출하는 능력과 상대방에 대한 직감 등 감성적인 부분에서도 대체적으로 여성이 남성보다 뛰어나다. 이러한 능력은 업무 회의 같은 공적인 자리 또는 고객과의 상담 자리에서 팀장이나 고객의 미묘한 감정 변화를 파악하여 적절한 대응을 할 수 있게 해준다. 이제 과거에 비해 모든 일이 복잡해졌고 다양한 이해관계자들을 고려해야 한다. 따라서 여성 특유의 민감한 센스가 그 어느 때보다 필요해졌다.

한편 이런 센스는 동료들에게 사적인 도움을 줄 때에도 효과적이다. 예를 들어 다음 날 소개팅을 나가는 남자 동료에게 코디를 제안한다든지 여자들이 좋아하는 맛집을 알려 주거나 매너를 가르쳐 주는 등의 도움을 주는 식이다. 이런 도움을 통해 단순히 업무적인 관계보다 훨씬 긴밀한 유대관계를 맺을 수 있게 된다. 단, 이는 어느 정도 친분이 있는 동료에게만 사용하는 게 더욱 효과적이다.

세 번째 열쇠는 '구석에 앉지 않는 당당함'이다. 앞에서 언급한 두 가지 열쇠는 여성 특유의 부드러움과 민감함을 활용하는 방식이다. 하지만 정글 같은 직장에선 그런 방법만으로는 절대 통하지 않는다. 자기 자리를 차지해야 할 때에는 당당하게 자리를 차지해야 한다.

페이스북의 최고 운영 책임자인 셰릴 샌드버그 역시 TED 강연에서 여성들에게 회의나 협상을 할 때 절대 테이블 뒤의 구석 자리에 가서 앉지 말라고 조언하였다. 그녀는 직장 생활을 하면서 여성들이 누가 시키지도 않았는데 스스로 테이블 뒤의 구석 자리에 앉는 모습을 여러 번 봤다고 한다. 하지만 그렇게 해서는 승진은 바랄 수도 없으니 회의나 협상의 주체로서 당당하게 '테이블'에 앉으라고 한다. 이말은 절대 자신을 과소평가하지 말라는 뜻이다.

여성이라서 당연하게 구석에 앉아 보조만 하던 시대는 이제 끝났나. 실팅 _1런 시내가 아직 끝나시 않았너라노 이세부터 낭신이 _1런 시대의 종말을 앞당길 수 있다. 당신에겐 그럴 만한 충분한 힘과 능력이 있으니까. 그런 확신과 당당함이 있어야 남자들도 당신을 동료와 리더로 받아들이게 된다.

이처럼 '상대를 존중해 주는 부드러움'과 '감성적인 센스', 그리고 '자리를 차지하는 당당함'이 유리 장벽을 열 수 있는 세 가지 열쇠이다. 이를 잘 활용한다면 동료들과 충분히 유대관계를 형성할 수 있으며 자신의 능력도 어필할 수 있다.

여자들은 충성심이 약하다고?

"이번 분기 우리 팀 실적 봤지? 다들 노력한 건 아는데, 도대체 무슨 일이 있었던 거야? 다음 분기에 어떻게 해야 할지 각자 의견을 제시해 봐!"

말은 '실적 향상 회의'였지만 사실상 김 부장의 잔소리를 들으며 실적 향상에 대한 압박을 받는 자리였다. 김 부장의 이마에 선 핏대를 본 팀원들은 감히 입을 열 수가 없었다.

그날 저녁 오랜만의 회식 자리. 즐거워야 할 자리이지만 오전 회의 시간에 워낙 강하게 압박을 받았던 탓에 분위기는 썰렁하기만 했다. 불판 위의 삼겹살이 노릇노릇하게 익어서 막 젓가락을 들려고 하는 순간, 워킹맘 최 과장이 입을 열었다.

"부장님, 우선 면목 없습니다. 부장님께서 여러 가지 방법으로 코칭도 해 주시고 전략도 세워 주셨는데…… 저희가 부장님의 열정에 비해 많이 모자랐던 것 같아요. 다음 분기에는 더욱 분발하겠습니다."

김 부장은 최 과장의 말에 오버하지 말라는 핀잔을 주면서
도 싫지 않은 표정이었다. 최 과장은 부장님의 얼굴에 옅은 미
소가 번지는 것을 놓치지 않았다.

"부장님~ 삼겹살도 익었고, 제가 해돋이주를 한잔 올릴게
요. 다음 분기에는 우리 팀이 떠오르는 태양처럼 빛나는 실적
을 올릴 겁니다."

그녀는 휴대 전화의 플래시 기능을 켜고 그 위에 소주와 맥
주를 섞은 '해돋이 쏘맥'을 말아서 건네주었다. 빛나는 조명 위
에 시원하게 올려진 술잔은 보는 이들로 하여금 감탄을 자아
내기에 충분했다.

"다음 분기에는 김 부장님의 지휘 아래 빛나는 실적을 거두
길 기대합니다. 부장님, 멋지게 건배 제의해 주세요."

무거웠던 회식 분위기는 최 과장 덕분에 다시 밝아졌고, 밝
아진 분위기 덕분인지 이런 저런 좋은 의견이 많이 나왔다. 다
음 날 아침, 최 과장은 김 부장에게 메일을 보냈다.

"부장님, 어제 새삼 부장님의 고민과 노력을 이해할 수 있
었습니다. 저희가 더욱 분발하겠습니다. 어제 나온 아이디어
들과, 제가 평소에 생각하고 있던 몇 가지 방안을 함께 정리해
보았습니다. 부장님께서 허락하신다면 기획안으로 발전시켜
서 보고하겠습니다."

여자들은 과연 충성심이 약한 걸까?

앞에서 우리는 여성들을 회사의 핵심에서 밀어내려고 하는 남자들의 못된 습성에 맞설 수 있는 전략을 살펴봤다. 그런데 한 가지 의문이 생기지 않는가? '왜 회사는 남자들만 좋아할까?' 하는 의문 말이다.

회사는 직원들에게 끊임없이 '충성'을 강요한다. 그런데 그 충성이라는 건 업무를 열심히 하는 것 말고도 업무 외적인 일도 아무런 불평 없이 처리해 주는 태도를 말한다. 업무 외의 일이란 사무실의 무거운 물건을 옮기거나 상사를 모시고 장거리 운전을 하는 경우는 물론 상사의 개인적인 일까지도 대신 처리해 주는 것 등 무수히 많다.

이런 궂은일은 아무리 잘해도 인사 고과에 남지도 않는데 과연 누가 처리하는 걸까? 자세히 살펴보면 대부분의 직장에선 남자들이 이런 일들을 담당하고 있음을 알 수 있다. 남자들은 이런 일들을 통해 그 일을 지시한 상사와 긴밀한 신뢰 관계를 형성해 나간다. 여성들은 이런 기회가 상대적으로 적은 게 현실이다.

상사의 입장에선 부담 없이 일을 시킬 수 있고 그 일을 군말 없이 해내는 남자 직원들을 훨씬 믿음직한 동반자로 여길 수밖에 없다. 그런 개인적인 신뢰 관계가 '회사'에 대한 충성심으로 비춰지고 있을 뿐, 남자들의 애사심이 여성보다 강하다고 볼 수 있는 근거는 없다.

결국 여성들이 '회사'에 대한 충성심을 인정받기 위해서는 '상사 개인'과의 신뢰 관계를 쌓아 가야만 한다. 그렇다면 여성들도 남자들처럼 장거리 운전을 하거나 무거운 짐을 번쩍번쩍 들어야 하는 걸까?

물론 그런 일도 마다하지 않는 자세가 중요하지만 꼭 그럴 필요는 없다. 여성에게 맞는 방법이 따로 있기 때문이다.

'충성'에도 '퍼포먼스'가 필요하다고?

여성들은 업무 외적인 일도 마다하지 않고 해내는 남자들의 심리를 잘 파악할 필요가 있다. 남자들도 그런 일을 좋아서 하는 건 절대 아니다. 그 일을 시킨 상사와의 관계를 위해서 '아무 불만이 없는 척' 행동하는 것뿐이다. 일종의 '충성 퍼포먼스'라고 할 수 있다. 이런 퍼포먼스를 자연스럽게 그리고 자주 보여 줄수록 충성도는 올라간다.

결국 충성에도 외부로 보이는 '퍼포먼스'가 필요하며 여성들도 이제부터는 자기만의 '충성 퍼포먼스'를 개발해야 한다는 말이다.

앞서 최 과장이 김 부장님에게 '해돋이 쏘맥'을 말아 주는 것도 일종의 충성 퍼포먼스이다. 하지만 단순히 쏘맥 한잔 말아서 주는 건 하수들이나 하는 짓이다. 최 과장처럼 김 부장님을 띄워 주면서 전체적인 분위기도 띄울 줄 알아야 한다. 무엇보다 다음 날 김 부장에게 메일을 보내 업무와도 연결 짓는 게 가장 중요한 포인트이다.

앞서도 말했지만 충성 퍼포먼스는 과도하지 않게 자연스럽게 하는 게 중요하다. 자칫 오버하면 동료들의 비난을 감수해야만 한다. 그렇다면 어떻게 해야 자연스럽게 충성 퍼포먼스를 할 수 있을까? 다음의 충성 퍼포먼스 3요소를 살펴보면 많은 도움이 될 것이다.

'충성 퍼포먼스'의 3가지 요소

상사와의 신뢰 관계를 형성할 수 있는 충성 퍼포먼스를 하기 위해서는 세 가지 요소를 기억해야 한다. 그것은 '적극성'과 '과감성' 그리고 '일정한 선을 지키는 것'이다.

먼저 '적극성'이란 아무리 어려운 일이라도 기꺼이 해낼 수 있다는 태도를 보여 주는 걸 말한다. 회사에서 누군가 궂은일을 해야 할 때 적극적으로 나설 필요가 있다. 물론 궂은일을 좋아하는 사람은 없다. 하지만 사람들 앞에서 적극적인 모습을 보여 줄 필요가 있는 것이다.

내가 아는 어떤 여성은 물류 회사의 경리를 담당하고 있었는데 어느 날 회사에 지게차를 운전하는 사람이 부족하다는 사실을 발견했다. 그녀는 그날 이후 중장비 학원에 등록해서 지게차 면허 시험 공부에 돌입했고 결국 자격증을 취득했다. 그때부터 그녀는 사무실에서 일을 하는 틈틈이 직접 지게차를 몰면서 업무를 돕기 시작했다. 물론 쉬운 일은 아니었지만 다행히 뭔가를 조작하는 걸 좋아하는 그녀의 성격과도 잘 맞아떨어져 나름대로 즐거웠다고 한다.

회사에서 이런 그녀에 대한 칭찬이 자자했음은 물론이다. 그녀의 사장님 역시 이런 적극적인 모습에 감동받아 그녀를 사무실 경리에서 관리자로 승진까지 시켜 주었다.

두 번째 요소는 '과감성'이다. 이는 충성 퍼포먼스가 필요하다고 여겨지면 망설이지 않는 걸 말한다. 우물쭈물하다가 어쩔 수 없이 하는 모습을 보이기보다는 차라리 하지 않는 편이 낫다. 충성 퍼포먼스가 필요하다는 판단이 섰으면, 남들의 시선 따위는 신경 쓰지 말고 과감하게 행동해야 한다.

어느 대기업에서 근무하는 또 다른 지인은 회사에서 남자 선배들과의 업무 협조를 위해 흡연하는 장소도 마다하지 않고 따라갔다. 물론 그녀는 담배를 피우지 않는다. 이제 건물 내에서는 흡연을 할 수 없기 때문에 건물 외부로 나가야 하는데, 이동하는 시간이 만만치 않게 소요된다. 그 친구는 이런 이동 시간을 고려해서 흡연을 하는 선배와 함께 움직였던 것이다.

처음 그녀가 회사 밖 흡연 장소에 나타났을 때 모든 시선이 그녀에게 쏠린 건 당연했다. 어쩌면 담배 피는 여자로 이미지가 굳어질 수도 있는 상황이었지만 그녀는 신경 쓰지 않고 자신과 함께 갔던 선배와 자연스럽게 대화를 이어 나갔다. 그런 일이 반복되자 남자 선배들과의 업무 협조가 놀랍도록 잘 이뤄졌다고 한다. 다소 보수적인 기업이었음에도 불구하고 그녀는 과감히 흡연 장소로 뛰어드는 걸 택했고 그녀의 선택은 업무 성과로 나타났다.

흡연 인구가 점점 줄어들고 있어서 흡연인들 사이에서는 '흡연을 통한 인연'이 학연이나 지연보다 강하다고 하니 한번 활용해 보는 것도 좋을 것 같다. 물론 임산부는 예외다.

세 번째 요소인 '일정한 선을 지키는 것'은 말 그대로 개인적인 오해가 없도록 선을 지키는 걸 말한다. 특정 상사와만 신뢰 관계를 형성해 나간다면 서로 간에는 물론이며 다른 동료들에게도 불필요한 오해를 심어줄 수 있다. 그런 오해를 피할 수 있도록 지나치게 개인적인 접촉은 삼가야 한다.

남자들은 자기에게 잘해 주는 여성이 있으면 자기를 좋아하는 걸로 오해하는 습성을 가지고 있다. 그러니 이런 오해를 불러일으키지 않도록 적절한 선을 지켜야 한다. 상사에 대한 충성 퍼포먼스는 여러 사람들이 있는 곳에서만 할 뿐 개인적인 만남은 가급적 피하는 게 좋다.

위에서 살펴본 충성 퍼포먼스의 3요소를 잘 기억하고 상사와의 신뢰 관계를 쌓아 간다면 회사에서 인정받는 건 시간문제일 뿐이다.

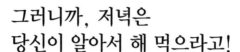

그러니까, 저녁은
당신이 알아서 해 먹으라고!

지난 주말, 최 과장은 회사 내의 워킹맘 모임에서 전략 기획 팀에서 일하는 박 과장으로부터 놀라운 이야기를 들었다. 그녀는 앞으로 회사에서 큰 변화가 일어날지도 모른다고 했다. 그 변화의 실체는 '조직 개편'이었다.

최근 중국에서의 실적이 급격히 나빠지면서 영업 조직의 축소가 불가피해졌고 이로 인해 기존의 해외 영업 본부의 구조 조정이 불가피하다고 한다. 그로 인해 여러 개의 팀을 하나로 통합하고 중복되는 인력은 새로운 TF팀으로 옮긴다는 구상이었다. TF팀으로의 이동을 원치 않는 직원에게는 희망퇴직 신청을 받을 거라고 했다. 그리고 통합된 영업 본부장은 이 전무가 맡게 된단다.

최 과장은 정신이 번쩍 뜨였다. 지금껏 비교적 순탄한 직장 생활을 해오다 처음으로 큰 변화를 겪게 될 터였다. 그녀는 앞으로의 변화가 어떻게 진행될지 감이 잡히지 않아 며칠 동안 잠도 제대로 잘 수 없었다. 무엇보다 '이제 애도 있으니 회사를 그만둘 때가 되었나' 하는 생각이 들기 시작했다.

한 달 후 박 과장의 말대로 조직 개편이 이뤄졌다. 그야말로 신속하게 이뤄진 조직 개편이라 직원들은 어리둥절할 뿐이었다. 자의 반 타의 반으로 희망퇴직을 신청하는 직원들도 상당수여서 모든 사람들에게 힘겨운 시간이었다. 최 과장 역시 마음이 편치 않았다. 회사를 떠나고 싶은 마음 반, 남고 싶은 마음 반이었다.

다행인지 불행인지 최 과장 앞에 닥친 업무가 워낙 많아 고민할 시간은 많지 않았다. 회사를 떠날 사람들과 업무 인수인계를 하는 것은 물론 팀 간의 업무 조정 등 해야 할 일이 한두 가지가 아니었다. 퇴근하는 시간은 갈수록 늦어졌다. 오늘도 어김없이 잡힌 야근. 주 52시간 근로제는 그녀에겐 그림의 떡으로만 보였다. 최 과장은 회사 근처 식당에서 저녁을 먹기 위해 나가는 길에 남편에게 전화를 걸었다.

"나 오늘도 늦을 것 같아. 자기가 예린이 좀 찾아줘."

"맨날 뭐 한다고 그렇게 바빠? 이게 벌써 며칠째야? 예린이가 저녁도 제대로 못 먹고 있어. 당신, 직장인이기 전에 예린이 엄마야, 엄마!"

몰아붙이는 남편의 말에 최 과장은 어이가 없었다.

"지금 내가 중요한 기로에 서 있다는 거 잘 알잖아. 그리고 당신도 예린이 아빠야. 그걸 잊지 말았으면 좋겠어."

"뭐? 그게 무슨 소리야?"

"그러니까, 저녁은 당신이 예린이 찾아서 알아서 해 먹으라고!"

전화를 끊은 최 과장의 머리는 오히려 맑아졌다. 언젠가는 떠나야 할 회사지만, 지금은 때가 아니란 걸 명확히 깨달았기 때문이다.

'남편에게 육아를 '도와달라' 말하지 말라고?

지금 최 과장은 '육아의 분담'에 관한 문제에 직면해 있다. 야근과 회식이 끊임없이 반복되는 우리의 직장 생활에서는 육아를 적절히 분담할 필요가 있다. 그렇지 않고서 여자 혼자 이 모든 일을 감당하려고 하면 금세 지치고 만다.

하지만 아직도 육아는 여성의 몫으로 여기는 경우가 많아 '독박 육아'라는 말까지 등장했다. 특히 퇴근 시간 어린이집이나 유치원에 아이를 찾으러 오는 건 대부분 여성이다. 그게 다가 아니다. 학부모가 되면 더욱더 힘들어진다. 초등학생의 경우 학교를 마치고 엄마가 퇴근하는 시간까지 소위 말하는 '학원 빵빵이'를 돌릴 수밖에 없다. 이런 상황인데도 워킹맘들은 아이를 찾기 위해 온갖 눈치를 보며 사무실을 빠져나와야 한다. 아이를 찾고 나서는 쉴 틈도 없이 아이에게 저녁을 먹인다. 21세기가 20년 가까이나 지났음에도 직장 여성들은 여전히 피곤한 일상을 살고 있다.

물론 이러한 일을 대신 해줄 사람을 구하기도 하지만 그 비용이 만만치 않고 좋은 사람을 구하기도 어렵다. 친정 엄마나 '시월드'에 의지하는 방법이 있지만 이 역시 신경 쓰이기는 마찬가지. 어른들에 대한 죄송함과 부담감 때문이다.

문제는 육아와 가사를 대하는 남편들의 태도이다. 옛날처럼 오로지 여자만 하는 경우는 드물지만 남자들은 여전히 육아를 '도와야 하는 일'이라고 여기고 있다. 그러나 이런 생각이야말로 여성들을 육아지옥에서 벗어나지 못하게 한다. '도와준다'는 건 어디까지나 육아와 가사의 책임이 아내에게 있다는 걸 은연중에 드러내고 있기 때문이다.

그러므로 아내는 남편에게 육아를 "도와달라"고 말해서는 절대 안 된다. 대신 당당하게 '분담'할 것을 요구해야 한다. 그러면서 끊임없이 육아와 가사는 '공동 수행, 공동 책임'이라는 인식을 심어 줄 필요가 있다. 그래야 베이비 시터도 공동으로 구할 수 있고, 시부모님께 아이를 맡길 때에도 부담감을 덜 수 있다.

일하는 여성 백여 명의 인터뷰가 담긴 '성공한 엄마들은 어떻게 그 많은 일들을 했을까' 라는 책에는 미국에서 두 아이를 키우며 사업을 하는 리즈 레인지라는 여성의 말이 실려 있다. 그녀의 말에는 육아의 분담이 어떤 식으로 이뤄져야 하는지 잘 나타나 있다.

"저희 집에서는 어떤 일을 반드시 누가 해야 한다고 생각하지 않습니다. 아이들이 한밤중에 깰 경우 중요한 것은 이번에 누가 일어날 차례이냐 하는 것이지, 제가 엄마이기 때문에 일어나야 하는 건 아닙니다. 그것을 다른 식으로는 생각할 수 없어요. 저나 남편이나 똑같은 사람이고 각자 잠이 필요하며 누구도 그런 일을 즐거워하지는 않으니까요."

그녀의 말처럼 엄마라고 해서 무조건 육아를 떠맡아야 하는 건 아니다. 철저하다 싶을 정도로 분담을 해야 한다. 위의 사례에서 최 과장이 말한 것처럼 '아빠도 아빠로서의 책임을 다해야 하는 것'이다.

현명하게 육아를 분담하는 방법

문제는 남편을 어떻게 설득시키느냐에 있는데 육아를 분담해야 한다고 해서 남편에게 이를 '강요'하면 갈등만 깊어질 뿐이다. 남편이 육아에 대한 필요성을 느끼게 해주고 자신감도 심어 줘야 한다. 다행히 요즘은 아이들과 스스럼없이 어울리는 북유럽 남자들의 모습이 소개되면서 우리나라 남자들도 육아에 관심을 가지기 시작했다.

여성들은 신생아 때부터 남편을 육아에 참여시켜 아이를 돌보는 일에 어색해하지 않도록 해야 한다. 부부 모두가 처음이어서 어설플 때 함께해야 분담이 가능해진다. 엄마가 숙달된 상태에서 남편을 참여시키려고 하면 아무래도 남편은 소극적인 태도를 보일 수밖에 없다.

또한 끊임없이 아빠의 역할을 강조하는 것이 좋다. 소아청소년과와 소아신경과 전문의인 김영훈 박사는 육아에 있어서 아빠의 역할을 강조한다. 그에 따르면 아이들은 아빠와의 놀이를 통해 사회성과 공간 지각력을 높인다. 뿐만 아니라 언어 발달과 학업 성취도에 있어서도 아빠의 영향을 많이 받는다고 한다. 그러므로 아빠들에게 아이와 함께하는 시간을 축적하라고 조언한다.

그 첫 단추는 어린이집에서 아빠가 아이를 찾도록 하는 일이다. 이제 남자들도 퇴근 후 아이들을 찾는 일이 보편화되어야 한다. 물론 남자들도 야근과 회식 때문에 쉽지는 않겠지만 틈날 때마다 그런 기회를 늘려가야 보편화될 수 있다. 뒤에 자세히 얘기하겠지만 이제 일주일에 근로할 수 있는 시간이 52시간으로 줄어들게 되므로 남성들도 어린이집에서 아이를 찾을 수 있는 기회를 충분히 늘려갈 수 있다. 여기에 더해 아이에게 저녁을 먹이는 일도 남편이 할 수 있도록 지속적으로 설득해 가야 한다.

술자리, 떠나야 할 때를 알아야 한다.

　오늘은 통합된 영업팀의 첫 회식 자리이다. 그동안 업무 인수와 인계, 거기다 여러 가지 업무 조정으로 인해 서로 간의 신경이 날카로워져 있었고 계속된 야근에 몸도 마음도 피곤해진 상태였다. 이런 어수선한 분위기를 추스르고자 통합된 팀의 팀장을 맡은 김 부장이 특별히 마련한 자리였다.

　1차는 회사 근처의 삼겹살집에서 진행됐는데 처음에는 분위기가 서먹서먹했다. 분위기를 살리기 위해서인지 김 부장은 눈이 마주치는 모든 직원들에게 술을 마시라고 권하고 있었다.

　"나하고 눈이 마주치는 사람은 무조건 원 샷이야!"

　악명 높은 김 부장의 원 샷! 누구라도 눈이 마주치기만 하면 무조건 잔을 비워야만 했다. 아무리 주량이 약해도 봐주는 일 따윈 없었다. 김 부장은 상대가 잔을 비울 때까지 노려봤다. 여직원들도 예외는 없었다. 결국 황당한 사건이 터지고야 말았다.

다른 팀에 있다가 통합된 팀으로 옮겨 온 황 대리가 그만 정신 줄을 놓고야 만 것이다. 그녀는 얼마 전 결혼을 약속했던 남자 친구와 헤어진 데다 팀장까지 바뀌는 바람에 여러 가지로 스트레스를 받고 있었다고 한다. 그 와중에 억지로 술까지 마셨으니 예견된 사고나 다름없었다.

풀린 눈을 한 그녀의 입에서는 거침없는 말이 나오고 있었다. 놀란 팀원들은 그녀를 말렸지만 이미 때는 늦었다.

"부장님, 이렇게 까칠하게 구시니까 자꾸 머리가 빠지는 거예요! 안 그래도 이상하게 생겼는데 더 이상하게 보이잖아!"

분위기는 이미 수습할 수 있는 단계를 넘어선 것처럼 보였다. 그녀의 말에 회식 분위기는 급속히 냉랭해졌고 화가 난 김 부장은 서둘러 1차를 마쳤다.

팀원들은 신속하게 황 대리를 택시에 태워 보냈다. 화가 머리 끝까지 치민 김 부장에게 고참 직원들이 2차 가서 풀라고 다독였다. 그렇게 분위기가 어수선한 사이에 최 과장도 몰래 빠져나와 택시에 몸을 실었다. 그녀는 김 부장에게 문자를 보냈다.

"부장니~임, 황 대리 말에 너무 신경 쓰지 마셔요. 저도 더 마시면 실수할 것 같아 이만 물러납니다. 인사도 못 드리고 나와서 죄송해요^^ 부장님께서도 너무 무리하지 마시고 일찍 들어가세용~"

술자리에서도 물러나는 타이밍이 중요하다.

우리나라는 세계적으로도 알려진 술 권하는 사회이다. 술을 강요하는 분위기이다 보니 황 대리처럼 정신줄을 놓아버리는 민망한 상황이 연출되기도 한다. 이런 상황을 피하려면 술자리에서 물러나야하는 타이밍을 잘 알아야 한다.

더욱이 여성은 남성에 비해 알코올 분해 효소가 적게 분비된다. 뿐만 아니라 알코올을 흡수해 주는 수분의 양이 남성에 비해 적은 반면 알코올을 분해하지 못하는 체지방의 비율은 높기 때문에 같은 양을 마셔도 남성보다 빨리 취하게 된다. 그러므로 여성들은 강요하는 술잔을 적당히 뿌리치다가 여차하면 적절한 타이밍에 물러날 필요도있는 것이다. 그렇지 않으면 '블랙아웃(blackout)'에 빠질 가능성이크다.

'블랙아웃'이란 과음으로 인한 단기 기억 상실 증상을 의미하는데흔히 말하는 '필름이 끊기는 현상'을 말한다. 빨리 취할 수밖에 없는신체적 특성을 가지고 있는 여성들은 자칫하면 블랙아웃을 경험하게된다. 블랙아웃 상태에서는 평소에 생각할 수도 없었던 말과 행동을하게 되어 두고두고 민망해진다. 한마디로 새로운 '흑역사'를 창조하게 되는 거다. 뿐만 아니라 각종 범죄에 노출될 가능성도 크다. 위 사례의 황 대리처럼 돌이킬 수 없는 실수를 할 수도 있다.

블랙아웃으로 인한 불상사를 방지하기 위해서는 최 과장처럼 '페이드아웃' 전략을 사용해야 한다. '페이드아웃(fade-out)'이란 연극이나 영화에서 장면이 서서히 어두워지는 것 또는 음악에서 음량을 서서히 줄여 나가는 것을 말한다.

페이드아웃은 영화에서 장면이 전환되는 부분 또는 엔딩에서 주로 사용되는데, 관객들은 페이드아웃을 통해 지금까지의 감정을 정리하고 다음 상황을 받아들일 수 있는 준비를 하거나 영화를 보고 난 후의 여운을 되새길 수 있다.

술자리에서의 '페이드아웃'이란 즐겁게 술자리를 즐기다가도 조금씩 말수를 줄이는 등 서서히 존재감을 지우다가 결국엔 조용히 사라지는 것을 말한다. 물론 술자리에 동석한 사람들에게 양해를 구하고 집에 가는 것이 가장 좋은 술자리 매너지만 현실적으로 그렇게 하기란 상당히 어렵다. 오히려 술자리 도중에 집에 가는 것이 매너가 아니라고 생각하는 사람이 많다. 아마도 술자리 분위기를 해친다고 생각하기 때문일 것이다.

다음 날 아침 중요한 프레젠테이션을 해야 하는 경우처럼 불가피하게 일찍 들어가야 하거나 취해서 실수하는 모습을 보여 주고 싶지 않을 때에는 술자리의 흥을 깨지 않고 서서히 사라지는 '페이드아웃' 전략을 사용해야 한다.

페이드아웃 전략을 사용할 때의 주의 사항

'페이드아웃' 전략을 사용하기 위해서는 우선 몸이 가벼워야 하는데, 이를 위해서는 여성의 필수품이라고 할 수 있는 핸드백은 사무실에 두고 나가야 한나. 몰래 빠져나가기 쉽세 윤 내리처럼 유내 선화와 신용 카드, 약간의 현금 정도만 가지고 가는 게 좋다.

간혹 여성들이 술자리 도중에 집에 가는 걸 방지하려고 핸드백을 빼앗아 자기가 가지고 있는 악덕 상사도 있다. 이런 경우에는 핸드백을 가지고 가지 않으면 오히려 의심을 살 수 있으므로 잃어버려도 전혀 아깝지 않은 허름한 가방을 가져간다.

페이드아웃 전략을 사용하겠다고 결심했으면 술도 가급적 자제하는 것이 좋다. 자기 주량의 절반 정도만 마신다고 생각하라.

그리고 몰래 빠져나가는 시점은 술자리의 분위기가 절정에 달해 있어서 사람들이 정신없을 때를 택하거나 다음 차수를 위해 자리를 옮길 때에 하는 것이 좋다.

마지막으로 페이드아웃을 하고 나서는 팀장이나 믿을 만한 상사에게 반드시 이를 알려서 사후 양해를 구해야 한다.

당신이 페이드아웃을 하고 난 이후 회식이나 접대의 자리가 새벽까지 이어진 경우에는 다음 날 아침 동료들에게 숙취 해소 음료를 사서 나눠 주거나 해장국을 사서 혹시나 가지게 될 서운함을 달래 줘야 한다.

동료들과 함께 이 밤의 끝을 잡는 것도 좋지만 끝까지 좋은 모습을 보여 줄 자신이 없다면 위에서 말한 페이드아웃 전략을 써서 서서히 그리고 조용히 사라지도록 하자.

피터 드러커는 우리에게 "어떤 사람으로 기억되길 원하는가?"라고 물었다. 많은 사람들이 이 말에 자극을 받아 다른 이에게 의미 있는 존재가 되려고 노력해 왔다. 그러나 단 한 번의 '블랙아웃'은 그동안의 노력을 물거품으로 만들어 버린다. 마지막까지 아름다운 모습으로 남길 원하는 당신에게 이 한마디를 남기고 싶다.

가야 할 때를 알고 떠나는 그녀의 뒷모습은
얼마나 아름다운가!

성희롱에 대처하는 우리들의 자세

여러 개로 나뉘어 있던 영업팀 통합 작업이 마무리 되어 갈 즈음 영업 본부 역시 새로운 진용을 갖춰 가고 있었다. 새로운 영업 본부를 이끌게 된 이 전무의 강력한 리더십 아래 영업 본부는 야심찬 출발을 다짐하고 있었다.

오늘은 이러한 다짐을 확인하고 서로의 얼굴도 익힐 겸 이 전무가 영업 본부 전체가 모이는 회식 자리를 마련했다. 그는 평소 스타일대로 직원들에게 숨 가쁘게 술잔을 돌리기 시작했다. 여러 차례 파도가 돌고 곳곳에서 "위하여"가 울려 퍼진 탓에 모두가 거나하게 취해 있었다. 하지만 즐거운 기분도 잠시, 2차로 간 노래방에서 드디어 일이 터지고야 말았다. 발단은 역시 김 부장이었다.

"이봐, 뭐하고 있어? 이 전무님 잔이 비었잖아! 분위기 좀 잘 띄워 봐! 전무님 잘 좀 모셔 봐봐!"

　김 부장은 원래 다른 본부 소속이었던 파견직 여사원을 억지로 이 전무 옆에 앉혔다. 그녀는 당황한 기색이 역력했다. 그럼에도 정규직이 아닌 파견직 사원인 탓에 아무런 말도 못 하고 있었다. 최 과장은 같은 여자로서 이 상황을 견딜 수가 없었다. 금방이라도 울음을 터뜨릴 것 같은 그녀의 팔을 붙잡고 노래방을 나오려는 순간, 김 부장의 억센 팔이 파견직 여사원의 허리를 낚아채 버렸다.

　"이봐, 어디 가는 거야? 나랑 블루스 한번 춰야지!"

　"부장님, 이러시면 성추행이에요. 그만하세요!"

　어수선한 와중에 앙칼진 한마디가 튀어나왔다. 그런 말을 해버린 최 과장도 놀랐고 그 말을 들은 김 부장의 얼굴도 일그러졌다. 노래방 전체의 분위기도 싸늘해졌음은 물론이다. 상석에 앉은 이 전무는 어색한 기침을 해댔고 그것으로 노래방 회식은 끝나 버렸다.

　일행들과 헤어진 최 과장은 파견직 여사원을 비롯한 여직원들과 함께 근처의 카페로 자리를 옮겼다.

　"이런 일을 겪게 해서 정말 죄송해요. 많이 놀라셨죠?"

　"파견 회사가 바뀔 때마다 겪는 일이지만 그럴 때마다 놀라고 당황스럽네요. 그래도 과장님께서 용기 있게 행동해 주신 덕분에 속이 시원했습니다."

서로 좋은 말을 주고받았지만 앞으로 어떤 일이 생길지 뻔한 예감이 들어 서로가 고개를 숙이고 말았다. 그녀는 이번 일로 인해 이 회사에서 정규직이 되기를 포기해야만 할 것이다. 그 생각에 최 과장은 그녀를 똑바로 쳐다볼 수가 없었다. 그때 가만히 듣고 있던 윤 대리가 조심스럽게 말을 꺼냈다.

"저기요……. 아까 김 부장님의 행동이 하도 어이가 없어서 제가 휴대 전화로 녹음을 해 놨어요. 혹시 회사에서 정식 절차를 밟으시려면 증거로 제출하겠습니다."

직장 내 성희롱 피해자들이 겪어야 하는 고통

위의 상황에서처럼 직장 내 성희롱과 성추행은 명백한 강요 행위로 우리의 분노 게이지를 상승하게 만든다. 특히나 이런 사건의 대부분은 주로 긴장이 풀리는 술자리에서 그것도 권력을 가진 사람에 의해 주로 행해지는데, 해마다 이슈가 되고 있음에도 좀처럼 줄어들 기미가 보이지 않는다.

뿐만 아니라 성범죄의 마수는 갈수록 파견직, 계약직, 인턴 등의 비정규직 여성들에게로 향하고 있다. 갈수록 더 약한 위치에 있는 사람에게 뻗어가고 있는 것이다. 여성 가족부가 실시한 공공 기관 성희롱 실태 조사에서도 비정규직을 대상으로 한 성희롱 비율이 정규직의 두 배 이상 높았다.

피해자가 대부분 '을'의 위치에 있는 것도 문제이지만 회사 내에서 성희롱이나 성추행에 대한 문제 제기를 하더라도 속 시원한 해결을 기대하기 어려운 게 더욱 큰 문제다. 어렵게 가해자를 회사 내의 징계 위원회에 회부했는데 솜방망이 징계에 그치거나 오히려 피해자가 2차 피해를 입는 경우도 적지 않다. 비정규직의 경우에는 고용의 단절이라는 더욱 큰 불이익을 감수해야 할지도 모른다.

회사에서의 절차와는 별개로 고소를 하더라도 복잡한 수사 과정을 거쳐야 할 뿐만 아니라 처벌받는다 하더라도 벌금형 정도에 그치는 경우가 많다. 이러한 사정 때문에 성희롱 피해자의 80%가량은 피해를 당하고도 그냥 참고 넘길 뿐이다.

성희롱에 대한 문제를 제기한 이후 어떤 고통이 따르는지에 대해서는 ≪삼성을 살다≫라는 책에 자세히 나타나 있다. 1998년 삼성 그룹에 공채로 입사한 이은의 씨는 2005년 상무와 팀장과 함께 해외 출장을 떠났다. 현지에서 일정을 끝내고 숙소로 돌아오는 길에 팀장은 그녀의 엉덩이를 툭 치며 다음과 같이 속삭였다.

"상무님 잘 모셔."

수치심이 밀려왔지만 이게 끝이 아니었다. 다음 날 가라오케에서 블루스를 추자는 팀장의 제의를 거절하자 그녀는 팀장으로부터 "여사원으로서 해줘야 하는 의전이 부족하다."는 훈계까지 들어야 했다.

출장에서 돌아온 그녀는 회사에 정식으로 문세 세기를 했지만, 돌아온 건 문제의 해결이 아니라 왕따와 감시, 차별이었다. 뿐만 아니라 회사는 그녀에게 '무능'이라는 덧칠을 해대고 있었다.

결국 그녀는 인권 위원회에 진정을 넣는 한편 이와는 별개로 민사 소송을 제기했으며, 고용 노동부에 형사 고소까지 했다. 1년 6개월이라는 시간이 지난 뒤 비로소 인권위에서 차별 시정 권고를 내렸지만 회사 측에서는 여기에 불복하고 행정 소송을 제기했다.

수년 간의 법정 다툼 끝에 그녀는 행정 소송과 민사 소송에서 모두 승리했고 회사는 항소를 포기했다. 소송에서 이긴 후 그녀는 회사를 떠나 변호사가 되어 자신과 같은 어려움을 겪고 있는 여성들을 도와주고 있다.

거대 기업을 상대로 온갖 어려움을 겪으며 일궈낸 그녀의 승리는 엄청난 가치가 있다. 승리하고 난 이후에 당당하게 자신의 길을 걸어가는 모습 역시 너무나 멋지게 느껴졌다.

그러나 소송이 진행되는 동안 그녀가 겪었을 외로움과 고통의 무게가 전이되어 가슴 한편이 저려오기도 했다. 또한 성희롱에 대한 문제 제기를 한 여성이라면 누구나 이 지옥 같은 과정을 겪어야 한다고 생각하니 답답함마저 밀려왔다.

세상에 함부로 할 수 있는 사람 따윈 없다는 걸 보여 줘라!

현실이 이렇다고 해서 파렴치한 성범죄에 대해 그냥 참고 넘겨야만 할까? 결코 그럴 수는 없다. 오랫동안 회사의 징계 위원회를 운영

했던 나는 성희롱이나 성추행 피해자들이 분노 못지않게 두려움에 휩싸인다는 사실을 잘 알고 있다. 가해자가 주로 조직에서 자기보다 우월한 지위에 있는 사람인 탓이다.

그러나 두려움 때문에 그 순간을 참고 넘긴다면 더 큰 모멸감과 좌절이 두고두고 당신을 괴롭힌다는 사실을 기억해야 한다. 성희롱에 대한 문제 제기를 한 이후의 과정도 힘들지만 그냥 참고 넘길 경우 마음속에서는 더욱 견디기 힘든 지옥 같은 감정이 자라나게 되는 것이다.

다행히 몇몇 용기 있는 여성들에 의해 '미투' 운동이 일어났고 서서히 변화의 바람이 불기 시작했다. 여기에서는 직장 내에서 성희롱 또는 성추행의 문제가 발생했을 때 더 이상 참지 않고 어떻게 해야 효과적으로 대처할 수 있는지에 대한 구체적인 방법을 소개하고자 한다.

첫 번째는 명확한 '거절'의 표시를 해야 한다는 것이다. 성희롱의 가해자는 대부분 남성인데 이들에게는 '이 여자에게 이 정도 행동쯤은 해도 되지 않을까?'라는 속셈이 도사리고 있다. 그렇기에 더욱 분명하게 거절의 표시를 해야 한다. 이은의 변호사의 말처럼 "세상에 함부로 할 수 있는 사람 같은 건 없다"고 당당하게 말해 줘야 하는 것이다.

피해자가 명백하게 거절하지 않는 이상 결코 가해자가 알아서 멈추거나 피하는 일은 없다. 거기다 피해자가 아무런 반응을 보이지 않으면 가해자는 이를 OK 사인으로 받아들일 수도 있다. 따라서 명료하게 거절의 의사를 밝힐 필요가 있는 것이다. 이은의 변호사 역시 한 잡지와의 인터뷰에서 성희롱에서는 "상황을 냉료하세 만드는 거절이 중요하다."고 말했다.

나와 친분이 있는 여성 중에서 자신의 분야에서 성공적으로 커리어를 쌓아 왔을 뿐만 아니라 지금은 팀장의 역할까지 맡고 있는 분이 있는데, 그녀 역시 성희롱 현장에서의 '거절'을 강조한다. 그녀는 업무의 특성상 많은 사람을 만나야 하는 자신의 팀원들에게 회식이나 술자리에서 성희롱이라 느껴지는 상황이 생기면 '즉각적으로' 거절의 표시를 하라고 교육하고 있다. 성희롱의 초기 단계일수록 자연스러운 거절이 가능하기 때문이다.

성희롱의 피해자들은 자기가 거절하면 분위기가 어색해질까 봐 부적절한 접촉이 있어도 참고 있는 경우가 많은데, 오히려 처음부터 명확하게 거절의 의사를 밝혀야 자연스럽게 그 상황을 벗어날 수 있다. 예를 들어 어깨에 손을 올리는 경우 손을 올리자마자 어깨를 빼는 행동을 해야 상대방이 눈치 채고 이를 그만둔다는 거다.

그럼에도 손이 계속 올라오는 경우에는 "그만 하라"는 말과 함께 손을 내려줘야 한다. 이때 화를 내지 않으면서도 단호하게 말해야 상대가 다음 행동으로 나아가지 못한다. 머뭇거리거나 우물쭈물하면 아무런 효과가 없다.

여기까지 왔다면 주변의 분위기는 이미 어색해졌을 가능성이 크다. 하지만 그건 당신 때문이 아니라 전적으로 가해자의 잘못이므로 절대 위축되어선 안 된다. 성희롱에 따르는 불가피한 결과라 생각하면 된다.

성희롱 보다 무서운 '조직적 은폐'에 대처하는 법

두 번째는 회사 내에서 정식으로 문제를 제기하는 것이다. 이은의 변호사는 거절 의사를 밝혔음에도 성희롱이 계속된다면 그때에는 적극적으로 문제 제기를 하라고 조언한다.

또한 성희롱의 다음 날 대부분의 가해자는 사과를 하기보다는 그냥 넘어가거나 오히려 적반하장으로 나온다. 이때에도 주저 없이 정식으로 문제를 제기해야 한다. 머뭇거리는 시간이 길어질수록 사건은 잊히고 그렇게 되면 소문만 무성해질 뿐만 아니라 급기야 문제 제기를 하는 쪽이 이상한 사람으로 몰리게 된다.

물론 공식적으로 문제를 제기하더라도 고통이 끝나는 건 아니다. 앞서 이은의 변호사의 이야기에서 보듯 피해자에게 가해지는 '조직적 은폐'의 위협은 성희롱보다 훨씬 공포스럽다. 하지만 우리는 피해자를 고립무원의 상태로 만들어 버리는 이 조직적 은폐야말로 우리 모두를 가해자로 만드는 짓이라는 인식을 가져야 한다.

회사에서 정해진 절차대로 문제를 제기한 이후에는 '용기'와 더불어 '명확한 '증거'를 갖춰야만 한다. 명확한 증거야말로 그 모든 조직적 은폐를 이기는 유일한 방법이다. 특히 성희롱이 지속적으로 이뤄지는 경우에는 미리 휴대 전화 등을 켜놓고 있다가 추행 현장을 녹음을 해두는 것이 가장 효과적이다.

한편 사내에서 성희롱 문제를 제기한 이후 회사로부터 불이익한 처분을 받을 수도 있는데, 남녀고용평등법에서는 이러한 조치를 명백히 금지하고 있다. 그러므로 회사 내에서 정식으로 문세 제기를 한 이후에 진행되는 모든 상황을 일일이 기록해 둘 필요가 있다. 특히 회사 관계자와 면담을 하는 경우 피해자에게 은근히 불이익한 처분이 있을 수 있다는 협박을 가할 수도 있으므로 반드시 녹음을 해둬야 하며 회사가 보낸 메일 역시 별도로 저장해 두어야 한다. 심지어 다른 부서로 발령을 낸 경우 그 발령문까지도 보관해야 한다. 이러한 증거들이 인권위 등의 조사 과정에서 당신에 대한 '불이익 조치'를 증명할 수 있는 증거가 된다.

'정식 절차'라는 게 결국은 문서라는 형태의 '증거'로 하는 싸움이며, 누구의 말이 맞는지는 결국 증거를 통해 밝혀진다는 사실을 명심하자. 이때 주위 사람들이 진술을 거부할 가능성이 크기 때문에 무엇보다도 성희롱이나 성추행 당시를 녹음해 두는 것이 중요하다.

이때 윤 대리처럼 피해자가 아닌 사람이 녹음한 경우에는 상황에 따라서 징계 절차 또는 재판 과정에서 증거로 채택될 수 없는 경우가 있는데, 자세한 내용은 아래의 설명을 참조하기를!

★ 녹음 또는 촬영으로 '위드 유(With You)'를 실천하는 방법

통신비밀보호법 제3조는 "누구든지…(중략)…공개되지 아니한 타인 간의 대화를 녹음 또는 청취하지 못한다"라고 규정하고 있으며, 이어지는 제4조에서는 이 규정을 위반하여 얻은 내용에 대해서는 재판 또는 징계 절차에서 증거로 사용할 수 없다고 규정하고 있다.

여기서 말하는 '타인 간의 대화'를 녹음한다는 건 처음부터 대화에

참여하지 않았던 제3자가 다른 사람들의 대화 내용을 몰래 녹음한 경우를 말한다.

그러므로 자신이 대화의 당사자인 경우에는 당연히 녹음이 가능하며 증거로도 채택될 수 있다. 반면 성희롱을 지속적으로 당하고 있는 친구의 부탁을 받고 공개되지 아니한 장소에서 이뤄진 가해자와 친구 사이의 대화 내용을 몰래 녹음했다면 '타인 간의 대화'를 녹음한 것이므로 증거로 쓰일 수 없게 된다.

그렇다면 위 사례에서의 윤 대리가 녹음한 것도 '타인 간의 대화'를 녹음한 걸까? 성희롱의 당사자도 아닌 사람이 몰래 녹음을 한 거라 증거로 채택될 수 없다면 용기를 내서 'With You'를 실천해도 아무 소용이 없을 것이다.

하지만 걱정하지 않아도 된다. 윤 대리처럼 회식 현장에서 일행으로 참여하고 있었다면 '타인'이 아닌 '대화의 당사자'에 해당하므로 몰래 녹음을 하더라도 증거로 채택이 가능하다. 즉 추행 현장에 함께 있었던 일행들이 조금만 용기를 낸다면 충분히 피해자를 도울 수 있다는 말이다.

이때 녹음이 아닌 추행하는 장면을 '촬영'한 경우에는 어떻게 될까? 촬영의 경우에는 통신비밀보호법에서 말하는 대화의 '녹음'에 해당되지 않으므로 대화의 당사자인지 여부를 고려할 필요도 없이 증거로 채택될 수 있다. 다만 이 경우에는 명예 훼손이나 개인정보보호법 위반 등의 소지가 있을 수 있지만, 형법에서 말하는 '정당 행위'로 인정되어 위법성이 없어질 가능성이 크다.

참고로 지하철이나 길거리를 지나가던 행인이 우연히 추행 현장을 목격하고 녹음을 하거나 촬영한 경우에는 어떻게 될까? 이때에는 '공개되지 아니한 대화'로 볼 수 없으므로 증거로 채택될 수 있다.

위에서 살펴본 것처럼 성희롱이나 성추행을 당한 경우에는 용기와 당당함이 매우 중요하다. 순간 분위기가 어색해질 수는 있어도 단호하고 명백한 의사 표시를 통해 앞으로 발생될지도 모를 더 큰 불행을 막아야만 한다.

나아가 정식으로 문제 제기를 할 때에는 녹음 또는 촬영된 자료와 함께 각종 증빙 서류(발령문, 면담 일지, 이메일 등)를 철저히 확보하여 대비토록 하자.

이때 주변 사람들도 녹음이나 촬영을 통해 충분히 피해자를 도와줄 수 있다는 사실과, 가해자가 아무리 큰 힘을 가진 사람이라도 명백한 증거 앞에서는 무력하다는 사실을 기억했으면 좋겠다.

법률자문: 박영태 변호사(법무법인 예강 변호사)

그녀의 하얀 발바닥

최 과장이 피곤한 몸을 이끌고 집으로 온 시간은 밤 11시. 딸 예린이는 이미 꿈나라로 가 있었다. 잠든 딸의 얼굴을 보니 전쟁 같았던 하루가 아득히 사라지는 듯했다.

며칠 전 최 과장은 알 수 없는 이유로 TF팀장으로 발령이 나버렸다. 얼마 전 노래방에서 있었던 성희롱 사건 때문에 김 부장이 보복성 인사를 했을 가능성이 매우 컸지만 최 과장은 문제 제기를 하지 않기로 했다. 그 사건 이후로 김 부장을 다시는 보고 싶지 않았기 때문이다. 거기다 팀장으로 발령이 났으니 생각지도 않게 승진도 하게 된 셈이었다.

문제는 TF팀의 업무가 지나치게 힘들다는 것. 영업팀들을 합치면서 각 팀에서 중복되는 인원들과 회사를 떠나려고 하는 사람들로 구성된 팀이라 그런지 분위기가 엉망이었다. 거기다 여자 과장이 팀장이 되니 팀원들이 자신을 만만하게 보고 있다는 게 선명하게 느껴졌다. 이런 팀에 팀장으로 발령을 낸 건 도저히 승진이라 할 수 없었다. 최 과장은 '못 견디면 회사를 나가라'는 김 부장의 의도가 느껴지는 것 같아 머리가 복잡해졌다. 이대로 회사를 그만두는 게 나은 걸까?

복잡한 마음을 안고 돌아온 집 거실에서는 남편이 TV를 보고 있었다. 그녀는 태평하게 TV를 보는 남편에게 버럭 화를 낼까 하다가 냉장고에서 맥주를 꺼내 남편 옆에 털썩 앉았다.

"또 골프 보고 있었어? 그 시간에 연습을 했으면 벌써 싱글 되고도 남았겠다."

그렇게 핀잔을 주고서 멍하니 TV를 보고 있는데, 지난 올림픽에서 골프의 박인비 선수가 금메달을 따는 장면이 나왔다. 활짝 웃고 있는 박인비 선수의 뒤로 박세리 감독의 모습도 보였다. 최 과장은 문득 고등학교 시절 박세리 선수가 US여자오픈에서 맨발의 투혼을 보이면서 승리했던 장면이 떠올랐다.

'그녀는 어느새 감독으로 성장했구나. 멋지다!'

이 생각이 머리를 스친 순간 그녀의 가슴 속에서 뭔가가 솟구쳐 올라왔다. 오기와 열정이 뒤섞인 감정들. 그녀는 나약했던 자신의 모습이 부끄러워졌다.

저 들에 푸르른 솔잎을 보라
돌보는 사람도 하나 없는데

1998년 한 공익광고에서 흘러나온 양희은의 '상록수'. 이 노래가 흘러나왔던 광고에는 당시 스물한 살의 박세리 선수가 세계 여자 골프 최고의 대회인 US오픈에서 우승하는 장면이 나온다. IMF로 온 나라가 고통받고 있던 그때, 그녀가 워터해저드(물 웅덩이)에 빠진 공을 멋지게 쳐내고 우승 트로피에 입을 맞추는 장면은 많은 사람들에게 감동을 선사했다.

사실 박세리 선수는 US여자오픈 직전에 치러진 대회에서 우승을 한 번 했을 뿐 그 이전까지는 중위권을 맴도는 선수에 불과했다. 거기다 US여자오픈이 치러진 블랙울프런 골프장은 '악마의 코스'라 불릴 정도로 악명이 높아서 훗날 그녀는 어느 인터뷰에서 경기 전날 한숨도 못 잤다고 고백한 바 있다.

경기 초반 박세리는 부진한 모습을 보여 우승에서 멀어지는 듯했지만 여러 고비를 넘긴 끝에 태국계 미국인인 추아시리폰 선수와 연장전에 돌입하게 됐다. 그런데 연장 마지막 홀에서 공이 웅덩이에 빠진 순간 지켜보던 사람들은 이제야말로 우승은 물 건너갔다고 생각했다. 박세리 자신도 망연자실하게 공만 쳐다볼 뿐이었다.

벌타를 받고 공을 드롭시킬 수도 있었지만 그러면 진짜로 우승은 포기해야 하는 상황. 다행히 공은 물에 완전히 빠지지 않고 잡초 사이에서 겨우 몸을 지탱하고 있었다. 박세리는 결심한 듯 신발과 양말을 벗고 물에 들어갔다. 이때 그녀의 뽀얀 발이 보였는데 검게 그을린 종아리와 확연히 대비되어 마치 흰 양말을 신은 것처럼 보였다. 그녀의 발은 지금까지 그녀가 얼마나 많은 노력을 기울여 왔는지 보여 주고 있었다.

양말을 벗고 물속에 들어가서 친 공은 멋지게 그린 위에 안착했고 그 장면은 온 국민의 가슴속에 남았다. 이처럼 멋진 샷 덕분에 승부는 다시 원점으로 돌아와 연장전까지 가게 됐다. 다음 날 이어진 경기에서 박세리는 5.5m짜리 버디퍼팅을 성공시켜 US 여자오픈 사상 최연소 우승이라는 영예를 안았다.

어쩌면 지금 최 과장의 상황이야말로 '악마의 코스'에서 공이 워터 해저드에 빠진 것과 다름없어 보인다. 김 부장은 이런 최 과장을 보면서 득의양양하게 웃고 있을지도 모른다. 이런 상황에서 최 과장은 어떻게 해야 하는 걸까? 다시 박세리 선수의 이야기로 돌아가 보자.

US여자 오픈 이후 박세리의 시대가 열렸지만, 그렇다고 해서 언제나 좋은 날만 있었던 건 아니다. 그녀에게도 슬럼프는 있었다. 2004년부터 몇 년 동안은 극심한 슬럼프를 겪기도 했다. 그렇지만 그녀는 결국 다시 일어섰으며 지도자로서도 성공을 거뒀다. 2016년 리우 올림픽 여자 골프팀 감독이 된 그녀는 특유의 '언니 리더십'으로 대한민국에 금메달을 안겨주는 데 큰 역할을 했다.

이처럼 선수로서도, 지도자로서도 멋지게 성공한 그녀. 하지만 그녀도 원래는 뽀얀 피부를 가진 소녀에 불과했다. 온몸이 그을릴 정도의 혹독한 훈련을 통해 그 자리에 설 수 있었던 것뿐이다. 그리고 잡초 사이에 겨우 걸린 공이라도 쳐올리는 용기가 있었기에 트로피를 거머쥘 수 있었다.

1998년 그녀가 우승 트로피를 들어 올렸을 때 우리 귀에 울려 퍼졌던 그 노래를 다시 떠올려본다.

우리 나갈 길 멀고 험해도
깨치고 나아가 끝내 이기리라

이 노래처럼 끝내 이기고야 말 세상의 모든 최 과장님을 응원하며, 건배!

02. '술 권하는 회사'에서의 생존 전략

입사 후 술 때문에 괴로워하는 신입사원 K. 과연 그는 어떻게 해야 회식을 마치고 무사히 집으로 돌아올 수 있을까?

회식의 자리 배치에서부터 로테이션과 인터미션 전략 그리고 술을 마시지 않아도 되는 접대의 기술까지 주량이 약해도 살아남을 수 있는 핵심 생존 전략을 소개한다.

회식은 과연, 업무의 연장인가?

영업 본부 전체 회식을 앞둔 신입사원 K는 오전부터 아무것도 할 수 없었다. 모든 선배들이 신입사원인 자기에게 술을 권할 텐데 K는 선천적으로 술이 약하기 때문이다. 회식 자리에서 정신을 잃을까 봐 걱정도 되고 취해서 집에 가다가 혹시 사고라도 당하면 어떡하나 하는 생각까지 걱정이 꼬리에 꼬리를 물었다.

특히 그는 대학에 입학한 후 신입생 환영회에서 정신을 잃고 쓰러져 팔이 부러진 기억이 있어서 더욱 걱정이 밀려왔다. 문득 노무사로 일하는 선배가 생각난 K는 회사 건물 옥상에 올라가 선배에게 전화를 걸었다.

"형, 오랜만이에요. 궁금한 게 있어서 전화드렸어요. 오늘 회식이 있는데 혹시 회식을 하고 집에 오다가 다치면 보상을 받을 수 있나요? 신입사원 연수를 받을 때 '회식도 업무의 연장'이라는 말을 들은 기억이 있거든요."

"하하하. 너 신입생 때 생각이 나서 그러는구나."

"네. 입학하자마자 한 달 동안 입원해 있었잖아요. 그때 부모님께 얼마나 잔소리를 들었는지 몰라요."

"그래 네 마음 이해한다. 결론부터 말하자면 보상을 받을 수 있어. 그런데 조건이 있지."

"그래도 보상받을 수 있다니 다행이네요. 그런데 그 조건이라는 것이 뭐죠?"

회식은, 근로자가 보호받아야 할 때에만 '업무의 연장'이 될 뿐

"그 몹쓸 사회가, 왜 술을 권하는고!"

– 현진건, 술 권하는 사회(1921년 작) 중에서

술잔이 파도를 친다. 여기저기서 "위하여"를 외친다. 1차가 끝나도 2차, 3차가 기다리고 있다. 술이 약한 사람은 낙오자로 간주된다. 상사가 주는 술을 거절하면 개념 없는 사람으로 낙인찍힌다. 하지만 모든 걸 다 줄 것만 같았던 끈끈한 밤의 연대기는 다음 날이 되면 물거

품처럼 사라져 버린다.

　이런 모습은 대한민국의 직장인에겐 흔하디흔한 풍경이다. 이쯤 되면 집단으로 알코올 중독에 빠졌다 해도 과언이 아니다. 이제 조금만 있으면 '술 권하는 사회'가 발표된 지 100년이 되는 해이지만 우리는 여전히 '술 권하는 사회'에 머물러 있다. 술을 권하는 주체가 '사회'에서 '회사'로 바뀌어 있을 뿐.

　다행히 최근에는 계속되는 저성장 기조로 인해 회사마다 과도한 음주를 자제하는 분위기이지만 이는 결코 자발적인 변화라고 할 수 없다. 경기가 좋아지면 언제 그랬냐는 듯 다시 미친 듯이 잔을 들 게 뻔하다.

　이런 악순환의 고리를 끊기 위해서 우리는 조금 더 본질적인 원인을 들여다봐야 한다. 회사라는 공간에서는 왜 다들 그토록 술에 집착하는지, 왜 술을 못 마시는 사람에게도 그토록 술을 강권하는지, 그 원인을 살펴볼 필요가 있다.

　가장 큰 원인은 어느 샌가 술 마시는 일이 사회생활을 위한 불가피한 수단이 되어 버렸기 때문이다. 그로 인해 회사에서는 '회식도 업무의 연장'이라며 술을 강요한다.

　하지만 '회식도 업무의 연장'이라는 말은 결코 술을 강권하기 위해 만든 말이 아니다. 회식이나 접대를 마치고 귀가하던 중 사고를 당한 경우에도 일을 하다 다친 것과 마찬가지로 업무상 재해를 인정해 주기 위해 만들어진 논리이다. 그러므로 회사에서는 이 말을 가지고 직원들에게 술을 강요하는 일이 없어야 한다. 회식은 근로자가 보호받아야 할 때에만 업무의 연장이 될 뿐이다.

회식으로 인한 사고를 업무상 재해로 인정받기 위한 조건

이제부터 살펴볼 '술 권하는 회사에서의 생존 전략' 편에서는 늘 회식과 접대의 압박 속에서 술을 강요당하며 살아야 하는 직장인을 위한 다양한 전략을 살펴볼 것이다. 그중에서도 회사의 가장 막내인 신입사원들이 유용하게 활용할 수 있는 기본적이고 핵심적인 전략을 소개하고자 한다.

본격적으로 살펴보기 전에 가장 중요한 것, 회식으로 인해 부상을 당했을 때 과연 어떤 보상을 받을 수 있는지에 대해서 먼저 살펴보기로 하자.

만약 회식을 마치고 귀가하던 중 교통사고를 당하여 다치거나 사망한다면? 순전히 개인의 실수이므로 자신의 비용으로 치료비를 부담해야 하는 것일까? 아니면 업무 중에 당한 사고와 동일한 보상을 받을 수 있는 것일까?

우리나라의 근로기준법과 산업재해보상법은 일을 하다 다친 경우 업무상 재해를 인정하고 있다. 이때 치료비는 물론 사망한 경우 장의비와 유족 급여까지 지급받을 수 있다. 앞서 설명했듯이 회식이나 접대를 마치고 귀가하던 중 사고를 당한 경우에도 일을 하다 다친 것과 마찬가지로 업무상 재해가 인정되기 때문이다.

다만 여기에는 일정한 조건이 있는데, 그것은 바로 '사업주(회사)의 지배, 관리 아래 있어야' 한다는 점이다. 법원은 '그 자리의 주최자, 목적, 내용, 참가 인원과 강제성 여부, 운영 방법, 회식비의 부담 등의 사정을 고려하여 사회 통념상(상식적인 선에서) 전반적인 과정이 사용자의 지배나 관리를 받는 상태에 있어야 한다.'고 판결하고 있다.

예를 들어 지점장이 주관한 자리이거나, 이메일 등으로 미리 공지하거나 참석을 강제한 경우, 또는 회사가 회식 비용을 부담한 경우 등이다. 다만 회사로부터 비용을 지원받더라도 단순히 친목을 도모하기 위해 몇 명만 모인 자리였다면 업무상 재해로 보지 않는다는 사례가 있다.

두 번째 조건은 근로자가 그와 같은 행사나 모임의 '일반적인 경로'를 벗어나지 아니한 상태에 있어야 한다는 것이다. 예를 들어 회식을 마치고 귀가하던 중에 사고를 당한 경우에는 일반적으로 업무상 재해를 인정하지만, 2차 회식을 나이트클럽에서 가졌는데 지배인과 시비가 붙어서 부상을 입은 경우와 같이 일반적이지 않은 상황으로 인하여 부상을 당한 경우에는 업무상 재해로 인정받기 어렵다. 또한 상사의 만류에도 불구하고 술을 계속 마셔서 사고가 난 경우에도 업무상 재해에 해당되지 않는다.

이러한 일반적인 요건이 있더라도 업무상 재해 여부는 전반적인 상황을 고려하여 종합적으로 판단하므로 일률적으로 단순화하기는 어렵다. 그러므로 스스로 자제하는 것이 무엇보다 중요하다. 회사로부터 보상을 받더라도 가장 큰 손해를 보는 것은 나 자신이므로 항상 스스로 조심해야 한다.

상사들 또한 회식에 참석을 강제하거나 술을 강권할 경우 아끼는 부하 직원이 불의의 사고를 당할 수 있으며 그러한 행위로 인해 회사도 막대한 손실을 입을 수 있다는 사실을 명심해야 한다.

흥겨운 술자리도 좋지만 무심코 권한 술이 돌이킬 수 없는 사고로
연결되지 않도록 모두가 조심 또 조심하기를!

※ 감수: 김철민 노무사 (국제온누리 노무법인)

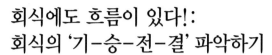

회식에도 흐름이 있다!:
회식의 '기-승-전-결' 파악하기

신입사원 K가 노무사 선배와의 통화를 마칠 무렵, 마침 K와 같은 팀에서 근무하는 김 과장이 담배를 피우려고 옥상에 올라왔다. K의 통화 내용을 들은 김 과장이 K에게 물었다.

"전체 회식이라 많이 긴장되지?"

"네. 술이 센 편이 아니라서…… 취해서 저도 모르게 실수할까 봐 걱정도 되고요."

"너무 걱정하지 마. 회식의 흐름만 파악하면 잘 대처할 수 있어."

"흐름이요? 회식에도 흐름이 있나요?"

"그럼! 회식에도 일정한 흐름 또는 패턴이 있어서 그것만 잘 이해하면 돼. 다음에 어떤 일이 벌어질지 알고 있으면 대응하기 쉬운 것과 같은 이치야."

김 과장이 말하는 회식의 흐름이란 어떤 것일까? 바로 '기-승-전-결'(起-承-轉-結)이다. 나는 회식이라는 자리가 회사의 구성원이 모여 먹고 마시고 떠들며 나름의 정치를 벌이는 일종의 '생활 공연'이라고 생각한다. '삼겹살 불판'이라는 무대 장치와 이 대리, 최 과장류의 동료 배우들과 함께 '상사'라는 관객 앞에서 벌이는, 그런 공연 말이다. 모든 공연에 '기-승-전-결'의 흐름이 있듯이 회식이라는 공연도 마찬가지이다.

'기승전결'이란 도입부를 통해 상황을 설명하고(기), 갈등이 발생하며(승), 그 갈등이 최고조에 이른 후(전), 마침내 갈등이 해결되는 (결) 과정을 말한다. 이를 통해 극의 설득력이 높아지므로 배우들 또한 그 흐름에 맞게 연기를 해야 자연스럽다. 만약 도입부인 '기'의 단계에서부터 모든 에너지를 쏟아내면 배우 자신은 물론 이를 지켜보는 관객까지도 부담스럽다. 그렇다면 회식에서의 '기-승-전-결'은 무엇이고, 각 단계마다 어떻게 해야 하는 걸까?

수십 명이 참가하는 회식에서 처음부터 분위기가 달아오를 수는 없는 법. 자리 배치 등이 끝나면 최고 선임자(주로 본부장)를 시작으로 보통 넘버 3까지의 건배사가 이어진다. 건배사가 끝나면 마침 삼겹살도 다 익었으니 일단 배를 채운다. 이것이 '기(起)'의 단계이다. 이 단계에서부터 달리기 시작하는 건 어리석은 짓이다. 이때에는 가급적 에너지를 비축해야 하므로 유리한 자리를 선점한 다음 가볍게 시작하는 것이 중요하다. 여기에 대해서는 '술자리 포지셔닝 전략 1'에서 자세하게 설명한다.

조금씩 분위기가 고조되면서 삼삼오오 잔을 부딪치기 시작하고 회식 자리가 시끄럽고 어지러워진다. 적당히 배를 채운 사람들은 이리 저리 자리를 옮기기 시작한다. 바로 '술자리 로테이션'이 시작되는 것이다. 이것이 '승(承)'이다. 앞 단계인 '기'에서는 에너지를 축적해 두었다가 '승'에서부터 자기가 원하는 상대를 공략한다. 여기에 대해서는 '술자리 포지셔닝 전략 2'를 참조한다.

마침내 회식은 절정에 달해 술 취한 목소리로 여기저기서 "위하여"가 남발되고 국지적 혹은 전체적으로 파도타기가 시작된다. 사람들이 제정신이 아닌 듯한 분위기가 연출되는데 이것이 '전(轉)'이다 .

파도를 타느냐 피하느냐 그것이 문제인가? 파도가 쓰나미처럼 느껴지는 당신에게는 '술자리 인터미션'이 필요하다. 조용히 사라져 잠깐의 휴식을 취해야 한다는 말인데 이는 '술자리 인터미션은 언제인가?'에서 자세히 설명하도록 한다.

파도타기의 광풍이 지나간 다음에는 하나 둘 자리에서 쓰러지거나 일어나 담배를 피우러 나간다. 다시 모인 다음 자리를 마무리하니 이것이 '결(結)'이다. 이때 '전'의 단계에서 지나치게 파도를 타다가 장렬하게(?) 전사하는 동료들이 발생한다. 이들을 외면하지 말고 따뜻한 동료애를 발휘하는 것도 당신이 해야 할 일이다. 또한 공연의 막바지라고 해서 끝까지 긴장의 끈을 놓아서도 안 된다. 회식에서 발생하는 불상사는 대부분 '결'의 단계에서 발생한다는 사실을 잊지 말자.

비록 '기-승-전-결'의 무대를 마쳤지만, 애석하게도 우리의 공연은 여기에서 막을 내리지 않는다. 곧바로 다음 무대로 이동하게 되는

데, 이제는 '뮤지컬'이다. 노래방에서 춤추며 노래하는 동안 삼겹살로 무거워진 몸이 가벼워지고 술도 깬다.

노래방에서의 뮤지컬 공연을 마친 다음에는 지쳐 쓰러진 배우들은 집으로 돌려보내고 살아남은 배우들을 중심으로 호프집에서 작은 무대를 가진다. 1차와 2차가 많은 인원이 등장하는 대규모 공연이었다면 호프집에서 가지는 3차는 조촐한 소극장 공연이다. 2차, 3차 공연의 특징은 취기가 오른 상태이므로 '기승전결'의 패턴이 더욱 빨라지거나 '기(起)'가 생략되고 바로 '승(承)'의 단계부터 시작될 수도 있다는 점이다.

이러한 회식의 흐름을 파악하고 각 단계별로 적절한 행동을 취한다면 부담스러운 회식 자리에서도 충분히 살아남을 수 있다.

이제 막이 오른다. 잔을 들어야 할 시간이다.

회식에서의 포지셔닝 전략 1: 변방에서 중심으로

"두둥!" 드디어 결전의 시간이 다가왔다. 50여 명에 이르는 본부 직원들이 회식 장소인 삼겹살집으로 속속 모여들었다. 오늘의 회식을 위해 이 전무는 삼겹살집을 통째로 빌렸다. 신입사원 K도 회식 장소로 들어섰지만 어디에 앉아야 할지 몰라 서성이고 있었다. 빈자리를 찾아 앉으려는 순간 김 과장이 그의 팔을 잡아 제일 구석 자리로 이끌고 갔다. 그는 K에게 다음과 같이 속삭였다.

"오늘 멀쩡히 집에 가고 싶으면 여기에 앉아 있어. 2차, 3차도 있는데 1차에서 너무 무리하면 안 돼."

"그래도 이번 기회에 얼굴을 좀 알려야 하지 않을까요?"

"쫄라가 되고 싶지 않으면 그냥 내가 시키는 대로만 따라와."

K는 구석 자리로 가는 것이 썩 내키지는 않았지만, 김 과장의 말에 따르기로 했다.

김 과장은 왜 구석 자리로 갔을까? 우선은 서열 때문이다. 회사에서는 직급이나 직위별로 서열이 엄격하고 서열에 따라 앉는 자리가 정해져 있으므로 거기에 맞춰 앉아야 한다. 또 다른 이유는 '서바이벌'을 위한 전략 때문이다. 회식의 본무대는 1차가 아니다.

1차는 단순히 배를 채우고 분위기만 띄우는 전초전일 뿐, 2차, 3차에 이르러서야 중요한 이야기가 흘러나온다. 그러므로 본무대인 2차, 3차를 위해 1차에서는 최대한 힘을 아껴야 한다. 여기에서는 (주로 삼겹살 또는 횟집이 대부분인) 1차에서의 서열에 따른 알맞은 자리 배치와, 서바이벌에 유리한 자리를 잡는 방법인 술자리 포지셔닝 전략에 대해 알아보도록 한다.

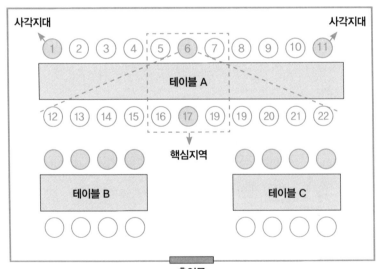

회식에서의 자리 배정과 '사각지대' 파악하기

단체 회식을 할 때, 큰 방 안에 위의 그림과 같이 배치를 하는 것이 일반적이다. 이때 상석은 어디일까? 굳이 레오나르도 다빈치가 그린 '최후의 만찬'을 떠올리지 않더라도 출입구로부터 가장 안쪽에 있는 '메인테이블(테이블 A)'에서 벽을 등진 가운데 자리인 6번임을 알 수 있다. 여기에 최고 선임인 본부장이 앉는다. 그 좌우의 5번과 7번 자리에는 본부장이 이런저런 지시를 내리거나 질문을 하면 즉시 답변을 할 수 있는 최측근이 앉는다(최소한 팀장급 이상이며 보통 여기에 앉는 사람들이 실세라고 보면 된다). 6번과 마주 보고 앉는 16, 17, 18번의 경우에는 회식에 초대받아 온 손님 또는 6번에 앉은 사람과 거의 동격이지만 약간 지위가 낮은 사람들이 앉게 된다(즉 본부장보다는 약간 아래에 있는 임원들이 여기 앉는다.).

반면 테이블 A에서 5, 6, 7번 자리와 16, 17, 18번의 핵심 지역을 제외한 나머지 지역은 그다지 서열에 연연해하지 않아도 된다. 다만 구석 자리로 갈수록 말석인 것은 분명하므로 직급이 낮을수록 구석으로 가는 것이 예의이다.

설령 당신이 입사한 지 10년이 넘은 중간 간부라 할지라도 팀장이 아닌 이상 우선은 말석으로 가는 게 좋다. 괜히 핵심 지역 근처에서 얼쩡거리다가 말석으로 쫓겨나는 것보다는 말석에 있다가 상석으로 불려가는 편이 훨씬 바람직하기 때문이다. 요즘에는 서열에 따른 엄격한 격식을 차리지 않는 경우도 있지만 최소한의 예의는 지켜지고 있다.

한편 테이블 B와 C에서도 가급적 가운데 자리가 상석이고 구석이 말석인 것은 동일하지만, 보통 메인 테이블이 아닌 B, C에는 팀 단위로 앉는 것이 일반적이다.

'변방에서 중심으로' 이동하는 포지셔닝 전략

이제 1차에서 3차에 이르는 험난한 회식 과정에서 살아남기 위한 포지셔닝 전략에 대해 알아보자. 우선 회식의 주연 배우는 단연 최고 상석인 6번에 앉은 본부장이므로 회식의 분위기는 본부장의 스타일에 따라 좌우된다. 특히 본부장이 술을 강권하는 스타일이라면 이러한 포지셔닝 전략이 더욱 빛을 발한다.

본부장 주변에 앉아 있으면 본부장이 하사하는 술잔을 피할 수 없어 자칫 1차에서 모든 전력을 소모해 버릴 수 있다. 그래서 1차에서는 말석에 앉을수록 서바이벌에 유리하다.

테이블 A에서는 구석의 1번, 11번, 12번, 22번이 술잔을 비켜 갈 수 있는 전략적 요충지이다. 그러나 같은 말석이라도 전략적으로는 다른 의미를 가진다. 12번과 22번 자리의 경우 말석이기는 하지만, 상석인 6번의 시야에 들어오는 자리이기에 눈에 띄는 자리이다. 반면 1번과 11번 자리는 상석인 6번 자리에서는 잘 보이지 않는, 일종의 사각지대이므로 최고의 피난처가 된다. 테이블 B와 C에서는 6번과 등지고 있는 자리가 상대적으로 유리하지만, 본부장의 시선이 B와 C 테이블까지 미치기는 어려우니 비교적 안전하다.

당신이 비록 서열은 낮지만 주량에 자신이 있고 5, 6, 7번에 앉은 실세들의 시야에서 벗어나고 싶지 않다면 12번과 22번 또는 그 주변 자리에 앉으면 된다. 반면 당신의 주량이 약하면 사각지대인 1번과 11번 자리를 택하는 것이 좋다.

1차에서 이렇게 자리가 배치되었더라도 분위기가 무르익어 갈수록 여러 차례 로테이션이 이뤄져서 나중에는 뒤죽박죽 섞이게 된다(이에 대해서는 '포지셔닝 전략 2'에서 다루기로 한다.). 그래도 1차는 전초전일 뿐이므로 여기에서 전력질주(全力疾酒)하기보다는 1번, 11번과 같은 전략적 요충지에서 때를 기다리는 것이 좋다.

그러나 1차가 끝나고 2차, 3차로 갈수록 슬슬 본부장이나 핵심 라인의 근처에 앉도록 노력해야 한다. 이때는 다들 취기가 올라 있어서 분위기도 좋고 술을 강권하는 분위기도 가라앉아서 대화 중심으로 이어지는 경우가 많다. 그러므로 본부장의 눈에 들려면 이 기회를 활용해야 한다. 다같이 먹고 떠드는 분위기인 1차에서보다는 효과적으로 접근할 수 있고 눈에 띄기도 쉽다. 그렇다고 해서 눈에 띄고자 말을 많이 해서는 안 된다. 그냥 옆에 앉아 적절하게 분위기를 맞추는 것만으로도 충분한 효과가 있다.

술자리 서바이벌의 백미는 2차, 3차에서 본부장의 주위를 지키던 당신이 비교적 멀쩡한 모습으로 본부장을 배웅해 주는 것이다. 그러면 본부장은 '왜 저 녀석만 멀쩡하지?' 라고 생각하는 대신 당신을 든든하게 여길 것이나.

이때 '본부장이나 상사들이 취해서 나를 기억이나 할 수 있을까?'

하는 걱정 따위는 할 필요가 없다. 회식 경력만 20년이 넘은 당신의 상사들은 취한 척하고는 있지만 회식 자리에서 당신이 하는 말과 행동을 대부분 기억하고 있으니까.

정리하면, 단체 회식에서의 포지셔닝 전략은 1차에서는 말석으로 시작하되, 2차, 3차로 갈수록 본부장 또는 핵심 라인 주변으로 이동해야 한다는 것이다. 이를 한마디로 하면 '변방에서 중심으로' 이동하는 전략이라고 할 수 있다. 회식 다음 날 술이 깬 상사와 동료들은 1차 때의 멀쩡한 모습이 아닌 마지막 차수 때의 모습으로 당신을 평가한다. 그러니 이 말을 명심하라.

"시작은 미약하게, 끝은 창대하고 쿨~하게."

회식에서의 포지셔닝 전략 2:
두루두루 로테이션

어느덧 삼겹살도 익어가고 술잔도 주거니 받거니 하는 동안 회식의 분위기도 무르익어 간다. 분위기가 흥겨워지니 사람들이 하나 둘씩 자리를 옮기기 시작한다. 신입사원 K도 자리를 옮겨야 하는지 고민하던 바로 그때, 본부장 근처에서 낯익은 목소리가 들리는데 사무실에서 밉상으로 통하는 민 차장이다. 그는 몇 년째 팀장으로 진급하지 못하고 차장에 머물러 있다.

"아이고, 본부장님, 제가 술 한잔 올리겠습니다!"

사실 그는 로테이션이 시작되자마자 본부장 옆자리를 꿰차고 앉아 본부장에게 술을 따르고 있었다. 그를 바라보던 김 과장은 한숨을 쉬면서 나지막이 말했다.

"어휴~ 저러니 만년 차장으로 머물러 있지. 저렇게 티 나게 정치를 하니 진급을 못 하시는 거야."

사내에서 정치를 해야만 성공한다는 말은 들었는데, 티를 내서는 안 된다니. 신입사원 K는 혼란스러웠다. 그 '정치'라는 게 도대체 무엇인지, 회식 자리에서도 '정치'라는 것을 해야 하는 것인지. 한다면 어떻게 하는 것인지. 누군가 알려 줬으면 하는 마음이 간절해졌다.

회식의 고수는 섣불리 윗사람에게 접근하지 않는다.

술자리 포지셔닝 전략 1이 1차에서 3차에 이르는 회식의 전체 과정에 걸쳐 필요한 전략이었다면 포지셔닝 전략 2는 1차를 위한 전략이다. 1차는 식사를 겸하기 때문에 2차, 3차에 비해 시간이 오래 걸린다. 주위에 앉은 동료들과만 대화를 나누기에는 지나치게 긴 시간이다.

기마민족의 후예인 우리는 이 시간을 참지 못하고 삼겹살로 배만 채웠다 싶으면 본격적으로 자리를 이동하기 시작한다. 바로 '술자리 로테이션'이다. 로테이션이 시작되면 포지셔닝 전략 1에서 설명한 '사각지대'를 선점했더라도 미련 없이 자리를 박차고 떠나야 한다.

그러면 어디로 자리를 옮겨야 하는가? 다른 부서에서 일하는 사람들처럼 평소에는 교류하기 어려운 사람들과 흥겨운 술자리를 통해 친분을 쌓는 것이 술자리 로테이션을 하는 이유이자 기본 원칙이다.

하지만 이는 겉으로 보이는 것에 불과할 뿐 로테이션은 고도의 정치적 수단이 되어야 한다. 만약 당신이 승진 심사를 앞두고 있는데 평소에 인사권자인 본부장이나 다른 임원들과 교류할 기회가 거의 없다면? 당연히 회식 자리가 당신을 알릴 수 있는 절호의 기회가 될 것이고 로테이션을 통해서 본부장 근처에 앉고자 할 것이다. 실제로 많은 사람들이 본부장을 비롯한 실세들의 옆에서 술을 따르면서 '얼굴 도장'을 찍고자 보이지 않는 경쟁을 한다.

그러나 많은 경쟁자들이 지켜보는 1차에서 섣불리 본부장에게 다가서는 것은 하수들이나 하는 짓이다. 이런 '얼굴 도장 찍기'는 평소에 부지런히 해야 하며, '아부'는 결정적인 순간에 은밀하게 하는 것이 정석이다. 고수들은 1차가 아닌, 경쟁자들이 떨어져 나간 3차에서 비로소 본부장 옆에 앉는다. 이를 위해 '변방에서 중심으로' 나가야 한다는 것이 앞서 살펴본 포지셔닝 전략 1의 핵심이었다.

1차에서는 로테이션을 돌면서 '평판 다지기'에 집중해야

반면 1차에서는 로테이션을 통해 '평판 다지기'를 해야 하는데, 이게 바로 두 번째 포지셔닝 전략이다. '평판 다지기'란 한마디로 좋은 이미지를 구축하는 것이다. 회식 자리를 통해 핵심 라인에게 얼굴 도장을 찍는 것만큼이나 나의 이미지를 좋게 가꾸는 것이 중요하다.

핵심 라인에 대한 얼굴 도장 찍기에만 몰두할 경우, 다른 사람에게 좋지 않은 인상을 남기게 되고 뒷담화의 표적이 된다. 이런 이야기는 전파력이 높아서 결국 윗사람의 귀에도 들어간다. 무엇보다 동료

들의 견제를 받게 되어 업무 협조를 구하기가 힘들어진다. 일은 혼자
하는 것이 아니라 같이 하는 것이므로 결국 당신의 업무 성과가 나빠
지게 되는 악순환에 빠진다.

그러나 로테이션을 통해 평소 서먹했던 동료들과의 즐거운 시간을
가지는 데 집중하면, 당신에 대한 호감도가 높아지고 갑자기 업무 협조
를 구할 일이 생겨도 부담스럽지 않게 된다. 이것이 결국 당신의 성과
를 높이게 되는 선순환으로 작용한다. 또한 개인적으로 사이가 벌어진
동료가 있더라도 찾아가 서로 마음을 풀도록 노력하는 것도 좋다.

바로 이런 일들을 하라고 회사가 거금을 들여 회식을 하는 것이다.
어설픈 정치나 하라고 돈을 쓰는 게 아니다. 본부장이나 핵심 라인에
대한 '정치적인' 멘트는 3차에서 딱 한 번만 제대로 날리는 것으로 충
분하다.

술자리 로테이션에서 중요한 또 한 가지의 포인트는 너무 돌아다
니면 안 된다는 것이다. 지나치게 많이 돌아다니면 사람이 가볍게 느
껴져 진정성이 없어 보인다. 보통 로테이션을 할 수 있는 시간은 1시
간 정도인데, 한 번에 20분 내외로 3번 정도 하는 것이 적당하다. 너
무 짧은 시간 동안 대화를 나누면 상대는 나와 대화를 했는지조차 잊
어버리기 때문이다. 또한 한 명을 만나더라도 진심으로 반갑게 대하
는 것이 좋다. 술기운에 하는 말일지라도 진심을 담아서 반갑게 하면
상대방에게 좋은 인상과 함께 긴 여운을 남길 수 있다.

'정치'보다 '평판'! 이것이 두 번째 포지셔닝 전략의 핵심이다.

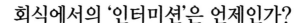

회식에서의 '인터미션'은 언제인가?

이제 회식의 분위기는 완전히 달아올라 여기저기서 "위하여"를 외치고 있다. 신입사원 K는 몇 차례의 로테이션을 통해 다른 부서 사람들에게 얼굴을 알리고 싶었지만 점점 취기가 오르는 걸 느꼈다. 그러나 분위기는 걷잡을 수 없이 달아오르고 있었고, 여기에 휘말렸다가는 오늘도 무사히 집에 가기 힘들어질 것 같다. 그때 김 과장이 K에게 속삭인다.

"힘들지? 이제 '인터미션'을 가질 시간이야. 조용히 따라 나와."

인터미션(intermission)이란 음악회나 오페라, 뮤지컬 등의 공연 중간에 가지는 휴식 시간을 의미한다. 일반적으로 러닝 타임이 2시간 30분 내외인 이러한 공연에선 15분 정도의 휴식 시간을 가져야만 연주자와 배우는 물론 관객까지도 뒤이어질 무대에 집중할 수 있다.

나는 클래식을 좋아하는 아내 덕분에 종종 클래식 공연장을 찾는데 나에게 클래식 음악은 자장가나 다름없다. 그래서 '인터미션'이 구원과도 같이 느껴진다. 신기하게도 인터미션 동안 잠을 자고 나면 지루하기만 했던 음악이 조금씩 들리기 시작한다. 이러한 휴식 시간이 없다면 2시간 30분에 이르는 공연이 재앙 같을 것이다.

앞서 회식이라는 것도 상사 앞에서 벌이는 일종의 공연과 같다고 했는데, 놀랍게도 삼겹살집에서 하는 1차 회식의 러닝 타임도 실제 공연과 동일한 2시간 30분 내외이다(수많은 회식을 통해 측정한 결과이니 믿어도 된다). 이렇게 긴 공연을 무사히 마치고 싶은 당신에게 필요한 건? 그렇다. 바로 '인터미션'이다.

제아무리 기량이 뛰어난 배우라도 쉬지 않고 풀타임 공연을 마칠 수 없듯이 아무리 주량이 센 사람이라도 회식 자리를 인터미션 없이 풀타임으로 소화해 내기는 어렵다. 약간의 휴식으로 재충전의 기회를 가져야 한다. 그러나 초보 직장인의 경우 자기 마음대로 인터미션을 가지기도 힘들거니와 언제 가져야 하는지 모르는 경우가 많다. 그렇다면 앞서 설명한 회식의 기, 승, 전, 결의 4단계 중 언제 인터미션을 가져야 하는 걸까?

저마다의 주량에 따라 다르겠지만, '기'라고 생각하는 사람은 이 책이 반드시 필요한 사람이다. 최소한 두 번은 정독할 것을 권한다. 또한 '인터미션 따위는 필요 없고 무조건 달린다'는 생각을 하거나 그럴 만한 체력적 여유가 있는 사람은 진정한 초인이므로 이 책을 덮어도 된다. 그냥 건강에만 유의하시라.

대부분의 경우 회식이 마무리되는 시점인 '결'의 단계에서 휴식을 취한다. 물론 회식의 마무리 단계에서 삼삼오오 나가서 담배를 피우거나 화장실을 다녀오는 것이 가장 손쉬운 방법이겠지만 이것은 지혜롭지는 못한 행동이다.

가장 전략적인 시점은 '승'에서 '전'으로 넘어가는 시점, 또는 클라이맥스인 '전'의 단계에서 광란의 파도타기가 시작되기 전이다. 이때 인터미션을 가지면서 파도타기를 피하는 것이 좋다.

회식의 꽃인 파도타기를 피하라니? 이 무슨 뚱딴지같은 소리냐고 할 수 있다. 함께 파도를 타면서 분위기를 맞추는 것도 좋지만 이는 '서바이벌'의 관점에서 보면 어리석은 짓이다. 열심히 파도를 타고 "위하여"를 외쳐 봐야 이를 기억하는 사람은 아무도 없기 때문이다. 파도타기와 '위하여'의 끝은 다음 날 '내가 왜 그랬을까?' 하는 자괴감뿐이다.

다시 말하지만, 광란의 파도타기가 한창일 때가 곧 당신이 휴식을 취해야 하는 시점이다. 문제는 당신이 자리에 없다는 사실을 들키면 안 된다는 것이다. 광란의 파도타기가 진행되면 다들 제정신이 아니므로 누가 자리에 없는지 신경 쓰지 않는다. 더구나 회식이 '승'의 단계쯤 되면 로테이션이 빈번하므로 당신의 부재를 눈치채지 못한다. 이를 이용해 로테이션을 하는 척하면서 자리를 빠져나가는 게 좋다. 혹시나 빠져나가는 것이 미안하다면 좋은 구실이 있다. 바로 2차 장소를 섭외하러 가는 것이다. 그러면 만에 하나 당신의 부재가 들통나더라도 당신은 조직을 위해 헌신하는 사람으로 자리매김할 수 있게 된다.

또한 인터미션 시간이 길어지면 금방 들통이 나므로 15분을 넘기지 않도록 주의한다. 어찌 됐든 당신은 광란의 파도타기를 15분 정도 피하는 것만으로도 상당한 체력을 회복할 수 있다. 마지막으로 인터미션을 마치고 복귀할 때에도 눈에 띄지 말아야 한다는 사실을 잊지 말자. 잘못하면 '후래자(後來者) 3배'라는 엄벌을 받을 수 있으니 극도의 주의를 기울여야 한다.

당신이 신입사원 또는 진급자인데 회식 자리가 당신을 환영하거나 당신의 진급을 축하하기 위해서 열렸다면? 이때에는 사실상 빠져나오기 어렵고 2차 장소를 섭외하러 간다는 핑계조차 댈 수 없다. 이런 경우에는 완급 조절 또는 뒤에서 살펴볼 '기만술'이 살 길이다. 심한 경우 전사(?)하는 척할 수도 있다. 다만 여기에는 영화 '유주얼 서스펙트'에서의 마지막 반전을 방불케 하는 연기력이 요구되므로 함부로 쓰지 않기를 당부한다.

가장 중요한 포인트는 회식의 흐름에 적극적으로 동참하되 적절한 때에 조용히 사라졌다가 조용히 돌아오는 것이다. 이처럼 인터미션을 가지는 것이 술을 조금이라도 덜 마시기 위한 잔꾀가 되어서는 안된다는 사실도 명심하자. 회식의 흐름이나 분위기를 파악하는 연습의 한 방편으로 활용해야지, 섣불리 인터미션을 가지다가 오히려 찍힐 수도 있기 때문이다.

그러므로 회식의 흐름을 감지하는 능력을 키우고 우리 조직만의 고유한 회식 패턴을 몸에 익히고 난 다음에 활용해 보길 권한다. 이렇게 흐름을 파악하는 훈련을 계속 하다 보면 훗날 당신이 리더가 되었을 때 전체를 통솔하는 데에도 많은 도움이 될 것이다.

'전투'는 다음 날 아침에야
비로소 끝난다.

 노련한 김 과장 덕분에 호프집에서의 3차까지 비교적 멀쩡한 모습으로 버틸 수 있었던 신입사원 K.

 시계를 보니 어느덧 새벽 두 시를 가리키고 있다. 마침내 3차까지도 마무리되고 택시를 타고 가는 이 전무에게 정중하게 인사하는데 전무가 K를 흡족하게 바라보며 말한다.

 "우리 신입사원 듬직한데. 아주 좋아. 앞으로 열심히 해봐."

 대망의 첫 회식을 성공적으로 마친 것을 직감한 K. 마치 탄탄대로가 눈앞에 펼쳐지는 기분이다.

 마침 집이 같은 방향인 김 과장과 함께 택시를 탔다. 김 과장도 "오늘 고생했어"라고 말하며 밝게 웃는다. 김 과장과 눈이 마주친 순간 마치 함께 전투를 치른 듯한 동료애가 느껴졌다. K가 늦은 시간까지 고생한 자신이 대견스러워 '이제 집에 가서 한 숨 푹 자야지'라고 생각한 순간, 청천벽력과도 같은 김 과장의 말이 들렸다.

"내일은 평소보다 30분 일찍 출근해야 돼."

이게 무슨 말인가! K의 회사는 8시까지 출근이지만 K는 보통 7시 30분쯤 사무실에 들어선다. 그러나 김 과장은 내일 그보다 30분이나 빠른 7시까지 출근하라고 하니, 하늘이 무너질 것만 같았다. 얼추 계산해 봐도 4시간도 채 자지 못할 것 같았다. 난감해하는 K에게 김 과장이 말했다.

"괴롭겠지만 내일 출근해 보면 그 이유를 알게 될 거야."

다음 날 머리도 제대로 감지 못한 채 천근 같은 몸을 이끌고 평소보다 30분 빠른 7시에 출근한 K. 그의 눈앞에 놀라운 광경이 펼쳐졌다. 본부장을 비롯한 모든 임원과 팀장 그리고 선배들이 출근해 있는 게 아닌가? 그것도 너무나 멀쩡한 얼굴로! 신입사원 K는 불과 몇 시간 전까지만 해도 같이 술에 취해 떠들고 웃던 사람들이 이렇게 아침 일찍 출근해 있는 모습을 그저 멍하니 바라볼 뿐이었다.

새벽 두 시가 넘도록 술을 마시고 멀쩡한 모습으로, 그것도 30분이나 일찍 출근하는 것. 어떻게 이런 일이 가능한 걸까? 이유는 딘 히니

치열한 생존 경쟁 때문이다. 고만고만한 사람들이 모여 실적을 다투고 같은 자리를 놓고 경쟁하다 보니 이런 일에서도 경쟁하게 되어 버린 것이다. 처절하면서도 슬픈 우리의 자화상이다.

아무리 슬퍼도 현실은 현실인 법. 어쨌든 회식에 임하는 당신의 자세에 대한 최종 평가는 다음 날 아침이 되어서야 비로소 종료된다. 그러므로 평소보다 최소한 30분 일찍 출근해야 한다. 몸이 힘들다고 해서 평소보다 늦게 출근하면 당신에게는 '그저 그런' 회사 생활이 기다릴 뿐이다. 그러나 평소보다 일찍 출근하는 당신에겐 분명 새로운 기회가 주어진다.

만약 당신이 신입사원이라면 선배들보다 먼저 출근해서 그들의 서랍에 '견디셔'를 한 병씩 넣어 두고 다음과 같이 카톡을 날려라.

"어제 선배님 덕분에 좋은 시간 보낼 수 있었습니다.

매우 감사드리고 앞으로도 많이 도와주십시오!

이거 드시고 오늘 하루도 즐겁게 견디셔요^^

선배님 사랑합니다~ 하트뿅뿅."

이런 센스를 발휘하는 당신은? 이제 팀의 귀염둥이가 되거나, '뭘 좀 아는 녀석'이 된다.

술이 필요 없는 접대의 전략

'회식의 달인' 김 과장 덕분에 회식의 공포에서 벗어난 신입 사원 K. 하지만 그에게는 새로운 고민이 생겼다. 그것은 바로 '접대'의 공포!

그래도 회식은 같은 회사 사람들끼리 술을 마시는 자리라서 그런지 술을 마시지 못하더라도 어느 정도 이해를 해주는 사람들이 있는 편이었다. 하지만 다른 회사의 거래처 사람들을 만나야 하는 '접대'의 자리에선 술을 마시지 못하면 바보 취급을 받았다. 특히나 김 부장을 따라 가본 룸살롱에서의 접대는 술을 마시지 못하는 신입사원 K에게는 괴롭기만 했다. 결국 K는 다시 한번 김 과장에게 도움을 청하기로 했다.

"이제 접대의 기술도 전수해 달라고?"

"네, 과장님~ 부탁드려요!"

"후훗! 원래 공짜로는 잘 안 알려 주는데, 특별히 자네한테만 알려 주지! 안 그래도 오늘 저녁에 거래처 분들을 만나기로 했는데, 같이 갈래?"

퇴근 후 김 과장과 함께 간 곳은 바로 익선동. 100년 전 지어진 한옥 거리에 현대적인 감각으로 리모델링한 카페와 식당이 들어서 있었다. 김 과장은 그중에서도 한옥을 개조한 어느 레스토랑에 들어갔다. '1920'이란 레스토랑의 이름은 이 한옥 거리가 지어진 연도를 의미한다고 했다. 이곳은 평일 저녁인데도 사람들로 북적거렸다. 김 과장과 K가 자리를 잡자마자 이내 거래처 사람들이 들어왔다.

"김 과장~ 일찍 와 있었네, 오늘도 멋진 곳으로 초대했구먼!"

"부장님, 이곳이 요즘 핫플레이스로 뜨고 있는 익선동입니다."

"와! 말로만 듣던 곳인데, 정말 운치 있는 곳이구먼."

그곳에서 달걀 프라이가 올라간 함박스테이크를 맛있게 먹은 김 과장 일행은 널찍한 마당이 있는 한옥 카페로 옮겨 수제 맥주와 칵테일을 시켰다. 100년이란 시간을 뛰어넘은 세월의 흔적은 대화도 잘 통하게 해주었다.

김 과장은 거래처 사람들과 개인적인 이야기를 나누면서도 틈틈이 회사의 제품 소개를 곁들였다. 대화는 진지하면서도 유쾌했으며 또한 유익했다.

직장인이 술을 마셔야 하는 자리가 회식만 있는 건 아니다. 업무 협조나 정보 교환, 그리고 영업 활동을 위해 만나야 하는 자리인 '접대'의 자리에서도 술이 빠질 수는 없다.

그래도 부정한 청탁을 방지하기 위한 '김영란법'의 영향과 경기 침체로 인해 예전보다는 많이 줄어들기는 했지만 접대는 여전히 부담스럽기만 하다. 과도한 음주에 대한 걱정 외에도 뭔가 아쉬운 부탁을 해야만 하는 접대의 자리에서는 자칫하면 '호구'로 전락할 위험도 도사리고 있다.

이러한 위험과 부담을 안고 있는 접대, 어떻게 하면 잘할 수 있을까? 여기에서는 김 과장처럼 과도하게 술을 마시지 않고서도 훌륭하게 접대를 할 수 있는 4단계 전략에 대해 살펴보기로 한다.

만남에서 사후 관리까지, 접대의 4단계 전략

접대를 해야 할 사람이 있다고 해서 무턱대고 만나자고 하거나 술자리를 제의하면 상대가 부담스러워할 가능성이 크다. 또한 자리를 마련하고 나서 너무 만만하게 보이면 한 순간에 '호구'로 인식되어 상대에게 휘둘리기만 하다 정작 필요한 도움은 얻지 못하는 경우도 발생한다.

무엇보다 반복해서 접대를 하다 보면 과음이나 스트레스로 심신이 지쳐 버릴 수 있다. 이러한 일을 방지하기 위해서 우리는 다음과 같은 4단계 접대 전략을 익혀야 한다.

첫 번째 단계는 바로 '유인 전략'이다. 이는 상대방을 접대의 자리로 유인해 내는 걸 말한다. 상대방에게는 군이 당신을 만날 이유가 없기 때문에 당신은 어떻게 해서라도 그를 만날 만한 구실을 찾아내야 한다. 가장 전통적인 방법은 바로 '지인'을 동원하는 것. 나도 알고 상대도 아는 사람을 통해 자연스럽게 자리를 마련하는 방법이다. 물론 상대에게 강한 영향력을 행사할 수 있는 사람일수록 좋다.

또한 상대가 부담이나 경계심을 가지지 않도록 배려해야 하는데, 예를 들면 상대가 당신을 만나는 걸 동료들이 볼까 봐 걱정하고 있다면 회사에서 멀리 떨어져 눈에 띄지 않는 장소에서 만나야 한다.

이때 상대방이 공무원이거나 공공 기관 또는 언론사에 근무하는 경우 및 사립학교 교원일 경우에는 일명 '김영란법'에 해당되므로 조심해야 한다. 특히 이들이 당신의 직무와 연관되어 있을 경우 '김영란법'에 따라 음식물은 3만 원, 선물과 경조사비는 5만 원을 초과하여 제공할 수 없음을 명심하자. (다만, 농축수산물 및 농축수산 가공품을 선물하는 경우에는 10만 원으로 개정되었다.)

두 번째 단계는 '포지셔닝'이다. 접대를 할 때 다급한 마음에 처음부터 저자세로 나갈 필요는 없다. 시작부터 '을'로 포지셔닝하기보다는 동등한 '파트너'로 자리매김하는 것이 좋은 것이다. 이를 위해서 "나는 당신에게 도움을 받기만 하는 사람이 아니라, 도움을 줄 수도 있는 사람이다"라고 인식시켜 줄 논리를 개발해야 한다. 예를 들어

"이번에는 비록 당신의 도움을 받지만 이것을 기회로 장기적으로는 당신의 회사 매출이 올라갈 수 있도록 내가 힘 써보겠다."라는 식으로 설득해야 한다. 이때 결코 거짓말을 해서는 안 된다는 사실을 명심하자. 거짓말은 반드시 부메랑처럼 돌아온다.

이러한 논리조차도 없을 때에는 관계의 균형이 깨져 버려 갑을 관계로 전락하는 경우가 많은데 그런 일이 생겨도 유연하게 대처해야 한다. 상대가 무례한 행동을 하더라도 적당하게 받아주되 도를 넘을 때에는 단호한 모습을 보여 주도록! 술자리에서 무례하게 구는 사람은 장기적으로는 결코 도움이 되지 않는 사람이므로 관계를 지속할 필요가 없다.

특히 상대방이 갑자기 당신을 술자리에 불러 술값을 결제하라고 요구한다든지 법인 카드를 빌려 달라고 하는 경우에는 정중하게 거절해야 한다. 그렇지 않으면 '호구'가 될 뿐 원하는 결과도 얻지 못할 가능성이 크다. 사람들은 만만해 보이는 사람에겐 더욱 함부로 대하기 때문이다.

남자들은 룸살롱 등에서 과도한 향응을 제공하는 경우가 있는데, 이때에도 회사가 허용하는 범위를 지키지 않으면 회사를 떠나야 하는 불상사가 생긴다. 또한 업무를 핑계로 자신의 양심에 거리끼는 일을 하거나 배우자에게 미안한 짓은 절대 하지 않는 게 좋다. 그런 경우 일의 결과도 좋지 않을 뿐만 아니라 나중에 반드시 후회하게 된다.

세 번째 단계는 바로 '취향 저격'이다. 이는 상대의 취향이나 성격, 종사하고 있는 업종, 관심사 등을 종합적으로 파악해서 상대가 가장 좋아할 만한 접대를 하는 것이다. 상대의 취향을 제대로 저격하기 위해서는 당신이 동원할 수 있는 모든 정보망을 총동원해야 한다. 취향 뿐만 아니라 고향과 학교 등 당신과의 연결 고리가 있는지 살펴보는 것도 중요하다.

접대를 하면서 술을 많이 마시는 이유 중 하나가 어색함을 빨리 없애기 위해서인데 취향을 제대로 알고 연결 고리까지 갖추고 있으면 굳이 과음을 할 필요가 없어진다. 접대의 목표는 어디까지나 상대의 마음을 사로잡는 것이지 함께 만취하는 게 아니라는 점을 명심하자.

일본의 소설가 무라카미 류의 책 ≪무취미의 권유≫에는 다음과 같은 일화가 나오는데 상대방을 고려한 매우 훌륭한 접대의 표본이라 여겨 여기에서 소개한다.

방송국 프로듀서로 일하는 소설가의 친구가 어느 유명한 맥주 회사의 사장을 접대할 일이 있어서 서민적인 선술집으로 초대하였다. 주위에서는 예의가 아니라고 하였지만 그 친구는 아랑곳하지 않았다. 그 술집은 한쪽 벽면 전체가 그 사장 회사의 맥주 신상품 광고로 가득 채워져 있었기 때문이다. 영업맨 출신의 사장은 그 모습을 보고 매우 흡족해했다고 한다.

이처럼 상대의 회사, 경력, 취미 등을 잘 연구하다 보면 얼마든지 상대를 감동시킬 수 있다. 요즘에는 김 과장처럼 맛집이나 일종의 '핫 플레이스'라 불리는 곳을 찾아다니기도 한다. 일종의 트렌드로 굳어졌기 때문에 만날 때마다 새로운 장소를 찾는 것도 하나의 즐거움이 될 수 있다.

무엇보다 취향 저격의 가장 큰 장점은 대화 거리가 많아져 상대와 더욱 가까워질 수 있다는 점. 상대를 철저히 연구하다 보면 상대를 더욱 깊이 이해할 수 있게 되어 대화할 거리도 많아지는 것이다. 자신의 취향을 배려해 주는 데다 대화까지 잘 통한다면 어느 누가 당신을 싫어하겠는가? 취향 저격만 제대로 한다면 이제 음습한 술집에서 밤을 지새우는 접대와는 결별할 수 있다.

네 번째 단계는 바로 '사후 관리'이다. 이 '사후 관리'야말로 접대의 고수들이 가장 신경 쓰는 단계이다. 접대의 고수들은 상대에게 도움을 받고 난 이후에도 최소한 세 번은 더 연락을 취하거나 만난다. 도움을 받기 전에만 친한 척하고 도움을 받고 난 이후에 연락을 끊어 버리면 배은망덕한 사람이 되어 다시는 도움을 받을 수 없게 되기 때문이다.

또한 급한 일로 접대를 하게 됐지만 대화가 잘 통하거나 성격이 잘 맞는 사람과는 이해관계를 떠나 만남을 지속하는 것도 좋다. 그런 만남이야말로 인간관계를 풍족하게 해주는 자산이라고 할 수 있다.

이처럼 접대는 유인, 포지셔닝, 취향 저격, 사후 관리 이렇게 4단계를 거치게 되며 각 단계마다 필요한 전략이 있다.

남의 비위를 맞추어 원하는 결과를 얻어야 하는 접대란 결코 쉽지 않지만 이러한 기본기를 충분히 익힌다면 접대의 자리도 충분히 즐거운 자리로 만들 수 있다는 사실을 명심하자.

변화를 이끄는 리더의 자세

01. 조직 변화의 시작이자 끝, 부장님과 팀장님

오늘도 부하 직원들에게 '퇴근 후 한잔'
을 제안하고, 회의에서는 자신의 의견만
이 진리라고 믿으며, 팀의 분위기를 쥐
락펴락할 수 있는 존재, 부장님 또는
팀장님!
하지만 조직의 변화는 이들의 손에 달려 있다! 부장님이
변해야 조직도 변하기 시작한다. 이제 부장님과 팀장님을
위한 새로운 리더십을 제안한다.

부장님아, 갑자기 회식 잡지 마오!

오후 6시.

모두가 기다리던 퇴근 시간이지만 다들 고개를 숙이고 있다. 퇴근 무렵이면 갑자기 회식을 잡는 김 부장의 눈길을 피하기 위해서다.

"이런 날 일찍 퇴근하려고? 비도 오는데 막걸리에 파전이나 먹으러 가지?"

오늘도 어김없이 회식을 제안하는 김 부장. 눈치 빠른 박 차장이 얼른 분위기를 띄운다.

"좋습니다. 부장님, 비 올 때는 역시 파전이죠. 하하. 다들 시간되지? 어서 정리하고 나가자고."

때리는 시어머니보다 말리는 시누이가 더 밉다고, 부서원들은 뜬금없이 회식을 제안하는 김 부장도 밉지만 옆에서 알랑

거리는 박 차장이 더 미웠다. 그래도 어쩌랴. 급한 사정이 있다고 그냥 퇴근했다가는 다음 날 김 부장의 '뒤끝'과 박 차장의 '내 밑으로 집합'을 피해 갈 수가 없다.

고 대리는 난감해졌다. 오늘은 병원에서 2세를 가지라고 지정해 준 날이기 때문이다. 그는 급하게 아내에게 메시지를 보낸다.

"김 부장님 오늘도 회식 발동 걸렸어. 미안해, 여보."

결혼한 지 5년이 지나도록 아이가 없는 고 대리는 오늘 아내와 분위기 좋은 레스토랑에서 저녁을 먹은 뒤 2세를 가지기 위한 뜨거운 밤을 보내려고 했지만 김 부장 때문에 또 한 번 물거품이 되고야 말았다.

아내에게서 답장이 왔다.

"뭐야, 김 부장 진짜 미친 거 아냐? 가정도 없는 사람이야? 이게 도대체 몇 번째냐고!"

사실 고 대리는 며칠 전에도 김 부장이 다른 부서와 갑자기 술 약속을 잡는 바람에 새벽까지 술을 마셔야 했다. 고 대리는 아이가 생기지 않는 이유가 왠지 김 부장 때문인 것만 같았다. 일주일에 세 번 이상 김 부장을 따라 술자리에 참석하다 보니 부부 관계도 힘들어졌다. 그의 머리에는 이 한마디가 맴돌았다.

'부장님아, 갑자기 회식 잡지 마오. 나도 가정생활 좀 합시다!'

'정시 퇴근'

안타깝게도 우리나라 직장인이 간절히 원하지만 가장 아득하게 느껴지는 단어가 아닐까? 그렇게 만드는 주범은 바로 우리 주변에 있다. 퇴근 무렵이면 나타나 자신의 존재감을 드러내는 사람, 바로 '부장님'이시다.

그는 부서원들이 혹시나 자신의 존재를 잊었을까 봐 퇴근 시간에 맞춰서 일을 던져 준다. 이제 더 이상 던져 줄 일이 없다고 생각되면 느닷없이 '소주 한잔'을 제안한다. 민주화를 부르짖던 시절에 대학을 다녀서인지 상당히 '민주적'으로 제안한다. 마치 '퇴근할 수 있는 자유'를 보장한다는 표정이다. 물론 '소주 한잔'을 거부하고 퇴근할 수 있는 자유는 허용된다. 다만 그렇게 퇴근하고 난 다음 날의 '안전'이 보장되지 않을 뿐.

부하 직원들은 안 그래도 잦은 야근 때문에 찌들어 가고 있는데 거기다 술까지 한잔 하자고 권하면 거절할 수도 없고 난감할 뿐이다. 세계에서 가장 오래 일하는 것도 억울한데 거기다 원치 않는 술까지 마셔야 하는 우리 직장인의 삶은, 그야말로 고달프기만 하다.

그럼에도 불구하고 우리의 부장님은 끈끈한 팀워크와 소통을 부르짖으며 오늘도 '소주 한잔'을 제안한다. 하지만 90년대에서 멈춰 버린 부장님의 메모리와는 달리, 각자의 사생활이 존중되는 지금은 그때와는 다른 리더십이 요구되고 있다.

물론 소주 한잔을 통해 진솔한 이야기를 주고받을 수는 있다. 하지만 부장님과의 한잔은 쌍방향 소통이 아닌, 일방통행에 머물 가능성이 농후하다. 그렇게 되면 부하 직원들의 가슴만 타 들어갈 뿐 진짜 소통은 물 건너 가게 된다.

국내 최고의 대기업에 입사한 나의 선배는 입사한 지 3년 만에 회사를 그만두었다. 업무가 많은 건 그래도 참을 만했지만 시시때때로 벌어지는 상사와의 술자리는 견디기 어려웠다고 한다. '단합'을 위한 술자리이므로 열외는 인정되지 않았다. 업무와 회식의 무한 반복은 개인 생활 자체를 불가능하게 만들었다.

이런 생활에 지친 그는 연봉이 다소 줄어들어도 CEO가 구성원들의 사생활을 존중해 주는 회사로의 이직을 택했다. 그 회사는 회식을 하려면 1주일 전에 미리 공지를 해야 할 뿐만 아니라 철저히 희망자에 한해서만 회식에 참석한다고 하였다. 그 선배는 이런 회사에 다니니까 무엇보다 존중받는 느낌이 들어서 좋다고 했다. 연봉을 많이 받는 것보다 이렇게 존중받으면서 일하는 게 훨씬 행복하다고 하면서 가급적 오랫동안 이 회사에서 일하고 싶다고 말한다.

나는 그의 말을 들으면서 이제 직원들의 의견을 무시한 채 일방적으로 진행되는 회식은 더 이상 조직의 활력소가 되지 않음을 새삼 느끼게 됐다. 또한 원치 않는 회식 자리에서의 강요된 유대 관계보다는 자발적인 참여가 더 큰 힘을 발휘할 수 있다는 생각이 들었다.

앞으로는 과거의 '끈끈한' 관계보다는 부담스럽지 않으면서도 깔끔하고 개운한 뒷맛을 남기는 담백한 관계를 만들어 나가는 건 어떨까? 나아가 4차 산업 혁명 시대에 걸맞은 '스마트'한 리더십을 갖춘다면 금상첨화일 것이다.

우리의 소중한 부장님 또는 팀장님께서 사무실에서든 회식 자리에 서든 구성원들을 배려하는 센스 만점의 '스마트한' 리더십을 갖출 수 있기를 바라면서 이번 미션을 시작해 보자.

존경을 부르는 회식 리더십:
I·M·P·A·C·T 리더십

"고 대리, 내가 다시 얘기하는데, 일은 그렇게 처리하는 게
아냐, 아니라고! 알겠지? 알았으면 원~샷!"

부장님의 잔소리가 반복된다. 부장님의 혀는 이미 2차 때부
터 꼬여 있었다. 4차인 지금은 부장님 본인도 무슨 얘기를 하
는지 모르고 있는 게 분명하다.

지금 시각은 밤 12시. 저녁 6시부터 시작했으니 벌써 6시간째
다. 고 대리의 전화기에는 잔뜩 화가 난 아내의 메시지로 가득했
다. 집이 서울에서 두 시간 거리에 있는 원 대리는 이미 집에 가
기를 포기했다. 오늘도 회사 근처에 있는 찜질방에서 자야 한다.

하지만 부장님에 이어 사무실의 넘버2이자 늘 부장님 옆에
서 알랑거리던 박 차장은 부장님의 혀가 꼬이기 시작하자 얼
른 집으로 가버렸다. 박 차장 외에 다른 고참 직원들 역시 하

나 둘 도망가 버리고 결국에는 사원, 대리들만 남아서 무한 반복되는 부장님의 잔소리를 들어야 했다. 고 대리는 부장님 몰래 원 대리에게 카톡을 보냈다.

"이거 무슨 또라이도 아니고…… 뭐 이런 인간이 다 있냐?"

"정말 지긋지긋하다. 이제 진짜로 다른 회사 알아 봐야겠어."

"다른 회사에 가도 이런 사람들이 또 있을 거야. 또라이 총량 보존의 법칙도 모르냐? 차라리 부서를 바꾸자."

카톡을 주고받던 고 대리와 원 대리는 부장님의 한마디에 마음이 완전히 무너져 내렸다.

"어~ 취한다. 이제 해장국집에 가서 딱 한잔만 더 하자."

고 대리의 입에는 이 한마디가 맴돌았다.

'부장님아~ 제발 오늘은 여기까지만 합시다요! 제발, 플리즈!'

고 대리와 원 대리가 겪고 있는 고충은 직장인이라면 누구나 한 번쯤은 겪었을 법한 일이 아닐까? 매일 계속되는 야근만으로도 힘든데 여기에 이어지는 부장님과의 '소주 한잔'은 그나마 남아 있던 열정마저 사라지게 만든다. 부장님의 잔소리와 자기 자랑이 무한 반복되는 회식에서 부하 직원들은 감정 노동 수준의 인내심을 발휘해야만 한다.

몇 년 전 매스컴에서는 직장인의 이러한 고충을 해결하고자 '119' 캠페인을 전개한 적이 있었다. 한 대기업에서도 '119' 캠페인을 벌였는데 어느새 유야무야 되어버렸다. '119' 캠페인이란 '1가지 술로 1차에서 9시까지만' 회식을 하자는 것인데, 업무 자체가 보통 8시를 넘겨야 끝이 나기 때문에 처음부터 실현 가능성이 없었던 것이다. 그래서 이 기업은 119 대신 '112' 캠페인을 진행했다. '112'란 '한 가지 술로 1차에서 2시간 이내'로 회식을 마치는 것이다. 두 시간이면 식사를 겸해 반주를 하기에 충분한 시간이고 나름 긴장감도 생겨 회식이 더욱 '임팩트' 있게 느껴져서 이에 대한 구성원들의 반응이 좋았다고 한다.

인간의 집중력은 길어야 20분 내외이다. 이를 반영해서인지 TED나 '세상을 바꾸는 시간 15분' 등에서는 하나의 강연이 20분을 넘어가지 않도록 배려한다. 앨 고어나 빌 게이츠 등 세계적으로 유명한 연사들도 기껏해야 20분 내외로 자신의 강연을 마쳐야 한다.

그런데도 우리나라의 부장님들은 몇 시간 동안의 일장 연설을 즐긴다. 그것도 술자리에서. 듣는 사람으로 하여금 집중력의 한계를 시험하게 만드는 이러한 모습은 팀워크를 강화하는 회식 리더십과는 거리가 멀다. 오히려 모두를 힘들게 하는 '진상 리더십'에 가깝다.

그렇다면 어떻게 해야 부담스럽지 않고 담백하면서도 '임팩트' 있는 회식 리더십을 발휘할 수 있을까? 수많은 술자리를 통해 관찰하고 고민한 결과 나는 이러한 회식 리더십을 발휘하게 해주는 요소를 찾았는데 그것이 바로 I · M · P · A · C · T 리더십이다.

I · M · P · A · C · T 리더십이란 Intensive, Mood, Purpose(또는

Plan), Alternative, Consideration, Talking의 앞 글자를 따온 것이다. 이 여섯 가지 요소의 세부 내용을 살펴보면 다음과 같다.

1. Intensive (집중력 있는 회식)

IMPACT 리더십의 첫 번째 요소인 Intensive는 '집중적인' 회식을 말한다. 앞서 소개한 기업처럼 회식 시간을 정해 두고 하면 자연스럽게 회식에 대한 집중도와 몰입도를 높일 수 있다. 시간도 두 시간 내외가 적당하다. 이렇게 시간제 회식을 하면 회식에 대한 아쉬움이 더욱 커지게 된다. 아쉬움이 남더라도 회식은 1차에서 마치도록 하자. 2차를 가면 다시 집중도가 낮아지기 때문이다.

정 아쉽다면 2차는 법인 카드가 아닌 각자 1/n로 부담해야 하며 철저히 희망자에 한해서만 가도록 한다.

2. Mood (즐거운 분위기)

두 번째 요소인 Mood는 말 그대로 '분위기'를 말한다. 무엇보다 회식의 분위기는 즐거워야 한다. 즐거운 회식을 위해서 가장 필요한 것은 바로 '(부장)님의 침묵'이다. 즉 억지 개그와 잔소리를 할 거면 차라리 침묵하는 게 낫다는 얘기다.

특히 개그맨 신동엽을 따라 한다고 어설픈 섹드립(일종의 야한 농담)을 시도한다든가 후배들의 마음을 전혀 알지도 못하면서 "말 안 해도 다 알아" 같은 멘트는 반드시 삼가야 한다. 적어도 회식 자리에서만큼은 부하 직원들이 맘 놓고 말할 수 있도록 배려해 주는 부장님이 되시길!

3. Purpose(또는 Plan) (목적이 있고 미리 계획된 회식)

세 번째 요소는 Purpose 또는 Plan인데 이는 회식은 그 '목적'이 분명할 때에만 미리 '계획'을 세워서 해야 한다는 것을 의미한다. 예를 들어 부서 내에 진급자가 있거나 실적이 개선된 경우와 같이 다 함께 모일 만한 충분한 이유가 있을 때에만 회식을 하는 것이다.

사례에서의 김 부장처럼 퇴근 무렵 갑작스럽게 술자리를 만들지는 말자. 부장은 가볍게 "오늘 한잔 어때?" 하고 물어보지만 부하 직원의 입장에서는 결코 가볍게 들리지 않는다. 그 부하 직원은 부장의 '가벼운' 제안 때문에 '중요한' 약속을 취소해야 할지도 모른다. 그러니 가급적 회식의 명분이 충분할 때에만 미리 일정을 잡아서 회식을 해야 한다.

4. Alternative (새로운 장소)

네 번째 요소인 Alternative는 '새로운 대안'을 말한다. 시끄러운 술집 대신 카페와 같이 조용한 공간을 활용하는 것이다. 시간도 반드시 저녁일 필요가 없다. 대한민국은 그야말로 '카페 천국'이라 고 해도 과언이 아닐 만큼 온갖 종류의 카페가 다 있다. 술집은 시끄러울수록 매출이 오르기 때문에 대부분 음악 소리를 크게 틀어 놓는 반면 카페는 상대적으로 조용하여 대화를 나누기에 안성맞춤이다. 실제로 내가 알고 지내는 어느 보험 회사의 부장은 일주일에 한 번 정도 카페에서 모임을 가진다.

처음에는 밤 늦게까지 고객을 만난 부하 직원들과 모닝커피를 마시려고 카페에 들렀는데 거기서 뜻하지 않게 많은 이야기를 나누게 되었다고 한다. 내친 김에 카페 모임을 몇 번 더 가져 보았는데, 편하게 앉아서 이런저런 경험을 나누고 서로 "나라면 이렇게 했을 텐데"라는 피드백을 주고받다 보니 신선한 아이디어가 많이 나왔다. 이 자리에서 얻은 아이디어를 실행한 후에 피드백을 통해 다시 발전시켜 나가는 선순환이 이루어져 결국 실적도 올릴 수 있었다.

특히 이 방법은 부서에 여성들이 많은 경우 활용해 볼 만하다. 요즘엔 일종의 심리 검사를 통해 구성원들 사이의 팀워크를 향상시킬 수 있는 카페까지 등장했으니 한 번 활용해 보는 걸 추천한다(자세한 내용은 Mission_3의 '팀워크' 부분 참조).

5. Consideration (비주류에 대한 배려)

다섯 번째 요소는 '배려'를 뜻하는 Consideration이다. '배려'란 술이 약한 구성원에게 술을 강요하지 않는 것이다. 부장님이 주는 술을 거부하는 것은 단지 술이 약해서이거나 마시기 싫어서일 뿐 절대 '개기려고' 그러는 게 아니다.

앞서 밝혔듯이 나는 신입사원 시절부터 5년이 넘도록 술을 마시지 않는 비주류로 살았다. 첫 본부 회식을 할 때 나는 본부장이 권하는 술을 정중히 사양했는데 그 순간 회식 분위기가 찬물을 끼얹은 듯 조용해지는 걸 느꼈다.

신입사원 주제에 본부장의 술을 거부했으니 본부장을 비롯한 상사들의 심기가 불편한 것은 당연했다. 그런데도 본부장은 웃으면서 사이다를 부어 주었고, 그 뒤로 회식 때마다 나에게 술 대신 사이다를 주었다. 나는 10여 년이 지난 지금도 그 당시의 본부장에게 감사하고 있다. 충분히 '권위'를 내세울 수 있는 지위에 있었음에도 권위 대신 부하 직원에 대한 '존중'을 택한 그분의 리더십에 깊이 고개가 숙여졌다.

이처럼 술을 못 마시는 부하 직원이라도 자연스럽게 회식에 어울릴 수 있도록 배려해 준다면 더욱 존경받는 리더가 될 수 있다.

6. Talking (지속적인 대화)

마지막 여섯 번째 요소는 Talking, 즉 '대화'이다. 평소에 구성원들과 자연스럽게 많은 대화를 나누다 보면 굳이 술자리를 가지지 않더라도 자연스럽게 신뢰 관계가 형성된다. 우리는 술에 취해야만 속 깊은 대화를 나눌 수 있다고 생각하는데, 그건 착각에 불과하다. 취한 상태에서 들은 이야기는 다음 날이면 기억조차 나지 않는다. 따라서 평소에 많은 대화를 나눠야 하고, 이런 대화가 자연스럽게 술자리로 이어지는 것이 좋다.

참고로 술자리 대화의 황금 비율은 '리스닝 60%, 스피킹 40%'가 적당하다. 스피킹 40% 중에서도 절반은 '리액션'이 차지하므로 결국 '리스닝' 능력이 좋아야 한다. 술자리에서 부하 직원의 말을 가만히 들으면서 적절한 '리액션'을 해주고 가끔 자신의 생각을 말하면 되는 것이다. 역설적으로 들리겠지만, 그렇게 해야 부하 직원들이 당신의 말에 더욱 집중한다. 리액션의 기술에 대해서는 바로 이어질 '리액션으로 분위기를 경영하라'에서 자세히 다루기로 한다.

이제 과도한 음주를 통해 끈끈한 인간관계를 강요하는 것은 철 지난 양복을 입는 것과 같다. 앞으로는 담백하면서도 강렬한 효과를 남기는 새로운 회식 리더십을 활용해야 한다.

위에서 살펴본 것처럼 Intensive(집중력 있는 회식), Mood(즐거운 분위기), Purpose 또는 Plan(목적이 있고 미리 계획된 회식), Alternative(새로운 장소), Consideration(비주류에 대한 배려), Talking(지속적인 대화) 이렇게 6가지 요소를 내용으로 하는 'IMPACT 리더십'을 갖춘다면 더욱 존경받는 리더가 될 수 있다.

리더 중에서도 진정한 리더라 불릴 수 있는 사람은 회식 자리에서도 존경받는 사람이 아닐까?

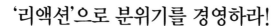

'리액션'으로 분위기를 경영하라!

오늘은 소위 '손 없는 날'이다. 김 부장이 외부 교육 기관에
서 하루 종일 교육을 받기 때문이다. 고 대리를 비롯한 영업팀
직원들에게는 평화와 고요함이 찾아왔다. 그렇게 행복한 하루
를 보내고 모두들 칼퇴근을 준비하고 있을 무렵 사무실에 걸
려온 전화 한 통.

왜 슬픈 예감은 틀린 적이 없는 걸까? 전화를 건 사람은 바
로 김 부장이었다.

교육을 마치고 사무실 근처로 가고 있으니 오랜만에 부서
회식이나 하자고 한다. 오랜만에라니! 그럼 그저께 한 건 회식
이 아니고 무엇이었던가? 칼퇴근을 눈앞에 둔 상황에서 느닷
없이 벌어지게 된 회식 때문에 고 대리는 눈앞이 캄캄해졌다.

결국 칼퇴근은 물 건너가고, 회사 옆 삼겹살집으로 오게 된

전략 기획팀. 김 부장은 오늘 '코칭'에 대한 교육을 받고 왔단다. 그래서인지 아까부터 부장은 어색한 웃음을 짓고 있었는데 교육의 부작용이 심각해 보였다.

"요즘 뭐 불편한 거 없어? 다들 한잔씩 하고 편하게 말해봐."

이럴 때 진짜로 편하게 말하는 건 바보나 하는 짓이란 것쯤은 누구나 다 안다. 그러나 눈치 9단 박 차장은 이런 기회를 놓치지 않았다.

"불편이라뇨? 오히려 부장님이 안 계셔서 불편했습니다."

"허허, 그랬나? 오늘 강사가 그러는데 말이야, 적극적인 경청을 하라고 그러더라고. 리액션이 중요하다는 말이지."

고 대리는 앞으로 김 부장이 리액션을 해주겠다는 말인지, 오히려 자신의 말에 리액션을 하라고 압박을 하는 것인지 도무지 알 수가 없었다. 여기에 박 차장이 또 한마디를 더한다.

"부장님의 한마디가 저희들을 항상 즐겁게 합니다. 헤헤."

고 대리는 어이가 없는 이 상황을 어떻게 받아들여야 하는지 당황스러웠다. 그때 무심코 바라본 TV에서는 유재석 옆에서 여러 연예인들이 웃고 떠들고 있었다. 그 모습을 지켜보던 고 대리의 입에서 한마디의 탄식이 흘러나왔다.

"아…… 나도 유재석 같은 부장님과 일하고 싶다."

유재석을 '유느님'으로 만들어준 '리액션'의 힘

2018년 현재 우리나라에서 가장 유명한 연예인을 꼽으라고 한다면 두말 할 필요 없이 유재석일 것이다. 그는 13년 가까이 국민 예능 프로그램인 '무한도전'을 이끌어 왔으며 2005년부터 거의 매년 방송 대상을 수상해 왔다. 사람들은 이런 유재석에게 국민 MC를 넘어 '유느님'이라는 호칭까지 붙여 줬다.

지금이야 방송계의 거물이 됐지만, 사실 그는 데뷔 이후 10년 동안 무명의 세월을 보내야만 했다. 그의 동기들인 김용만, 김국진 등이 데뷔와 동시에 화려한 인기를 얻고 있을 때 뚜렷한 개인기도 없는 데다가 카메라 울렁증까지 있던 유재석은 무대 뒤편에서 씁쓸하게 그들을 지켜봐야만 했다.

하지만 2000년대 들어 예능의 트렌드가 '리얼 버라이어티'로 바뀌면서 유재석은 그 진가를 드러내기 시작한다. 당시 유재석의 가장 큰 장기는 일종의 맞장구를 의미하는 '리액션'에 있었다. 여러 명의 출연자들이 나오는 '리얼 버라이어티'에서는 각 출연자들이 자연스럽게 웃을 수 있도록 유도해 주는 진행자의 역할이 매우 중요한데, 유재석은 여기에서 탁월한 능력을 보여 주었던 것이다.

실제로 아나운서 출신의 뛰어난 진행자인 전현무 역시 "유재석은 게스트에게 1%의 가능성만 있어도 포기하지 않고 기회를 준다"고 했다. 여기서의 '기회'란 끊임없는 리액션을 통해 자신감을 불어넣어 주는 것을 의미한다. 특히 유재석은 예능에 처음 나온 출연자가 있으면 더욱 적극적으로 리액션을 해준다. 출연자들은 유재석의 옆에만 있어도 자연스럽게 자신의 이야기를 꺼내게 되고 남을 웃길 수 있는 자신감까지 얻었으니 유재석의 역량이 얼마나 탁월한지 잘 알 수 있다.

이와 같은 유재석의 능력은 예능을 넘어 현실을 살아가는 우리에게도 진정한 리더란 어떤 모습이어야 하는지 보여 준다. 우리는 그를 통해 구성원들의 역량을 이끌어 낼 줄 아는 리더의 모습을 볼 수 있다. 그 비결은 바로 '리액션'에 있다. '유재석 스타일 리액션'의 핵심은 단순히 추임새만 넣어주는 게 아니라 '상대가 말하게 만드는 능력'을 의미한다.

'화법'과 '인간관계'의 창시자라고 할 수 있는 데일 카네기는 가장 훌륭한 스피커는 '남이 말하게 만드는 사람'이라고 했다. 유재석의 성공은 이 말을 증명한 거나 다름없다. 나 역시 우리나라에서 갈등의 골이 깊기로 둘째가라면 서러운 노사관계와 관련된 일을 하면서 이런 사실을 깊이 체험할 수 있었다. 업무상 누군가를 설득해야 하는 일이 많았는데, 그때마다 내가 이야기를 주도하기보다는 적당한 리액션을 통해 상대가 말할 수 있도록 유도하니 훨씬 효과적이었다.

이처럼 리액션을 통해 상대가 자유롭게 말할 수 있도록 해주는 것, 그게 바로 핵심이다. 즉 부하 직원과 대화할 때 그의 잠재 역량을 이끌어 낼 수 있도록 유도하는 연결 고리가 바로 '리액션'이다.

우리는 왜 '적절한' 리액션에 실패하는가?

우리는 어떻게 해야 유재석처럼 리액션을 할 수 있을까? 우리가 리액션이 어렵다고 느끼는 이유는 리액션의 전제 조건인 '경청'에 익숙하지 않기 때문이다. 대부분의 사람들은 남의 얘기를 들어주기보다는 자신의 이야기를 하기 원하는데 이런 경향은 직급이나 지위가 높아질수록 더욱 심해진다. 상대가 말을 하는 동안 그의 말을 경청하는 게 아니라 자신이 어떤 말을 할 것인가에만 집중한다. 결국 우리는 리액션에 실패하는 게 아니라 '경청'에 실패하고 있는 것이다.

경청에서 가장 중요한 것은 '말을 자르지 않고 끝까지 들어주는 태도'이다. 개그맨 장동민은 어느 날 답답하고 힘든 일이 있어서 일면식도 없었던 유재석을 무작정 찾아가 하소연을 했다고 한다. 그래도 유재석은 "그래, 동민아, 잘 찾아왔어. 나도 네 얘기가 너무 듣고 싶었어."라며 반갑게 맞아 주었고, 이런 유재석 앞에서 장동민은 많은 이야기를 쏟아냈다.

유재석은 성공한 선배로서 충분히 조언해 줄 수 있는 위치에 있었지만 장동민의 말을 끊지 않고 끝까지 들어주었다. 한참을 이야기한 끝에 장동민은 자신의 문제에 대해 스스로 결론을 내릴 수 있었다고 한다. 이처럼 별다른 해결책을 제시하지 않아도 그냥 끝까지 들어주는 것만으로도 훌륭한 리액션이 된다.

나머지는 그냥 "그랬구나, 그래서 어떻게 됐어?"와 같은 추임새를 넣어서 상대가 이야기를 이어 갈 수 있도록 유도해 주면 충분하다. 굳이 '부장님 개그'를 하려고 애쓰거나 사례에서의 김 부장처럼 '리액션을 위한 리액션'을 하지 않아도 된다. 그냥 자신의 말수를 줄이고 부하 직원의 말에 관심을 가져주는 것, 그것이야말로 최고의 리액션이다.

결국 리액션을 통해 분위기를 '경영'해야 한다.

리액션 외에도 우리가 유재석으로부터 배워야 할 것이 또 있는데 그것은 바로 '진행력'이다. 진중권 교수는 현재의 예능 프로그램에서는 프로그램 자체를 '경영'하는 능력이 중요하다고 하는데 유재석은 여기에도 충실하다.

그는 단순히 리액션만 잘하는 게 아니라 정리할 것은 정리하면서 출연자들을 능수능란하게 리드해 나간다. 거기다가 출연자들의 캐릭터까지 설정해 주는 등 프로그램 전체를 이끌어 간다. 여러 명이 출연하기에 자칫 산만해질 수 있는 '리얼 버라이어티'는 유재석 덕분에 깔끔하게 정리되고 시청자들도 프로그램에 집중할 수 있게 되는 것이다.

한 부서의 리더인 부장 또는 팀장 역시 단순히 리액션만 하는 걸로 그쳐서는 안 된다. 유재석처럼 적극적으로 팀의 분위기를 '경영'해 나가야 한다. 즉 발언권은 부하 직원들에게 주되 전체적인 경영권 또는 진행권은 부장이 가지는 것이다. 그렇게 하면 말을 별로 하지 않으면서도 자연스럽게 회식이나 회의에서의 주도권을 가질 수 있다. 실제로 '무한도전'에서 유재석은 '진행권'만큼은 놓지 않으려는 모습을 자주 보여 주었다.

지금까지 살펴본 것처럼 부하 직원에 대한 관심과 배려를 바탕으로 자연스럽게 리액션하되 필요할 때마다 상황을 정리하고 분위기를 이끌어 간다면 우리의 김 부장 역시 유재석 못지않은 리더십을 발휘할 수 있을 것으로 확신한다.

'답정너' 회의는 그만!
이젠, 'P-A-R-T 회의법'이 대세!

　고 대리는 하루하루가 괴롭기만 했다. 회식으로 괴롭히던
김 부장이 이젠 회의로 괴롭히기 시작했기 때문이다. 회의의
목표는 새로운 아이템을 개발하고 새로운 판로 개척에 대한
전략을 마련하는 것이다.

　이틀에 한 번꼴로 소집되는 팀 전체 회의 때문에 고 대리는 다
른 업무를 할 수 없을 정도였다. 회의실 세팅은 물론 회의에서
검토할 자료 작성에 이르기까지 준비해야 할 일이 한두 가지가
아니었다. 뿐만 아니라 매번 회의가 끝날 때마다 담당 임원에게
진행 상황을 보고하기 위한 회의록까지 작성해야만 했다.

　고 대리는 회의를 거듭할수록 회의에 대한 회의감이 들었
다. 초창기에는 참신한 아이디어가 꽤 나왔지만 그럴 때마다
김 부장의 반대에 부딪혔다. 그러면서도 김 부장은 참신한 아

이디어를 내지 않는다고 팀원들에게 불같이 화를 냈다.

"도대체 왜 말을 안 하는 거야, 말을!"

김 부장이 성화를 내지만 그래도 회의실엔 침묵만 흐른다. 팀원들은 아이디어를 제시해 봐야 면박만 당할 걸 알기에 입을 다물고 있었다. 어쩔 수 없이 몇몇 아이디어가 도출됐지만, 그 아이템들은 이미 몇 년 전에 시도했던 것이라 전혀 새롭지가 않았다. 고 대리는 이런 회의를 왜 거듭하는지 도무지 이해할 수가 없었다. 무엇보다도 회의에 임하는 부장님의 태도가 왜 그런지 이해할 수가 없었다.

마치 부장님만 답을 알고 있고 팀원들은 그 답을 맞혀야 하는 퀴즈 쇼 같다는 생각마저 들었다. 고 대리는 회의 중간에 문득 회의실 벽에 걸린 "소통하는 우리 조직"이라는 액자를 봤다. 순간 그의 얼굴에 쓴 웃음이 지나갔다.

"답은 이미 정해졌어. 너는 대답만 해!"

우리의 회의 문화를 한마디로 표현한다면 위와 같은 뜻의 '답정너'가 아닐까? 2017년 대한상공회의소는 직장인 1,000명을 대상으로 우리의 회의 문화에 대한 실태를 조사했다.[1)]

이 보고서에 따르면 우리나라 회의 문화에 대한 직장인들의 만족도는 100점 만점에 고작 45점. 이런 점수를 받게 된 일등공신은 '답정너 상사'였다. 회의의 여러 가지 문제점 중에서 '답정너 상사'를 뽑은 비율이 74%에 달해 영광의(?) 1위를 차지한 것이다. 상사들은 과거의 성공 경험에서 비롯된 자기 확신에 빠져 부하 직원들도 여기에 동조해 주기를 원한다. 부하 직원들은 어떤 결론이 날지 뻔히 알기에 자기 생각의 30%도 말하지 않는다. 이것이 우리가 겪는 회의 문화의 현실이다.

과연 이런 회의를 지속할 필요가 있을까? 우리는 말로만 4차 산업 혁명을 부르짖을 뿐, 여전히 '말해 봤자 아무 소용없는 회의'를 계속하고 있다. 이처럼 답답하기만 한 '답정너' 회의는 집어 치우고 이제 새로운 회의 방법을 개발해야 하지 않을까?

여기에서는 간단하면서도 강력한 회의법을 제시하고자 한다. 바로 'P-A-R-T 회의법'이다. 이는 빠른 시간 안에 핵심 결론을 도출할 수 있는 심플하면서도 강력한 회의 기법이다.

P-A-R-T는 회의의 '참석자'를 뜻하는 Participant, 회의의 '의제' 또는 '회의가 소집된 목적'을 의미하는 Agenda, 회의에서 나온 모든 아이디어를 '존중'한다는 의미의 Respect 그리고 '정해진 시간'을 의미하는 Time의 앞 글자를 따온 말이다. 아래에서 각 요소에 대한 자세한 내용을 살펴보기로 한다.

1. Participant(회의 참석자): 핵심적인 관련자만 참석시킨다.

회의의 성과가 회의 참석자의 수와 비례하는 건 결코 아니다. 오히려 참석자의 숫자가 적을수록 밀도 높은 회의를 진행할 수 있다.

대부분의 조직에서는 회의 의제와 조금이라도 관련 있는 사람은 무조건 불러 모으는 '일단 모여'식의 회의를 진행한다. 이런 방식은 전적으로 회의를 주관하는 부서의 편의를 위한 것이거나 추후에 발생하게 될지 모를 책임에서 벗어나기 위한 사전 포석 그 이상도 이하도 아니다.

'일단 모여' 방식의 회의는 밀도 높은 논의를 불가능하게 만들 뿐 아니라 자칫하면 서로 일을 떠넘기려는 핑퐁 회의로 변질되기 쉽다. 또한 회의를 주최하는 측에서 무늬만 '회의'로 정했을 뿐 이미 결론을 내린 상태에서 소집하는 경우도 많다. 이런 회의의 경우 참석자들은 그냥 메일로 안내받아도 되는 내용을 들으려고 귀한 시간을 쪼개서 참석해야 한다. 이런 일이 반복되면 구성원 간의 불신만 높아질 뿐이다.

예전 필자가 근무하던 회사에서도 이런 일이 빈번하게 발생했다. 지방에서 근무하던 어느 직원은 본사로부터 '필참'이라는 메일을 받은 후 장장 4시간을 운전해서 참석했지만 이미 결정된 사안에 대한 단순 통보만 받았을 뿐이다. 그는 그 자리에서 담당자에게 크게 불만을 표시했을 뿐만 아니라 이후부터 본사에서 주최하는 그 어떤 회의에도 참석하지 않았다.

이런 문제 외에도 회의에 참석자가 많아질수록 무임승차자의 비율도 늘어나게 되어 효율이 떨어질 수밖에 없다. 아무 준비도, 생각도 없이 회의에 참석하거나 그저 상사의 의견에 무조건 '예스'만 외치는 그런 회의가 되어 버려 깊은 논의를 하기 어렵다.

그러므로 핵심 관련자만 회의에 참석시켜야 한다. 회의에서 다루려고 하는 문제와 직접적인 관련을 가지는 핵심 인력만 모으는 것이다. 그렇다면 몇 명 정도가 적당한 걸까?

사안에 따라서 다르긴 하겠지만, 일본의 회의 전문이자 '회의의 기술'을 쓴 나가타 도요시는 2~3명으로 구성된 핵심 인원이 모였을 때 가장 생산적인 회의가 이뤄진다고 한다. 그가 말하는 이상적인 회의의 모습은 2~3명의 핵심 인원이 화이트보드 앞에 서서 15분 정도 짧게 하는 '작은 회의'이다. 화이트보드에다 다이어그램 등으로 회의 결과를 간략하게 정리하고 이를 휴대 전화로 찍어서 공유한다. 말 그대로 간결하면서도 핵심적인 논의를 할 수 있는 회의의 모습이다.

이렇게 간략하게 회의를 하고 난 이후에도 문제가 해결되지 않거나 아이디어가 더 필요한 경우에만 참석자를 확대하는 회의를 소집하도록 한다.

2. Agenda(회의의 의제 또는 안건): 최대한 구체적으로 정한다.

앞서 소개한 '작은 회의'는 최소의 인원이 최소의 시간을 들여 밀도 있는 논의를 하기 위한 회의 방법이다. 이런 회의를 하기 위해서는 안건 역시 핵심적이고 구체적이어야 한다.

회의 진행에 앞서 리더의 가장 큰 역할은 의제를 명확하고 구체적

으로 정하는 일이다. 리더는 단순히 담당자에게 의견을 물어보기만
하면 될 문제와 회의로 결정해야 할 문제를 구별할 줄 알아야 하며
회의로 결정해야 할 경우 핵심이 무엇인지 정확히 짚을 줄 알아야 한
다. 그래야 불필요한 논의를 줄일 수 있으며 구체적인 해결 방안이나
액션 플랜을 도출해 낼 수 있다.

이를 위해서 리더는 회의에 앞서 당면한 문제를 다음과 같은 순서
로 분석하는 작업을 먼저 진행해야 한다.

1) 당면한 문제를 '발생 원인 – 발생 과정 – 발생 결과'로 분석한다.
2) 위 3단계 분석 결과를 토대로 무엇을 해결해야 하는지 정확하게
   파악한다. 가령 문제를 발생시킨 원인만 제거하면 되는 건지, 그
   로 인해 발생한 결과에 대해서도 수습을 해야 하는지 파악한다.
3) 위에서 발견한 핵심 내용을 한 줄로 요약해 본다. 필요한 경우
   해결해야 할 사안도 함께 간략히 정리한다.
4) 이 문제와 관련된 실무자가 누구이며 그의 의견만으로도 해결
   가능한 것인지 생각한다. 언제까지 해결되어야 하는지도 파악
   한다.
5) 실무자만으로는 해결이 안 된다고 판단한 경우 참석자의 범위
   를 결정하고 그들이 사전에 수집해야 할 자료를 정한 다음, 이
   와 같은 내용을 기재하여 참석자에게 메일을 보낸다.

문제가 발생했다고 해서 무턱대고 회의를 소집하는 건 시간 낭비

이다. 위의 과정을 거친다면 굳이 회의를 하지 않아도 답이 보이는 경우가 많다. 이처럼 의제 설정만 제대로 해도 회의의 효율은 상당히 높아질 수 있다.

3. Respect(의견에 대한 존중): 아이디어는 평등하다.

회의를 통해 해결해야 할 문제가 명확해졌다면 이제는 각자의 아이디어를 모아야 한다. 아이디어를 모아야 하는 회의에서 리더가 반드시 명심해야 할 건 '아이디어는 평등하다'는 사실이다. 직급이 높은 사람의 아이디어일수록 더욱 가치가 있는 게 아니라 회의 석상에서 나오는 모든 아이디어가 동등한 가치를 가진다는 말이다.

아이디어가 가장 중요하게 여겨지는 곳은 어디일까? 바로 광고 회사일 것이다. 《책은 도끼다》로 유명한 박웅현 작가가 크리에이티브 대표로 있는 TBWA는 우리나라의 대표적인 광고 회사 중 하나이다. TBWA 소속의 김민철 카피라이터가 쓴 《우리 회의나 할까?》라는 책에는 머릿속의 추상적인 아이디어가 어떻게 해서 멋진 광고로 진화하는지 잘 나타나 있다. 그 핵심은 바로 '아이디어는 평등하다'는 사상이다.

그들의 회의실에서는 '누가' 말했느냐 보다는 '무엇을' 말했느냐가 더욱 중요하다. 인턴이 제시한 아이디어도 가치를 인정받을 수 있으며, 20년차 광고인이 제시한 아이디어도 가차 없이 비판받을 수 있는 회의. 그런 회의를 거듭하면서 사람들의 기억에 오래 남는 광고가 탄생할 수 있었다.

물론 아무 준비 없이, 사전 정보 없이 회의에 참석해서 엉뚱한 소리를 하는 건 비판받아 마땅하다. 그러나 단순히 직급이 낮다고 해서 무시당해서는 안 된다. 때론 인턴이나 신입사원의 시각에서 봐야 문제의 근본적인 원인이 보일 때가 있다. 다시 말하지만 아이디어는 평등하다.

4. Time(회의 시간): 짧을수록 밀도는 높아진다.

축구 경기를 보면 선수들이 경기 후반부로 갈수록 움직임이 둔해지는 걸 느낄 수 있다. 특히 연장전으로 돌입한 경우에는 더욱더 지친 모습이 역력해진다. 회의도 마찬가지다. 아무리 의욕적으로 시작했다고 해도 시간이 지날수록 아이디어는 고갈되고 서로 간에 짜증만 늘어간다. 특히 리더는 회의 시간이 길어질수록 해결책을 내놓으라고 윽박지르게 된다.

이런 문제를 해결하기 위해서는 회의 시작 전 미리 시간을 정해 놓아야 한다. 참석자들에게 회의 통보를 하면서 미리 시간을 정해 주는 것이다. 앞서 설명한 2~3명이 참석하는 '작은 회의'의 경우 15분 정도면 충분하다. 사실 15분 정도의 회의라면 사전 통보도 필요 없다. 필요할 때 즉석에서 소집해서 신속하게 결론을 내리면 된다.

좀 더 복잡한 문제를 해결하기 위해서도 30분 정도로 잡고, 아무리 길어도 1시간을 넘기지 않도록 한다. 1시간을 넘기면 무조건 회의를 끝내야 한다. 1시간을 넘기면 지친 선수들을 데리고 연장전을 뛰는 것과 마찬가지이다.

한편 시간을 미리 정해 놓고 밀도 있는 회의를 하기 위해서는 참석자들이 사전에 많은 준비를 해 와야 한다. 이는 팀장이 참석자들에게 미리 당부해 놓을 필요가 있다.

이제 기존의 '답정너' 회의로는 더 이상 변화에 기민하게 대처할 수 없다. 반면 위에서 살펴본 바와 같이 P-A-R-T 회의법은 업무에 부담감이 없으면서도 밀도 있고 효율적인 회의를 진행하기 위한 최선의 방법이다.

앞으로 모든 회의는 핵심적인 담당자만 모여, 명확한 의제를 놓고, 서로 대등한 지위에서, 한정된 시간에 밀도 있게 논의할 수 있는 P-A-R-T 회의로 진행해 보는 건 어떨까?

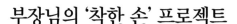

부장님의 '착한 손' 프로젝트

김 부장의 손은 떨리고 있었다. 인사부장이 보낸 메일에는 '블라인드'라는 애플리케이션에 올라온 글이 캡처되어 있었다. 블라인드는 같은 회사에 다니는 사람들만 글을 남길 수 있는 익명 게시판이다. 캡처된 게시 글에는 김 부장이 지나치게 잦은 술자리를 만들고 부하 직원들에게 술을 강요할 뿐만 아니라 술자리에서 '성희롱'까지 한다는 내용이 적혀 있었다. 특히 과거에 노래방에서 파견직 여사원에게 한 행동은 적나라하게 묘사돼 있었다.

이는 분명히 그 자리에 있었던 누군가가 적은 게 분명했다. 김 부장은 잘못에 대한 반성보다는 서운함과 배신감을 먼저 느꼈다. 그래서인지 사실 확인을 위해 인사부장을 만난 자리에서 대뜸 억울함부터 호소했다.

"인사부장님! 요즘엔 팀워크를 위해 회식을 하는 것도 회사 규정에 어긋나는 겁니까? 그리고 여직원과 그 정도 접촉한 걸 가지고 성희롱이라 하면 팀장 역할을 어떻게 수행합니까?"

김 부장의 강력한 항의에도 불구하고 김 부장은 경고장을 받았다. 인사부장은 파견직 사원의 계약 기간이 끝나 회사를 떠나고 난 이후에 밝혀졌기에 이 정도 선에서 끝나는 거지, 안 그랬으면 해고를 당할 수도 있는 사안이었다고 강조했다. 그러니 다시는 이런 일이 재발되지 않도록 주의할 것을 신신당부했다.

자리에 돌아온 김 부장은 마음이 착잡했다. 아무리 내 맘 같지 않은 세상이라지만, 부하 직원들을 위해 가졌던 술자리가 오히려 그들에겐 부담이었다니⋯⋯. 거기다 친밀감을 표시하려고 했던 행동이 '성희롱'이 될 수 있다는 사실에 김 부장은 앞으로 어떻게 직원들을 대해야 할지 막막하기만 했다.

변화의 시작은 부장님으로부터!

가끔 주변에 있는 사람들이 내 마음을 몰라줘서 속상할 때가 있다. 처음에 김 부장은 분명 팀워크나 소통을 위해 자리를 마련했을 것이다. 하지만 아무리 좋은 의도로 술자리를 마련했다 하더라도 그 횟수가 지나치게 많거나 과도하게 술을 권하면 부하 직원이 불만을 가질 수밖에 없다. 현실적으로 이런 불만을 표출하는 일은 상당히 어렵다. 그래서 대부분의 사람들은 아무리 피곤하고 힘들어도 상사가 부어주는 술을 웃으며 받아 마실 줄 알아야 훌륭한 직장인이라 생각하며 묵묵히 살아간다.

하지만 그 과정에서 얼마나 많은 것들을 잃어 왔는지 생각해 보자. 우리 자신의 건강을 잃었으며 가족과의 단란한 시간을 포기해야 했다. 친한 동료가 술로 인한 질병으로 세상을 떠난 적도 있을 것이다. 그럼에도 불구하고 우리가 얻은 것은 과연 무엇일까? 팀워크? 단합? 솔직히 술을 통해 이런 것을 제대로 얻을 수 있었는지 의문이다.

우리의 회식은 적정한 수준을 넘어 과도한 음주로 이어지는 경우가 대부분이어서 '술이 사람을 이긴다'는 사실만 확인시켜 줄 뿐 진정한 단합을 해치고 있다. 이렇게 과도한 음주가 수반되는 회식 문화는 이제 변해야 한다. 지금 우리는 술의 노예가 되었다고 해도 과언이 아닌데, 이제 우리가 다시 술의 주인이 되어야 한다.

조직 내에서 이를 바로잡을 수 있는 힘을 가지고 있는 이는 바로 '부장님' 당신이다. 한 부서의 수장으로서 실무의 정점에 있기 때문이다. 큰 그림을 봐야 하는 임원들은 구성원 개개인과의 접촉면이 줄어들 수밖에 없다. 반면 부장 또는 팀장이라는 자리는 실무를 관장하는 최후의 보루이므로 구성원들과 접촉할 기회가 많고 그 영향력 또한 크다. 이런 힘을 가진 부장이기에 직원들은 당신을 어려워하고 당신의 한마디 한마디에 촉각을 곤두세우게 된다.

'너의 그 한마디 말도, 그 웃음도 나에겐 커다란 의미'

'너의 의미'라는 노래의 한 부분이다. 여기서 '너'를 '부장님'으로 바꾸어 보자. 그러면 부장님의 행동 하나하나가 부하 직원에게는 큰 의미로 다가오는 현실이 느껴질 것이다. 그런 부장님이 마련한 회식을 어떤 간 큰 부하 직원이 거절하겠는가? 어떤 부하 직원이 감히 부장님이 권하는 술잔을 뿌리칠 수 있을까?

이렇듯 막강한 영향력을 가진 '부장님'이 스스로 변화의 선두에 선다면 그 변화는 의외로 쉽게 다가올 게 분명하다.

"뭐, 내가 왜?"라며 뒷걸음칠 수도 있지만 반대로 생각하면 굳이 술을 가지고 남의 가정을 파괴할 필요도 없다. 앞서 말했듯이 변화를 주는 일이 그리 어려운 것도 아니다. 거기다가 부하 직원들은 당신의 변화를 당신보다 먼저 눈치 채고 이를 환영해 줄 것이다. 그러므로 어색할 거란 걱정은 하지 말자.

모든 신체적 접촉은 '성희롱'이 될 수 있다!

지나친 음주 자체도 문제이지만 앞서도 살펴본 것처럼 술자리에서 벌어지는 '성희롱' 역시 문제가 심각하다. 직장 내 성희롱의 가장 큰 문제점은 분명한 기준이 없다는 사실이다. 이는 가해자와 피해자 모두를 힘들게 한다. 일본의 무타 카즈에 교수는 그의 저서 《부장님, 그건 성희롱입니다》에서 대부분의 성희롱이 회색 지대에 있다고 하였다. 가해자나 피해자 모두 지금 하고 있는 행위가, 지금 당하고 있는 일이 성희롱인지 아닌지 애매해하다는 의미이다.

당하는 입장에서는 매몰차게 뿌리치지도 못하고 잘 수습하려는 마음에 대놓고 "No"라고 말하지 못하며 남자들은 이를 그래도 되는 것으로 잘못 해석하는 일이 많다. 하지만 무타 카즈에 교수는 "애매한 침묵은 OK 사인이 아니라 NO 사인이라는 것"을 알아야 한다고 주장한다.

남자들은 "처음부터 싫다고 말하지."라고 할 것이 아니라, '처음부터 그러지 말았어야' 하는 것이다. 악수를 제외한 모든 신체적 접촉이 성희롱이 될 수 있다는 사실을 명심해야 한다.

부장님의 '착한 손' 프로젝트

이제 과도한 음주를 막고 성희롱을 방지하기 위해 '부장님의 착한 손 프로젝트'를 진행해 보는 건 어떨까? 술잔을 들이밀어 술을 강요하는 '나쁜 손' 대신, 술을 잘 하지 못하는 직원에겐 사이다를 권하는 '착한 손' 그리고 격려를 빙자한 토닥거림 대신 여직원의 몸엔 아예 손을 대지 않는 '착한 손'. 2차를 가자는 손짓 대신, 부하 직원들을 먼저 택시에 태워 보내주는 '착한 손' 말이다.

그리고 술자리에서 부장님의 손은 그리 바쁠 필요가 없다. 술잔을 잡는 대신 두 무릎 위에 가지런히 놓고 있기만 하면 된다. 술잔을 잡고 있으면 언제든지 술을 권할 수 있지만, 무릎 위에 손을 올려놓고 있으면 술을 권하기가 상대적으로 귀찮아지기 때문이다.

모두를 행복하게 만드는 변화는 그리 멀지 않은 곳에 있다. 부장님이 '착한 손'을 뻗기만 하면 충분히 닿을 만한 곳에 있다.

정호승 시인은 '손'이야말로 '마음의 거울이자 삶의 거울'이라고 했는데, 부장님의 손에서 향기로운 품격을 보게 되기를 희망한다.

부장님의 품격이 곧 회사의 품격

김 부장은 입사 동기의 허무한 죽음 앞에서 망연자실했다. 누구보다 유능하고 빛나던 친구가 이렇게 갑자기 세상을 떠나다니…….

김 부장의 오랜 술친구이기도 했던 최 부장은 회사로부터 능력을 인정받는 에이스였다. 그랬던 그가 며칠 전 본부 워크숍에서 회식을 하다가 쓰러지고 만 것이다. 급하게 병원으로 옮겼으나 이미 숨을 거둔 상태라 손을 쓸 겨를조차 없었다고 한다.

장례식장에서 아직 어린 최 부장의 자녀와 그의 영정 사진을 번갈아 보던 김 부장은 흐르는 눈물을 주체할 수 없었다. 사진 속에서 웃고만 있는 친구가 야속할 뿐이었다.

집에 오는 길에 김 부장은 혼자 포장마차에 들렀다. 회사에서 가장 친했던 친구마저도 떠나고 임원 승진에서도 미끄러져 술을 마시지 않으면 견딜 수 없을 것 같았다. 가벼운 경고로 마무리되긴 했지만 시기가 좋지 않았다. 하필 임원 진급 심사를 하는 기간이었던 탓이다. 다들 김 부장이 차지할 거라고 말하던 임원 자리는 김 부장 대신 외부에서 스카우트된 인물이 차지해 버렸다.

연거푸 소주 두 병을 비우고 한 병을 더 시키려는 순간 그는 자신이 술을 마시는 게 아니라 술이 자신을 마시고 있음을 느꼈다.

'죽기 전 최 부장도 이런 느낌이었을까?'

불길한 예감이 머리를 스치는 바람에 김 부장은 술잔을 놓고 서둘러 집으로 향했다. 그날 밤 그는 지나온 시간을 되짚어 봤다. 나의 팀원들은 나를 어떻게 생각하고 있을까? 결국 같은 회사를 다니는 동료인데, 지금까지 너무 심하게 다그쳐 왔던 게 아닐까 하는 후회가 밀려 왔다. 이미 회사를 떠난 파견직 여사원에게도 미안했다. 그동안 얼마나 마음고생이 심했을까.

그는 이제 달라지기로 결심했다. 길게 끌던 회의도 짧게 줄이는 등 가급적 모든 업무를 퇴근 시간 전에 끝내기로 했다. 퇴근 시간이 되면 김 부장은 헬스장으로 향했다. 술집에서 달리는 것 말고 실제로 달려본 게 언제인지 기억조차 나지 않지만 그는 무조건 달렸다.

한 달 뒤 김 부장 부서는 회식을 하게 되었다. 하지만 이제는 카톡 투표로 회식 일정과 장소를 정한다. 또한 철저히 희망자에 한해서만 참석하고 개인적인 일이 있는 경우에는 참석하지 않으면 그만이다. 이제 김 부장은 술을 강권하지도 않는다. 김 부장 본인이 아예 술을 마시지 않기 때문이다. 오늘 회식에서도 그는 사이다만 마신 후 집까지 자전거를 타고 갈 계획이다.

김 부장의 이런 변화를 가장 반긴 건 그의 팀원들이었다. 처음엔 적잖이 당황도 하고 오래 가지 않을 거라 여기는 분위기였다. 하지만 이런 변화가 6개월 이상 지속되자 직원들은 김 부장을 다시 보기 시작했다.

팀 분위기도 달라졌다. 전에는 밤늦게까지 이어지던 회식과 야근 때문에 구성원들이 늘 피곤해하고 서로 간에 짜증내는 일이 잦았지만 이제는 좋은 컨디션에서 각자의 사생활을 존중받으면서 일을 하게 되니 서로에 대한 배려와 관용이 커졌다. 김 부장의 팀에는 늘 에너지가 넘쳐나기 시작했다.

김 부장은 이제 두렵지 않았다. 육체적인 강건함이 새로운 도전을 감당할 수 있는 힘을 마련해 주었기 때문이다. '이런 생활을 조금만 더 일찍 시작했더라면' 하는 아쉬움은 있지만 늦게라도 변화를 선택한 자신이 대견스러웠다.

우리는 너무 오랜 시간 편견과 착각에 사로잡혀 살아왔다. 누군가를 재촉하고 다그치고 강요해야만 성과가 나온다는 편견. 그렇게 윽박지르면서 일을 해야 제대로 된 리더십을 발휘했다는 착각.

하지만 야근과 밤늦은 술자리 그리고 팀원들에 대한 압박과 강요는 서로 간의 피로도만 높일 뿐이다. 강요를 하는 사람과 강요를 당하는 사람 모두가 '살아가는' 게 아닌, 아무 생각이나 희망도 없이 그냥 '살아지고 있는' 상태에 이르고야 말았다.

이런 상태로는 우리가 꿈꾸는 멋진 인생을 살 수가 없다. 악순환의 고리를 끊고 새로운 삶의 문을 열 수 있는 힘은 바로 '부장님' 또는 '팀장님'에게 있다. 한 부서의 리더로서 여러 후배들의 선배로서의 부장님은 그럴 만한 충분한 힘과 연륜이 있다. 이미 어떻게 해야 하는지 방법도 알고 있으니 새로운 모습을 찾아가는 길을 두려워해서는 안 된다.

변화 경영 사상가 구본형은 "변화할 때는 두려움을 즐겨야 한다."고 말했다. 아울러 "그것은 일종의 흥분이며 삶의 엔도르핀이며 살아 있는 떨림"이라고까지 했다. 지금까지의 무기력한 삶을 떨쳐내 버리기가 두려울 때 그 두려움이 오히려 변화의 짜릿한 동력이 될 수도 있다는 것이다. 그러니 두려움을 핑계 삼지는 말자.

맛을 잃으면 버려지고 마는 게 소금만은 아니다. 사람도 사람으로서의 품격을 잃으면 사람들에게 버림을 받는다. 늘 업무 성과를 강요하고 술을 강권하는 모습은 그런 품격과는 거리가 멀다.

"회사 보고 들어와서 사람 보고 나간다"는 말이 있듯 직장인에게는 상사가 곧 회사이다. 그러므로 상사의 품격은 곧 회사의 품격이나 다름없다. 상사의 대표 주자는 바로 팀을 이끌고 있는 팀장, 또는 부장님 바로 당신이다. 팀원들은 당신에게서 회사의 품격을 읽는다.

물론 실무의 정점에서 하루하루를 치열하게 보내고 있는 와중에 품격까지 지키라는 건 무리한 요구처럼 느껴진다. 하지만 명품 브랜드가 하루아침에 만들어지지 않았듯 품격 있는 리더도 하루아침에 만들어지지는 않는다. 서두르지 말고 하나씩 천천히 변화시켜 나가면 된다. 앞서 설명한 방법 역시 무리한 변화를 요구하는 것이 아니었다. 무엇보다 지금의 삶에서 '강요'라는 요소만 제거하기만 하면 될 뿐이다.

앞서 묘사한 김 부장의 변화가 세상의 모든 부장님의 삶 속에서 실현되길! 그리고 그 변화로 인해 조직 전체가 변화되길 진심으로 희망해 본다.

조직 변화의 시작이자 끝, 부장님과 팀장님을 위한 제안

우리나라의 기업들은 출근 시간은 칼같이 지키지만 퇴근 시간은 제대로 지키지 않는 것으로 악명이 높습니다. 그 배경엔 바로 '부장님' 또는 '팀장님'이 있지요. 그분들이 퇴근을 하지 않고 버티고 있으니 다들 어쩔 수 없이 자리를 지키고 앉아 있는 것입니다.

이런 악습을 고치기 위해 어느 기업에서는 '리더스 데이'라는 걸 만들었습니다. 금요일 오후 5시가 되면 팀장님부터 퇴근하도록 만든 것이죠. 이 제도는 조직 내에서 변화의 시작점이 어디인지를 정확하게 꿰뚫어 본 것이라 생각합니다. 여기에 대한 구성원들의 반응도 좋았다고 하네요.

조직 내에서 경영진과 실무진을 이어 주는 허리 역할을 하는 부서장 또는 팀장님의 역할은 아무리 강조해도 지나치지 않습니다. 그들이 움직이지 않는다면 조직의 변화는 꿈꿀 수 없는 게 현실입니다.

그렇다면 보다 건강하고 활발한 조직문화를 형성하기 위해서 조직의 핵심인 팀장님과 부장님은 어떤 노력을 기울여야 할까요? 앞에서 이야기한 것을 다시 한번 정리하는 차원에서 다음과 같이 제안해 봅니다.

1. 회식 일정은 투표를 통해 미리 결정해 주세요

'무슨 동아리 모임도 아니고 회식 일정을 카톡 투표로 결정하라고?'라는 생각이 들 수 있겠지만, 이제 구성원들의 '사생활 존중'은 리더십의 중요한 덕목이 됐습니다. '무조건 참석'을 강요하기보다는 불가피한 사정으로 불참해야 하는 팀원들의 사정을 너그럽게 이해해 줄 수 있는 모습을 기대합니다.

2. 악수 이외의 모든 신체 접촉은 '성희롱'이 될 수 있습니다

여직원과의 신체 접촉은 피하는 게 상책입니다. 신체 접촉뿐만 아니라 '시선 관리'에도 신경을 써야 합니다. 혹시 여직원과의 불필요한 신체 접촉은 없었는지 스스로 돌아봅시다.

3. '섹드립'은 불쾌감을 높일 뿐입니다

한때 음담패설(EDPS)이 유행하던 시절이 있었습니다. 요즘엔 일부 연예인들이 야한 농담을 뜻하는 '섹드립'으로 인기를 끌고 있습니다만 그거 아무 데서나 하는 게 아닙니다. 방송에서 보여지는 것과는 달리 섹드립은 아주 신중하고 노련하게 진행됩니다. 그러니 잘못 구사했다간 서로 간의 불쾌감만 높아질 가능성이 큽니다. 특히 회식 자리에서는 더욱 조심해야 합니다. 굳이 웃기려고 노력하지 마세요. 그런 모습은 부하 직원들이 보기에 안쓰러울 뿐입니다.

4. 말하기보다는 리액션에 집중하세요

혹시 회의나 회식 자리에서 부장님이 발언권을 독점하고 있지는 않은지요? 팀원들은 자신이 존중받고 있다고 느낄 때 성과를 발휘하기 시작합니다. 존중받고 있다는 느낌을 들게 해주는 건 다름 아닌 '리액션' 입니다. 하지만 영혼 없는 리액션은 오히려 대화에 장애가 될 뿐입니다. 상대의 말에 진정으로 귀 기울일 때 진정한 리액션도 나올 수 있으며, 그 과정에서 상대에 대한 존중감이 피어오르게 됩니다. 이제, 대화의 주도권은 잠시 내려놓고 팀원들의 의견에 귀 기울여 보시길 바랍니다.

5. 회의는 가볍고, 짧고, 굵게

여러 사람을 불러 놓고 자기 의견만 고집하는 '답정너' 회의는 이제 그만!! 문제의 핵심을 파악하여 핵심 관련자만 소집해서, 미리 정해진 시간 동안만 집중적으로 진행하는 '작은 회의'를 시도해 보세요. 오히려 회의의 효율은 올라가고 성과도 높아집니다.

6. 낯선 곳에서의 회의, 어떤가요?

회사 근처의 카페 같은 곳에서 회의를 진행하는 건 어떨까요? 낯설고 새로운 곳에서 진행하는 회의는 팀에 활력을 불어

넣어 줄 뿐만 아니라 새로운 아이디어도 샘솟게 해줍니다. 대한민국은 카페 천국이라는 사실을 잊지 맙시다. 우리 팀이 편하게 회의할 수 있는 카페가 어딘가 분명 있을 겁니다.

7. 다른 누구도 아닌, 부장님 당신의 건강을 챙기세요

술집에서 달리는 건 이제 그만! 지금부터는 진짜로 달려 보세요. 세상이 달라질 겁니다. 100세 시대에는 지금 다니고 있는 직장을 그만두고도 20년 이상 경제생활을 영위해 나가야 합니다. 그러기 위해서는 건강이 최고입니다. 다른 누구도 아닌, 부장님 당신의 건강을 챙기세요!

02. 권위를 버려야
권위가 서는 임원

대한민국의 임원들은 자아 도취에 빠졌다? 거친 경쟁 속에서 위만 보고 달려온 나머지 아래를 보지 못하게 된 임원들의 현주소는 과연 어디인가?

조직의 미래를 짊어지고 있지만 그들의 시선은 여전히 과거에 머물러 있다. 조직 변화를 꿈꾸는 임원들을 위해 보다 스마트하고 세련된 변화의 전략을 소개한다.

자아 도취에 빠진
대한민국의 임원들

　분명히 메일을 열 때만 해도 설레는 기분이었다. 하지만 메일을 확인한 이 전무의 표정은 선명하게 일그러지고 있었다.

　회사에서는 세계적인 컨설팅사에 의뢰해 올해 처음으로 직원 만족도 검사를 실시했다. 그동안 구조 조정이다 뭐다 해서 회사 분위기가 어수선했는데 직원 만족도 검사를 실시한 이유는 이런 분위기를 정확하게 평가하고 개선하기 위함이었다.

　그러나 결과는 충격적이었다. 이 전무가 이끌고 있는 영업 본부의 만족도는 8.5%에 불과했다. 회사 전체의 만족도 평균이 50% 정도였는데 그중에서도 영업 본부가 꼴찌였다. 그나마 다행인 것은 진단을 다시 실시한다는 사실이다. 영업 본부의 만족도가 너무 낮게 나온 나머지 컨설팅사에서는 통계상의 오류가 아닐까 하는 의심이 들어 영업 본부만 다시 검사를 실시하기로 한 것이다. 이 전무는 당장 팀장들을 소집했다.

"이봐! 팀장들이 어떻게 했길래 만족도가 이 따위로 나온 거야? 다행히 검사를 다시 한다니까 만족도를 회사 평균 선에 맞춰 놔!"

팀장들은 어이가 없었다. 그게 어디 마음대로 맞춰지는 건가? 무엇보다 통계 결과까지 짜 맞추라고 지시하는 것 자체를 이해할 수가 없었다. 결과를 겸허히 받아들이고 개선할 생각은 하지 않은 채 직원들의 만족도를 회사 평균에 맞추라니, 기가 막힐 노릇이었다.

팀장들은 자기들도 이해할 수 없는 이런 지시를 어떻게 팀원들에게 전달할지 고민이었다.

리더십에 대한 임원들의 어마어마한 착각

몇 년 전 한국의 대기업에서 근무했던 어느 외국인이 《한국인은 미쳤다》라는 제목의 책을 썼다. 그 책에는 우리에게는 너무나 익숙하지만, 외국인에겐 낯설게 보였던 권위주의적인 모습이 고스란히 담겨 있었다.

나에게 가장 인상 깊었던 구절은 일본인들이 한국의 기업인들을 향해 '편협한 군대식 사고방식을 가진 무식한 사람들'이라 비난했다는 부분이었다. 우리에게 군사 문화를 전파한 장본인들에게서 저런 말을 듣다니 조금 황당했다. 하지만 곰곰이 생각해 보니 저 말에 딱히 이의를 제기할 수도 없었다. 적어도 나와 내 주위 사람들이 지금까지 겪어 왔던 조직의 모습이 사실상 군대나 다름없었기 때문이다.

정작 군대에서도 버리려고 애쓰는 기존의 군대식 조직문화를, 4차 산업 혁명을 이끌어갈 기업에서는 왜 버리지 못하고 있는 걸까? 그러나 이게 기업만의 문제는 아니다. 군대식 문화는 정당이나 대학을 비롯한 대부분의 조직에서 여전히 힘을 발휘하고 있다.

이런 문화는 조직이 리더의 강력한 지시와 통제 아래 일사불란하게 움직이는 걸 이상적인 모습으로 여긴다. 따라서 어느 조직이든지 리더의 자리에 오른 사람은 강력하게 조직을 이끌어야 한다는 강박 관념에 사로잡힐 수밖에 없다. 특히 기업에서는 리더라고 할 수 있는 '임원'들이 이런 강박에 빠지기 쉽다. 그들은 구성원에게 권위적인 모습을 보여야 조직을 제대로 통솔할 수 있다고 믿는 듯하다.

그러나 임원들의 권위적인 리더십에 대해 직원들은 어떤 인식을 가지고 있을까? 2016년 대한상공회의소와 매킨지는 100개 기업(대기업 31개, 중견 기업 69개)의 구성원 4만여 명을 대상으로 '조직 건강도와 기업 문화 진단'을 실시하고 그 결과를 담은 보고서를 발표했다. 이 보고서에는 조직 내에서 리더십에 대한 인식의 간극이 얼마나 큰지 잘 나타나 있다.

임원 등 경영진은 스스로의 리더십에 대해 글로벌 기업 대비 최상 수준(상위 25% 이내)으로 인식하고 있었다. 반면 경영진을 제외한 모

든 계층의 직원들은 경영진의 리더십을 글로벌 최하 수준(하위 25% 미만)으로 인식하고 있었다.[2]

한마디로 임원들은 자신의 리더십에 대해 '자아 도취' 상태에 있었다는 결과가 나온 셈이다.

특히 20~30대의 젊은 세대와 50대 이상의 간극이 두드러졌는데, 젊은 세대는 자신의 조직이 신뢰와 소통 그리고 창의와 혁신이 가능한 문화를 가지고 있는가에 대해서 상당히 회의적인 태도를 보였다. 그들은 리더들이 과거의 성공 경험에 갇혀 '일단 시키는 대로 하라'는 권위적인 태도를 보일 뿐이어서 소통이 불가능할 정도라고 응답했다. 혁신을 이끌어야 할 리더들이 오히려 혁신을 가로막고 있다는 우려를 할 수밖에 없는 게 우리의 현실이었다.

앞서 살펴본 이 전무의 사례 역시 이런 현실을 잘 나타내고 있다. 그의 사례는 저자인 내가 회사 생활을 하면서 직접 겪은 일이다.

당시 내가 속한 조직의 임원은 야심에 찬 젊고 똑똑한 사람이었지만, 너무 일찍 자신이 성취한 업적에 도취되어 버렸다. 그는 자신이 해왔던 방식만이 옳다고 여기고 모든 사안을 통제하고 주도하려고 했다. 하지만 결과는 참담했다. 그가 자신의 통제력에 만족하면 할수록 직원들의 만족도는 바닥을 향했다. 결국 그는 불미스러운 일로 조직을 떠나야만 했다.

뒤바뀐 성과 창출의 주체: 이젠 리더십도 변해야 한다.

리더십 이론서에는 리더란 지시하고 통제하는 사람이 아니라 구성원의 장기적인 성장을 도와주는 사람이라고 말한다. 그러나 이러한 가르침은 현실의 리더, 특히 임원들에게는 혼란만 안겨 주고 있다. 1~2년이라는 '단기간'에 직원들로 하여금 성장이 아닌 '성과'를 뽑아내도록 독려하지 않으면 임원 재계약이 불가능한 탓이다.

그렇다면 현실에서의 임원은 성과를 내기 위해 더욱 자신의 통제력을 강화해야 하는 걸까?

대한민국 최고의 성과 전문가로 불리는 류랑도 박사는 시장 환경의 변화로 성과 창출의 주체가 임원에서 현업 실무자로 변했다고 말한다.[3]

과거에는 시장이 공급자인 기업을 중심으로 돌아갔다. 당연히 기업을 이끄는 경영진의 의사 결정이 성과를 창출하는 핵심 요소였다. 반면, 현재는 수요자인 고객을 중심으로 시장이 돌아간다. 따라서 고객에 대한 가장 많은 정보를 가지고 있는 현업 실무자가 성과 창출의 핵심이 됐다.

이처럼 변화된 환경에서 임원의 통제력 강화는 새로운 성과 창출의 주체로 떠오른 현업 실무자들의 사기를 북돋아 주기는커녕 꺾을 가능성이 크다. 그 말은 곧 임원의 리더십도 이젠 변해야 한다는 걸 의미한다. 기존의 통제하는 방식에서 자율성을 부여하는 쪽으로 변해야만 진정한 성과를 창출할 수 있다.

사실 이러한 주장이 새로운 건 아니다. 수백 년 전 마키아벨리가 '로

마사론'에서 이미 다룬 적이 있기 때문이다. 그는 이 책에서 고대 로마의 지도자들은 야전 사령관에게 전적인 재량권을 부여했다고 밝혔다.[4]

고대 로마에는 전쟁이 끊이지 않았다. 따라서 로마의 지도자들이 모인 원로원에는 전쟁의 달인들이 수두룩했다. 그럼에도 그들은 전투의 현장에 나가 있는 야전 사령관에게 전적인 재량권을 부여했다. 그들은 승리를 향한 현장 지휘관의 열정이 승리의 보증 수표라는 사실을 간파하고 있었다.

원로원의 백전노장들은 전투 현장에서 멀리 떨어진 곳에서 어설픈 조언이나 하느니 현장 지휘관을 격려하면서 믿고 맡기는 쪽을 택한 것이다. 요즘으로 치면 현장 실무자에게 재량권을 부여한 것과 같다. 그 덕분에 로마는 세계를 제패할 수 있었다.

반면 마키아벨리 시대의 지도자들은 현장 지휘관이나 장교들에게 대포 하나를 설치하는 문제까지 간섭하려 들었다. 마키아벨리는 그와 같은 방식 때문에 자신의 공화국이 처참한 상황에 이르렀다고 한탄했다.

오늘날 우리가 '경영'이라고 하는 것 역시 자칫하면 마키아벨리 시대의 지도자들이 했었던 '간섭'에 해당될 수도 있다. 21세기의 리더들은 자신이 이룩했던 과거의 성공 경험과 실무자의 자율성 중에서 어느 쪽을 더 신뢰하고 있는지 돌아봐야 한다.

자신의 경험을 더 신뢰하고 있다면 이미 자아 도취에 빠져 있는 상태일 가능성이 크다. 하루라도 빨리 자아 도취에서 벗어나지 않으면 변화된 경영 환경에서 도태될 수밖에 없다. 이를 위해 가장 확실한 방법은 '권위'를 내려놓는 것이다.

여기서 말하는 권위란 '임원인 내 생각만이 옳으며 모두 내 지시를 따라야 한다'는 강박 관념을 말한다. 골프공은 힘을 빼야 멀리 날아간다. 성과 역시 '권위'라는 힘을 빼야 비로소 나타나기 시작한다. 힘을 빼고 권위를 내려놓아야 아이디어와 능력이 모이기 때문이다.

이어지는 글에서는 조직의 임원들이 어떻게 해야 권위를 버림으로써 진짜 권위를 얻을 수 있는지 알아볼 것이다. 나아가 새로운 경영 환경에서 임원들은 어떤 역할을 수행해야 하는지에 대해서도 살펴보기로 한다.

권위를 버려야 권위가 선다.

오늘은 영업 본부 전체 회식이 있는 날. 회식을 위해 통째로 빌린 고기집의 테이블 정가운데에는 이 전무의 자리가 마련되었다. 그의 자리에는 수저와 술잔은 물론 갑자기 메모할 경우를 대비해 메모지와 볼펜이 준비되어 있었고, 심지어 그가 즐겨 피우는 담배까지 가지런히 놓여 있었다.

영업 본부의 구성원은 이 전무가 도착하기 전에 회식 장소에 미리 와서 앉아 있어야 했다. 회식 자리에서 이 전무보다 늦게 도착하는 건 대단히 무례한 행동으로 여겨졌다.

회식이 끝난 후 이 전무가 회사에서 내준 차를 타고 떠나는 순간, 30여 명에 달하는 구성원은 떠나는 차를 향해 인사를 한다. 차가 시야에서 사라질 때까지 고개를 들어선 안 된다. 주변 사람들이 이 모습을 이상하게 쳐다보든 말든 신경 쓰지 않는다.

차에 탄 이 전무도 이제 이런 광경에 익숙해졌다. 처음 임원이 됐을 때만 해도 어색하기만 했던 이런 일들이 이제는 당연하게 여겨지기 시작했다. 그래서일까? 지금은 어딜 가더라도 앉는 자리에 민감해졌다. 어디가 상석인지부터 따지게 된 것이다.

한편 이 전무의 힘이 절정으로 치닫는 때는 바로 매주 금요일 오후에 개최되는 주간 업무 보고 회의 시간이다. 영업 본부에 소속된 모든 팀장들에겐 이 시간이야말로 지옥을 맛볼 수 있는 시간이다. 팀장들은 굳은 얼굴의 이 전무 앞에서 주간 단위의 실적과 다음 주에 계획된 업무를 보고해야 한다. 회의는 늘 호통과 질책으로 끝난다. 팀장들은 제발 자신이 이 전무의 호통과 질책의 대상이 되지 않기를 기도하면서 회의에 들어간다.

요즘 같은 불경기에는 실적이 나쁘다고 질책만 할 게 아니라 새로운 시장을 개척하고 영업 방식의 혁신에 대한 논의를 늘려가야 하지만, 이 전무에겐 턱도 없는 소리일 뿐! 혁신적인 방식을 제안하는 팀장들은 언제나 이 전무에게 면박을 당할 뿐이었다. 이런 분위기를 매주 처절하게 경험하는 팀장들은 팀원들이 새로운 기획안을 들고 와도 거부 반응부터 보이게 됐다.

'짬밥'과 '서열'에 대한 각인 효과

숨조차 쉴 수 없는 분위기. 그러나 우리에겐 너무나 익숙한 풍경이다. 우리는 왜 이렇게 권위주의의 그늘에서 벗어나지 못하는 걸까? 뿌리 깊은 나무가 바람에 흔들리지 않는 것처럼, 우리의 권위주의 역시 상당히 뿌리가 깊기 때문일 것이다.

구한말 우리나라 최초의 기독교 선교사인 언더우드는 후배 선교사들에게 한국 사람의 방에 들어가면 반드시 그 방에서 가장 구석진 자리에 앉아야 한다며 가르쳤다고 한다. 언더우드는 '갓이 걸려 있는 벽의 정반대 구석 공간이 가장 신분이 낮은 사람이 앉는 공간'이라는 구체적인 지침도 마련했다.

슬프게도 언더우드의 이러한 가이드라인은 오늘날에도 유효하다. 앞서 살펴본 이 전무의 사례에서와 같이 회식이나 회의 등 모든 자리에서 수직적인 위계질서가 여전히 힘을 발휘하고 있는 탓이다.

차이가 있다면 조선 시대에는 유교적 질서가 이런 권위주의의 바탕이 됐던 반면, 현대 사회에서는 성인 남성들의 병영 체험으로 인한 '각인 효과'가 권위주의를 뒷받침하고 있다는 것뿐이다.

심리학 용어 사전에는 '각인'이란 "동물 생태학에서 나오는 용어로, 매우 어린 동물이 어떤 '결정적 시기'에 학습하는 한 형태"로 "이 학습은 매우 빠르게 일어나며 보통 돌이킬 수 없다"라고 정의한다. 각인 효과를 이해하기 위해서는 농부인 듯한 사람을 따라가는 오리 떼의 사진을 떠올리면 된다.

우리나라 성인 남성의 대부분은 사회에 막 진입했거나 사회에 진입하기 직전인 20대 초반에 군 생활을 하게 된다. 그야말로 '결정적 시기'에 병영 문화를 접하게 되는 것이다. 리더십과 협동 정신 등 군 생활의 여러 긍정적인 측면에도 불구하고 청년들이 군 생활에서 확실하게 익혀서 나오는 건 바로 '밥그릇 문화'이다.

'밥그릇'이라는 다소 점잖은 표현을 썼지만, 실제로는 '짬밥'이라는 은어가 훨씬 많이 쓰이고 있다. '짬밥'이란 곧 '서열'을 의미하며 그것에 복종할 때 가장 안전하게 조직 생활을 할 수 있다는 사실을, 남자들은 성인이 되는 길목에서 온몸으로 체득하게 되는 것이다. 그야말로 각인이 아닐 수 없다.

거기다 군사 독재와 개발 경제 시대를 거치는 동안 온 사회에 권위주의가 만연해져 이제는 거의 돌이킬 수 없는 지경에까지 이르렀다.

'권위' 자체는 영광스러운 것이지만 '권위주의'는 우리를 고통으로 몰아넣는다. 앞서 프롤로그에서도 밝혔듯이 권위주의는 무언가를 '강요'할 수 있는 최적의 시스템이기 때문이다.

직장 내 성범죄 피해자들이 이의를 제기할 수 없고, 재벌 3세들의 갑질 논란이 끊이지 않는 배경엔 모두 권위주의가 만들어낸 '강요 시스템'이 있다. 시키면 시키는 대로 해야 하며 아무런 이의도 제기할 수 없도록 강요하는 것, 그것이 권위주의의 가장 큰 폐단이다.

'권위주의'를 내려놓을 때, 진정한 '권위'가 살아난다.

권위주의는 사람을 자포자기하게 만든다. 리더에게 정당한 이의를 제기하기보다는 '알아서 기도록' 만든다. 리더 역시 부하들이 '기어오르는' 걸 용납하지 않는다. 부하 직원들의 불만을 수용하는 리더일수록 '장악력이 부족하다'는 말을 들어야 한다.

이런 모습은 단순히 찍어 누르는 것일 뿐, 진정한 리더십과는 거리가 멀다. 찍어 누르는 사람들이 만들어 내는 권위적인 문화는 그 어느 조직에서든 심각한 피해를 불러일으킨다.

만약 수백 명의 승객이 타고 있는 비행기의 조종석에서 기장이 착오를 일으켰음에도 부기장이 이를 제대로 말할 수 없는 분위기라면 과연 어떤 일이 벌어질까?

히딩크 감독 이전의 한국 축구 대표팀 역시 선후배 간의 위계질서가 너무나도 강했다. 후배는 절대 선배에게 공을 패스하라고 요구할 수 없을 정도였다. 히딩크 감독은 우리나라의 이런 엄격한 위계질서를 없애고자 그라운드 안에서의 모든 대화를 반말로 하도록 지시했다. 적어도 그라운드 안에서는 선후배를 막론하고 누구나 동등하기 때문이었다. 그러자 어떤 결과가 나타났는지는 전 세계가 다 알고 있다.

이제 우리 각자가 몸담고 있는 조직은 어떤지 생각해 보자. 혹시 우리 회사의 회의 시간은 기장에게 어떤 이의도 제기할 수 없는 비행기 조종석이 되지는 않았는가? 우리의 일터는 후배가 결정적인 공격을 가할 수 있는 공간에 침투했음에도 선배에게 '패스'라고 외칠 수 없어 득점 기회를 놓쳐 버린 축구팀은 아닌가?

이제 진정한 리더가 되기 위해서는 리더 스스로 권위를 내려놓아야 한다. 그러나 어떻게 하는 것이 권위를 내려놓는 것일까? 방법은 의외로 간단하다. 리더에게 베풀어지는 '의전'을 포기하는 것만으로도 상당한 변화가 일어난다.

앞서 이 전무의 사례에서처럼 임원에 대한 의전이 철저할수록 권위적인 조직일 가능성이 높다. 의전은 구성원과 리더의 거리를 멀어지게 만들어 열린 소통을 방해하기 때문이다. 그러므로 후진 조직일수록 의전이 발달한 경우가 많다. 반면 혁신적인 조직일수록 의전 따위에 신경 쓰지 않는다. 대신 훨씬 핵심적인 일에 집중한다.

십 수년 전 나는 지방의 한 공장에서 사회생활을 시작했다. 어느 날 지역 인사들을 초청하여 행사를 진행하게 됐는데 생각지도 못한 일이 벌어졌다. 초청된 인사들 중에 시의원이 몇 명 있었는데 그들은 회사에서 준비한 의전에 문제를 제기했다. 그들은 서로가 상석에 앉겠다고 다툼을 벌였다. 시골인 그 지역에선 나름대로 힘깨나 쓴다는 인물들이었지만 스스로 잘났다고 더 좋은 자리를 요구하는 모습은 여러 사람들의 눈살을 찌푸리게 만들었다. 심지어는 우스꽝스럽기까지 했다.

이와는 반대로 GE코리아를 비롯해 인천공항공사의 CEO를 거친 이채욱 전 CJ그룹 부회장은 GE에 몸담고 있을 당시 한국에서는 상상도 하지 못할 일을 목격했다.

잭 웰치가 전 세계 GE 임원 5백여 명이 모이는 회의에서 연설을 하고 난성에서 내려왔는데 앉을 자리가 없어 서성이는 것이었다. 더 놀라운 건 회장이 앉을 자리를 찾고 있는데도 GE 임원들은 어느 하나 자리를 내주지 않고 "저 구석에 빈자리가 있다"고 일러 주기만 했다.[5]

우리의 기준으로 봤을 때 회장의 좌석을 마련해 놓지 않은 GE의 임원이나 직원들은 '개념'을 상실한 거나 다름없다. 하지만 그들은 '의전'과 같이 비본질적인 일에는 아예 신경을 꺼버리는 대신 직위 고하를 막론하고 활발한 의사소통이 이뤄질 수 있는 문화를 택한 것이다. 이를 위해 회장이 직접 모범을 보인 셈이었다.

참고로, 잭 웰치가 회의장에서 자리를 찾아 서성거리던 그 무렵에는 GE 지분의 30% 정도만 팔아도 당시 국내 상장 기업을 모조리 살 수 있었다. 그런 GE를 이끄는 회장도 특권을 포기하는데, 우리의 기업 리더들은 어떠한가? 시골 행사에 와서 더 좋은 자리를 달라고 떼를 쓰는 의원들의 모습이 바로 자신의 모습이 아닌지 스스로 돌아봐야 한다.

세계 유수의 IT기업들을 거쳐 구글의 CEO를 맡았던 에릭 슈미트 역시 CEO를 위한 의전이나 특권 따위에 신경 쓰지 않았다. 그는 구글에 부임한 첫날부터 당혹스러운 일을 겪었다. 그가 구글 측에서 마련한 개인 사무실에 들어섰는데 이미 그곳에는 몇몇 엔지니어들이 자리를 잡고 일을 하고 있었다. 그 당시에도 이미 IT업계의 거물급 CEO였던 에릭이었기에 그들을 내쫓을 수도 있었지만, 그는 직원들을 내쫓는 대신 옆에 있는 작은 방으로 자리를 옮겼다.

문제는 그 다음 날이었다. 안 그래도 좁은 그의 사무실에 또 한 명의 엔지니어가 들어와 있었다. 그 엔지니어는 좁은 사무실을 여러 명이 함께 쓰고 있어서 도저히 일을 할 수가 없어서 여기로 왔다고 말했다. 그와 에릭은 몇 달 동안이나 사무실을 함께 썼다.[6] 어쩌면 구글의 혁신은 이처럼 의전 따위는 아무렇지도 않게 여기는 문화에서 시작됐을지도 모른다.

특별한 자리에 앉아 특별한 대우를 받는 사람이 '수평한 조직'을 만들겠다고 말하는 건 도무지 앞뒤가 맞지 않는다. 그냥 흉내만 내다 끝나버릴 가능성이 크다. 그런 지시를 내린 사람 스스로 특별한 자리에서 내려와 같은 자리에 앉아야 한다. 그런 모습이야말로 진정한 리더십이라 할 수 있다.

빈자리를 찾아 헤매던 잭 웰치와, 좁은 골방을 직원과 함께 나눠썼던 에릭 슈미트를 보고 그 누가 '장악력이 부족한' 리더라 말했던가? 그들은 권위를 내려놓음으로써 위대한 리더가 될 수 있었다.

권위를 버려야 진짜 권위가 선다.

갑질을 버리고 본질에 집중하게 해주는 것이 진짜 리더십

토요일인 오늘은 이 전무 딸의 결혼식이 열리는 날이다. 이 전무는 자신이 현직에 있을 때 딸의 결혼식을 올리려고 날짜를 서둘러 잡았다. 호텔에서 성대하게 치러진 결혼식에는 많은 하객들이 와서 축하해 주었다.

하지만 이 전무가 이끄는 영업 본부의 직원들은 식장에 들어갈 수조차 없었다. 이 과장과 박 대리는 식장 앞에서 하객들의 축의금을 받아야 했으며 김 부장과 최 과장은 작은 골방에서 하객들의 명단과 축의금 내역을 엑셀에 정리하고 있었다. 고 대리를 비롯한 몇 명의 직원들은 주차장에서 하객들을 안내해야 했다.

평생 처음으로 주황색 주차 안내봉을 잡아 본 고 대리는 이 전무의 딸이 결혼하는데 왜 자신이 와서 '봉사'를 해야 하는지

도무지 이해할 수 없었다. 여기에 모인 영업 본부 직원들의 연봉만 따져 봐도 자그마치 10억 원이 넘었다.

왜 리더의 '갑질'은 끊이질 않는가?

2017년 여름, 육군 대장 부부의 갑질이 보도되어 온 국민이 분노했다. 그들 부부가 공관병들에게 호출용 전자 팔찌까지 채우고 병사들을 노예처럼 부린 사실이 온 천하에 공개된 것이다. 뿐만 아니라 전투 병력을 빼내 조리병으로 변경하는 등 각종 전횡을 일삼아 온 사실도 드러났다.

그해 11월에는 어느 대학 병원에서 간호사들을 강압적으로 동원해 장기 자랑을 하게 한 사실이 드러났다. 간호사들은 병원을 운영하는 재단의 고위 간부들 앞에서 선정적인 옷을 입고 춤을 춰야만 했다. 뿐만 아니라 간호사들이 체육 대회에도 강제 동원됐다는 사실이 밝혀져 많은 사람들을 경악하게 만들었다.

이 사건들은 모두 우월한 '갑'의 위치에 있는 사람이 '을'의 위치에 있는 사람에게 부리는 횡포를 고스란히 보여 준다. 우리는 이것을 갑질이라 한다. 우리 사회에서 갑질은 잊을 만하면 등장해 우리의 분노 게이지를 높인다. 위의 두 사건 외에 '라면 상무'나 '땅콩 회항' 사건은 따로 설명할 필요도 없는 너무나도 유명한 사건이다. 특히 땅콩 회항 사건을 일으킨 조현아 씨의 동생 조현민 씨와 그 가족들은 또다시 갑질 논란을 불러일으켜 우리 사회를 분노케 했다.

문제는 갑질 사건이 여러 차례 국민적인 공분을 불러일으켰음에도 불구하고 우리들의 생활 곳곳에선 갑질이 사라지지 않고 있다는 점이다.

특히 이 전무 딸의 결혼식에서 보듯 임원을 비롯한 경영진이 직원들에게 업무 외의 일을 시키는 건 우리 기업의 고질적인 문제이다. 이런 경우 언론에 나올 만큼 대단한 일이 아니기에 어디 가서 하소연도 하지 못한다. 상사라는 지위를 이용한 명백한 갑질임을 뻔히 알면서도 조직 내에서 그 누구도 이의를 제기하지 않는다. 그런 일을 해주는 것을 당연하게 여기는 우리의 조직문화 탓이다.

심지어 직장 내에서 리더의 업무 외적인 지시에 발 벗고 나서는 사람일수록 승진도 빠르다. 실제로 나는 어느 대기업에서 최연소 임원이 된 누군가의 이야기를 들은 적이 있다. 그는 자신의 상사를 위해 주말마다 골프장 부킹은 물론 운전까지 마다하지 않았다고 한다. 이런 그의 성공담은 조직 전체에 좋지 않은 영향을 미치게 됐다. 직원들은 이제 일만 잘해서는 이 조직에서 성공할 수 없다고 인식해 버렸기 때문이다. 그들은 더 이상 '고객'이나 '조직'을 위해서 일하지 않고 '상사'라는 개인에게 충성하기 시작했다.

진정한 리더는 '일'이라는 본질에 집중하게 해준다.

이처럼 업무 외적인 일을 지시하는 리더의 갑질은 조직 구성원이

'일'이라는 본질에 집중하지 못하게 만든다. 반대로 진짜 리더는 직원들이 '일'이라는 본질에 집중하게 만든다. 직원들이 자신이 해야 할 본질인 '일'에 집중할 때 기업의 성과는 오르기 시작한다.

LG생활건강을 이끌고 있는 차석용 부회장은 '5무(無) 경영인'으로 유명하다. 그의 경영 사전에는 술, 담배, 골프, 회식, 의전 이렇게 5가지가 없다.[7] 실제로 그는 직원들이 의전 등에 부담을 느낄까 봐 계열사를 방문할 때 자신의 방문 사실을 미리 알리지 않을 뿐만 아니라 회식이나 경조사에도 거의 참석하지 않는다고 한다.

그는 "윗사람에게 잘 보이기 위한 자료 작성, 불필요한 회의, 형식적 의전 등을 모두 없애고 본질적이고 의미 있는 일에 몰입해 구성원 모두가 고객 가치를 높이는 활동에 집중하자"[8]고 외친다. 한마디로 '일' 외에 다른 건 신경 쓰지 말자는 말이다.

이런 신념을 가진 CEO가 이끄는 회사는 어떤 성과를 내고 있을까? 2005년부터 10년이 넘도록 이끌어온 LG생활건강의 매출은 2006년 1조 원을 돌파한 이후 수직 상승을 거듭해 2016년에는 6조 원을 넘어섰다. 이 기간 동안 영업 이익은 544억 원에서 8809억 원으로 16배나 늘었다. 구성원을 일에만 집중하게 만든 결과 '기적'이 일어난 것이다.

현대카드를 이끌고 있는 정태영 부회장 역시 직원들이 '핵심'에만 집중하길 원했다. 이를 위해 그는 사내에서 PPT 사용을 금지한 바 있다. 그는 직원들이 시각적인 면을 강조하는 PPT 보고서를 작성하느라 정작 중요한 걸 놓치고 있다고 판단했다. 그는 모든 직원들이

PPT 작성을 아예 할 수 없도록 직원들의 PC에서 PPT를 'read only'로 설정해 버렸다.

그가 'PPT 금지령'을 내린 후 여러 장의 PPT 보고서는 핵심 내용을 담은 1장의 보고서로 대체됐다. 그 덕분에 직원들은 쓸데없는 일에 신경 쓰지 않고 업무에만 집중할 수 있게 됐다. 경영진의 의사 결정 속도 역시 빨라지게 됐음은 물론이다.

정태영 부회장은 여기에서 한 발 더 나아가 이메일이나 메신저 심지어는 구두로도 보고가 이뤄지게 했다. 이 조치 역시 불필요한 일에 시간을 낭비하는 걸 방지하기 위함이었다.

이처럼 최고의 성과를 내는 CEO들은 자신은 물론 직원들이 본질인 '일'에만 집중하길 원한다. 그 외의 모든 건 성과 창출을 방해하는 요소로 여긴다.

지금 우리가 일하고 있는 일터에 임원의 지시라면 무조건 따르는 '충성파'들이 활개를 치고 있는가? 그렇다면 그 조직은 '일'이라는 본질을 놓치고 있거나, 앞으로 놓치게 될 가능성이 매우 크다. 그 조직을 이끄는 임원 스스로 '일'을 하는 직원 대신, '일' 외의 다른 것에 신경 쓰는 직원들을 선택했기 때문이다. 그런 리더가 이끄는 조직은 천천히 그렇지만 확실하게 몰락해 나갈 것이다.

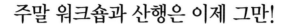

주말 워크숍과 산행은 이제 그만!

올해도 어김이 없었다. 산과 들이 푸르게 물드는 올해 5월
에도 이 전무는 직원 워크숍을 실시했다. 워크숍은 늘 하던 대
로 금요일 퇴근 후에 시작해서 토요일 오전까지 진행됐다.

물론 이 전무도 주말이 낀 워크숍에 대한 직원들의 불만을 모
르는 건 아니다. 특히 여직원들이 힘들게 느낀다는 사실 역시
잘 알고 있다.

하지만 이 전무에게도 나름의 고충이 있었다. 평일에 이틀
씩이나 사무실을 비우고 가기에는 업무 공백이 너무 클 것 같
아서이다. 그렇게 되면 CEO에게 보고하기도 부담스러워진
다. 이 전무 회사의 CEO는 근무 시간을 비우는 걸 꽹장히 싫
어하기 때문이다. 또한 평일에 워크숍을 실시하면 고객 접대
가 많은 영업 본부의 특성상 직원들의 참여가 더욱 어려울 수

도 있었다.

그렇다고 워크숍을 가지 않을 수도 없다고 판단한 이 전무는 어쩔 수 없이 금요일과 토요일로 이어지는 워크숍을 계속하기로 했다. 그는 워크숍으로 인해 직원들의 개인 생활이 다소 침해되더라도 회사를 위해서는 어쩔 수 없다고 판단했다.

지금까지 30여 년간 이어진 이 전무의 회사 생활은 자기희생의 시간이었다. 자신이 이끌고 있는 영업 본부의 직원들도 당연히 그런 삶을 살아야 한다고 이 전무는 믿었다. 이런 그였기에 직원들도 자신의 결정을 기꺼이 이해해 주리라 여겼다.

다만 워크숍을 할 때마다 빠지지 않는 산행은 이 전무 개인의 취미를 반영한 것이다. 그는 아무리 힘들어도 정상을 정복했을 때 느껴지는 쾌감을 직원들에게 반드시 알려 주고 싶었다. 특히 젊은 직원들은 조금만 힘들어도 지레 포기해 버리는 경향이 강하기 때문에 강력한 정신력을 심어 줄 필요가 있었다. 이 전무는 이를 위해서는 산행만큼 효과적인 게 없다고 여긴다.

'소확행'을 추구하는 '워라밸' 세대,
그들만의 '케렌시아'를 찾아나서다.

암호 같은 말이 나열되어 있는 이 문장은 김난도 교수가 이끌고 있는 서울대 소비트렌드 분석 센터가 쓴 '트렌드 코리아 2018'의 표지에 등장하는 문구다.

그 뜻을 풀어 보면 '작지만 확실한 행복을 추구하는, 1988년에서 1994년 사이에 태어난 '워크 라이프 밸런스'를 추구하는 젊은 세대들이, 투우장의 소가 마지막 일전을 앞두고 홀로 숨을 고르는 케렌시아와 같은 자기만의 도피처를 찾아나서다'라고 할 수 있다.

한마디로 일에만 매몰되지 않고 자기만의 삶도 추구하겠다는 뜻이다. 고도 성장기에 입사했던 중장년층은 자신의 모든 걸 회사에 바쳐왔다. 하지만 젊은 세대에겐 직장인으로서의 삶과 개인으로서의 삶은 구별되어야 하는 것이다. 그들은 회사가 개인적인 삶의 영역을 침범하면 미련 없이 회사를 떠나 버린다. 그들에겐 두둑한 월급과 완벽한 복리 후생보다도 개인으로서의 삶의 영역을 지키는 게 우선이다.

일과 삶을 대하는 태도에 정답이란 있을 수 없기에 리더들은 이런 흐름을 겸허히 받아들여야 한다. 더 이상 회사가 모든 걸 보장해 주지 않는 사회에서 그들의 선택은 매우 합리적이다. 그러므로 '개인적인 삶'을 존중하는 트렌드는 앞으로도 계속될 전망이다.

이런 사회에서 일류 기업이란 단순히 실적만 뛰어난 회사가 아니라 직원들의 개인적인 삶을 보장해 주는 회사이다. 실제로 취업 포털 사이트에 올라온 채용 공고를 보면 '회식 및 야근 강요 없음'이라는 문구를 심심찮게 볼 수 있다. 이처럼 근무 시간 이외의 시간을 침범하지 않는 회사가 좋은 회사가 됐다.

그런 기준을 고려하지 않고 직원들의 개인적인 삶을 침범하는 기업들은 갈수록 인재를 잃게 될 것이다. 최고의 연봉을 자랑하는 대기업마저도 직원들의 퇴사 문제로 골머리를 앓고 있는 게 현실이다. 이제 직원들의 개인적인 삶을 존중하지 않으면 직원들 역시 회사를 존중하지 않는 그런 시대가 왔다.

워크숍은 꼭 주말에 해야 하는가?

주말에 실시하는 워크숍은 이러한 시대적 요구에 정면으로 역행하는 것이다. 물론 조직 구성원의 개인화 경향이 갈수록 강해지고 있어서 팀워크와 조직력을 강화하기 위한 워크숍은 반드시 필요하다. 그러나 워크숍이 필요하다고 해서 반드시 주말에 해야 하는 건 아니다. 오히려 근무 시간에 해야 할 만큼 중요한 일이다.

그럼에도 워크숍이 금요일 오후부터 토요일까지 진행되는 경우가 많은 건 우선순위에서 밀린 탓이다. 우리의 워크숍은 문제 해결을 위한 구체적인 결과를 얻거나 집단 지성을 모으기보다는 '그냥 바람이나 한번 쐬고 오는' 정도의 일회성 행사에 불과하다. 결론이 뻔한 토론을 하는 척하다가 곧바로 '음주 모드'로 들어가는 게 대부분이다. 그러니 일보다 우선순위에서 밀릴 수밖에. 의미는 없는데 몸만 고되어서일까? 누군가는 이런 워크숍을 보고 '고난 여행'이라고 했다.

이제 워크숍은 이런 행태에서 벗어나 원래의 취지를 되찾아야 한다. 조직의 문제를 발견하고 그 문제의 답을 찾기 위한 소통의 장이 되어야 한다. 리더는 워크숍을 통해 조직의 절박한 문제를 발굴하여 활발한 토론의 장을 만들고, 구성원 역시 자유롭게 말할 수 있어야 한다. 워크숍에서 가장 중요한 건 문제의 답을 발견하는 주체가 리더가 아닌 구성원이라는 점이다. 리더는 구성원이 발견한 해결책을 '실행'하는 데 초점을 맞춰야 한다.

이런 발전적인 워크숍을 하기 위해서는 구성원에게 워크숍에서 논의되고 있는 문제가 다른 어떤 것보다 중요하다는 인식을 심어 줄 필요가 있다. 이를 위한 가장 효과적인 수단이 바로 '평일에 하는 워크숍'이다. 그렇게 되면 구성원은 자연스럽게 리더의 절박함을 읽고 더욱 진지하게 임하게 된다.

한편 근로기준법의 개정으로 인해 2018년 7월 1일부터는 300인 이상 사업장을 시작으로 주당 법정 근로 시간 한도가 68시간에서 52시간으로 줄어들게 된다. 근로 시간이 장장 16시간이나 줄어들게 된 건 소정 근로 및 연장 근로와는 별개로 인정되던 '휴일 근로(토요일 8시간+일요일 8시간)'가 사라졌기 때문이다. 그 결과 월요일부터 금요일까지의 소정 근로 40시간을 초과하여 근무한 시간은 무조건 연장 근로로 산정되고, 연장 근로는 '주말을 포함하여' 1주일에 12시간으로 엄격히 제한된다.

따라서 주말에 출근을 하는 경우 과거에는 8시간이 초과되는 시간만 연장 근로로 산정하면 됐지만, 올해 7월부터는 모든 휴일 근무 시간을 연장 근로에 포함시켜야 한다.

워크숍도 엄연한 근무 시간에 해당하므로 주말에 워크숍을 실시하는 경우 그 시간만큼 연장 근로를 하는 셈이다. 연장 근로 한도를 지키기 위해서는 주말의 워크숍 시간만큼 평일의 일하는 시간을 줄여야 한다. 회사 입장에서는 앞으로 주말에 실시하는 워크숍이 부담스러워질 수밖에 없다.

이런 상황에서 더 이상 주말 워크숍을 고집할 필요가 있을까? 차라리 평일에 워크숍을 실시하여 더욱 진지하고 치열하게 조직의 문제를 개선하는 기회로 삼는 게 낫지 않을까?

리더가 반드시 알아야 하는 변화의 흐름

지난 분기 실적 보고를 받은 이 전무는 자신의 눈을 의심했다. 매출이 반으로 쪼그라들었기 때문이다. 보고서엔 고객들의 갑작스러운 기호 변화 등 사업 계획을 수립할 때에는 전혀 예상치 못했던 변수가 나타난 결과라고 나타나 있었다.

이 전무는 즉시 대책 회의를 소집했지만 뾰족한 수가 나오지는 않았다. 그동안 이 전무의 권위적인 태도에 주눅이 들어버린 팀장과 담당 임원들은 적극적으로 의견을 피력하기보다는 서로 눈치만 살필 뿐이었다. 이런 분위기로 인해 대책 회의에선 고객의 취향이 갑작스럽게 변한 이유조차도 제대로 파악하지 못하고 있었다.

이렇게 대책 회의가 지지부진하는 동안 직원들 사이에선 드디어 터질 게 터지고야 말았다는 얘기가 나오기 시작했다. 사실 지금까지 실무진에서는 위기의 징후에 대해 여러 차례 보고를 해왔다. 그러나 실무자들은 이런 보고가 경영진에게 제대로 전달이 되지 않는다고 느꼈다. 실제로 위로 올라갈수록 보고의 내용이 누락되거나 완곡한 표현으로 변하기 일쑤였다. 모든 게 이 전무의 호통을 피하기 위한 고육지책이었다.

그래도 며칠 동안 마라톤 회의를 거듭한 끝에 겨우 대책이 마련되긴 했다. 이제 실무진은 이를 실행할 구체적인 계획을 세워야 했다. 그러나 마케팅과 재무, IT 등 다양한 부서에 자료와 협조를 요청하다 보니 열흘이 훌쩍 지나 버렸다. 사실 마케팅 쪽과는 매출 하락에 대한 책임 공방이 벌어지기도 했다. 그러나 이런 일이 진행되는 사이 결정적인 사건이 터지고 말았다. 경쟁사에서 신제품을 출시한 것이다. 지난달에만 해도 경쟁사의 신제품 출시 계획이 없다는 정보를 입수했는데, 불과 한 달 만에 경쟁사의 신제품이 출시되자 모두가 멘붕에 빠졌다. 실무진들은 경쟁사의 제품을 분석하여 다시 계획안을 마련해야 했다. 그러는 사이 시간은 흘러만 갔고 매출은 계속해서 곤두박질치고 있었다.

영업 본부에서 이런 악순환이 반복되는 사이 회사에는 영업 본부에 대한 대대적인 개혁이 진행될 거란 소문이 돌기 시작했다. 수시로 변하는 시장 상황에 기민하게 대처하기 위해 요즘 화제가 되고 있는 '애자일' 조직으로 개편할 거란 소문이었다. 애자일 조직으로의 전환을 위해 경영 전략실에선 벌써 TF팀까지 꾸렸다는 얘기도 흘러 나왔다. 그 중심에는 영업 본부에 있다가 지난해 경영 전략실로 옮긴 박 상무가 있다고 한다. 박 상무의 등장으로 소문은 신빙성을 더해 가고 있었다.

소문은 마침내 이 전무의 귀에까지 흘러갔다. 자신도 모르게 이런 민감한 소문이 돌고 있다는 건 그가 이 일에서 소외되고 있다는 걸 의미했다. 이미 상황을 되돌리기엔 너무 늦어버렸음을 직감한 이 전무. 그는 30년을 바쳐 올라온 이 자리에서 단 1년도 버티지 못한 채 내려와야 하는 처지가 됐다.

그야말로 총체적 난국이다. 이 전무는 이제 어떻게 되는 걸까? 그 전에 먼저 이 전무에게 왜 이런 위기가 찾아왔는지 살펴볼 필요가 있다. 그가 이런 상황을 맞이하게 된 가장 큰 이유는 최근 기업 내부에서 일어나고 있는 변화의 흐름을 감지하지 못했기 때문이다.

그 흐름은 크게 두 가지로 압축될 수 있는데, 첫 번째는 탈권위주의적 경향이며, 두 번째는 전통적인 조직 기능이 점점 한계에 봉착하고 있다는 것이다. 이 두 가지 흐름은 앞으로의 기업 활동에 많은 변화를 불러일으킬 것이다. 리더가 이 흐름을 간과한다면 그가 이끄는 조직은 이 전무의 영업 본부처럼 심각한 위기를 맞을 수밖에 없다.

좋은 글로 많은 이들의 공감을 얻은 문유석 부장판사는 "힘은 과거가 가지고 있고 시간은 미래로 흐른다."[9]고 했다. 이 말처럼 시간은 미래로 흐르지만, 힘은 자꾸 과거에 머무르려고 하는 속성이 있다. 따라서 리더는 조직이 현재 가지고 있는 힘을 미래로 끌고 가는 역할을 해야 한다. 시간과 함께 달려 나가는 게 리더의 책임인 것이다. 그러기 위해서는 리더가 변화의 흐름을 현명하게 읽을 수 있어야 한다. 지금부터 그 이정표가 될 만한 두 가지 흐름에 대해 하나씩 살펴보도록 한다.

탈권위주의적 경향

대통령 탄핵과 미투 운동,
그리고 국내를 대표하는 양대 항공사 직원들의 연대 집회

전혀 연관이 없어 보이는 이 사건은 묘하게도 한 가지 공통점을 가진다. 그것은 바로 '막강한 힘을 가진 존재에 대한 저항'이라는 점이다. 대통령이라는 절대 권력자, 연극계와 정치계 등의 힘 있는 사람들 그리고 재벌 회장과 그 일가. 이들 모두 개인의 힘으로는 도저히 대항할 수 없는 존재들이다.

그러나 소셜 미디어는 흩어져 있던 개인들을 하나로 뭉치게 해주었고, 힘을 모은 사람들은 큰 물결을 이뤄 엄청난 힘을 발휘했다. 그 힘은 피라미드의 최상층에 있는 대통령을 탄핵시킨 걸 시작으로 이젠 기업의 총수에게까지 미치고 있다. 이 물결은 여기에 그치지 않고 계속해서 아래로 흘러가 우리 사회 곳곳을 변화시킬 것으로 보인다.

이 힘이 선언하고 있는 건 단 한 가지, 이제 더 이상 부당한 권력에 복종하지 않겠다는 것이다. '부당한 권력'이란 부패한 권력을 뜻하는 것 외에도 '합리성을 결여한 권위적인 태도'까지 포함한다. 오히려 우리들의 현실 세계에선 전자보다 후자의 경우가 훨씬 많다.

따라서 이제는 기업 내부에서도 지금까지 당연하게 여겨져 왔던 상명하복의 문화를 다시 돌아봐야 한다. 그렇지 않으면 이 전무님의 조직처럼 값비싼 대가를 치러야 할지도 모른다. 이 전무님의 영업 본부에선 팀장이나 담당 임원들이 대책은 말하지 않고 서로 눈치만 살필 뿐이었다. 그들은 위기의 징후조차도 이 전무의 호통이 두려워 제대로 보고하지 않았다. 결국 리더의 권위적인 태도가 큰 위기를 불러온 셈이다.

다행히 권위주의에서 벗어나려는 현재의 흐름은 이러한 위험 요소를 최소화할 수 있는 기회가 될 수 있다. 구글에서 진행한 '아리스토텔레스 프로젝트'의 연구 결과는 이런 주장을 과학적으로 뒷받침해준다. 구글은 뛰어난 성과를 내는 팀의 특징을 연구하기 위한 프로젝트를 진행했는데 그것이 바로 '아리스토텔레스 프로젝트'였다. 연구 결과, 뛰어난 팀의 비결은 바로 '심리적 안전감((psychological safety)'에 있었다. 이는 어떤 발언을 하더라도 비난받거나 조롱받지 않을 거라는 믿음이다. 물론 비난하거나 조롱하는 주체는 대부분 상사이다. 한마디로 구글은 상사에게 하고 싶은 말을 자유롭게 할 수 있는 팀이 성과를 낸다는 사실을 발견한 셈이다.

'명견만리'에는 서울대와 일본 나고야 대학을 비교한 부분이 나오는데, 이 또한 구글의 연구 결과와 비슷하다. 2015년 세계적인 석학들과 함께 진행했던 서울대 자연과학대에 대한 평가 결과는 서울대가 권위주의의 벽에 부딪혀 창조적 연구를 하기 힘든 환경이라 말해주고 있다.[10] 잘 알다시피 노벨상 수상자 중에서 서울대 출신은 단 한 명도 없다.

반면 나고야 대학의 소립자 물리학 연구실에서는 '교수님'이라는 호칭조차 쓰지 않는다. 그들은 연구실에서는 모두가 평등해야 한다는 원칙을 세웠다. 매주 열리는 다양한 세미나에서는 자신의 생각을 자유롭게 이야기하며 질문한다.[11] 나고야 대학이 노벨 과학상 수상자를 여섯 명이나 배출할 수 있었던 배경에는 이런 문화적 토양이 있었다.

결국 탈권위주의가 향하는 지점은 '평평한 사회'일 것이다. 토마스 프리드먼은 IT기술이 세계를 점점 평평하게 만들고 있다고 했다. 실제로 유튜브와 팟캐스트는 1인 미디어 시대를 열었다. 이제 아이들에겐 방송국의 '채널'보다 유튜브의 '채널'이 훨씬 익숙하다. 그들에겐 거대 방송국의 채널조차도 수없이 많은 채널 중의 하나일 뿐이다. 그런 세상에서는 권위주의가 설 땅이 없다. 참여와 공감을 이끌어내는 존재만이 살아남을 수 있을 뿐이다.

전통적 조직 기능의 한계

매일 쏟아지는 수많은 애플리케이션(이하 '앱'으로 표시) 중에서 출시 3년 만에 1,500만 다운로드를 기록한 전설적인 앱이 있다. 바로 NBT라는 스타트업이 만든 '캐시 슬라이드'이다. 캐시 슬라이드는 모바일의 첫 화면이라 할 수 있는 '잠금 화면'을 해제하기 위해 '슬라이드'를 할 때마다 '캐시'가 적립되는 획기적인 시스템이다. 사람들은 하루에도 수십 번씩 잠금 화면을 해제하므로 '캐시 슬라이드'는 주목을 끌 수밖에 없었다.

그러나 '캐시 슬라이드'가 성공한 진짜 비결은 '아이디어'가 아닌 '속도'에 있었다. 시장에는 금세 후발 주자들이 등장했다. 대기업을 비롯한 대형 IT기업까지 나서서 캐시 슬라이드의 아성을 노렸지만 캐시 슬라이드만큼의 성과를 내진 못했다. 선두 주자였던 캐시 슬라이드가 오픈 초기에 제기됐던 유저나 광고주들의 요구 사항을 재빨리 개선해 시장을 선점해 버렸기 때문이다. NBT 측은 광고주가 오전에 의견을 제시하면 낮 동안 개선책을 마련한 다음 이것을 밤에 구현할 정도로 빠른 피드백 속도를 보여 주었다.[12]

NBT는 어떻게 해서 이런 기민한 대처를 할 수 있었을까? NBT의 비결을 살펴보기 전에 다른 기업, 특히 여러 층의 수직적인 구조와 기능적으로 분리된 조직을 가지고 있는 대기업이라면 이 문제를 어떻게 처리했을지 한번 상상해 보자.

우선 담당자가 광고주나 고객으로부터 불만 사항을 접수한 다음 이를 팀장에게 보고한다. 팀장은 그중에서 어떤 사항을 '개선'할지보다는 어느 선까지 '보고'할 것인지, 어느 '부서'로 이 문제를 넘길 것인지 고민해야 한다. 처음 고객이 요청했던 사항은 여러 단계의 의사 결정 과정을 거치거나 이런 저런 부서를 거치면서 점점 왜곡될 가능성이 크다. 결국 고객이 원했던 것과는 전혀 다른 방향으로 개선(?)될 수밖에 없는 과정을 거치게 된다.

또한 갑작스럽게 시장 환경이 변하는 등 변수가 생겨 처음에 계획했던 일을 변경해야 하는 경우에도 난감해진다. 또다시 비효율적인 과정을 거쳐야 하기 때문이다. 결국 이 전무의 영업 본부와 비슷한 상황에 처하게 될 수밖에 없다.

그래도 이런 방식은 속도는 느릴지 몰라도 시행착오를 최소화할 수 있다는 장점이 있다. 하지만 지금처럼 시장 상황이 언제 어떻게 변할지 아무도 모르는 상황에선 속도가 느리다는 것 자체가 시행착오가 될 수 있다. 특히 모바일 중심으로 시장이 재편되고 난 이후 트렌드의 변화 주기가 걷잡을 수 없이 짧아지고 있어 속도의 중요성은 더욱 커지고 있다. 모바일 마케팅 기업인 애드웨이즈(ADWAYS)가 조사한 바에 따르면 2015년 기준 전 세계 시장에서 모바일 게임의 평균 수명은 6개월에 불과한 것으로 나타났으며, 갈수록 줄어드는 추세인 것으로 나타났다.[13] 이제 기존의 다단계 의사 결정 구조와 기능적인 분업 형태로는 이런 환경을 헤쳐 나갈 수가 없다.

소프트웨어 개발 분야의 선각자들은 이미 20여 년 전부터 이러한 문제점을 간파하고 새로운 방식을 모색하기 시작했다. 그 결과 나타난 것이 바로 '애자일(Agile)' 방식이다. 기존에는 예측에 기반한 계획에 따라 모든 과정을 순차적으로 진행하는 '워터폴(Water Fall)' 방식을 활용했지만, 이는 속도가 더디고 변화를 반영하기 힘든 구조였다. 반면 '애자일' 방식은 기획과 개발, 디자인 등 다양한 기능을 가진 인력들이 소규모 팀을 구성해 단시간에 시제품을 만들어 출시한 다음, 고객의 반응을 살피면서 지속적으로 개선해 나가는 방식을 취한다. 이때 소규모 팀은 목표를 이루기 위해 자체적인 의사 결정 권한을 부여받는다. 또한 커다란 일을 잘게 쪼개 우선순위를 부여한 다음 핵심적인 본질에 집중하게 한다. 이러한 방식은 '민첩하다'는 뜻을 가진 애자일의 이름에 걸맞게 신속한 작업이 이뤄질 수 있도록 해준다.

오늘날 애자일 방식은 소프트웨어 개발 영역을 넘어 다양한 분야에서 활용되고 있다. 건설 기계를 만드는 기업의 장비 개발에서부터 심지어는 FBI의 범죄 수사 데이터베이스인 '센티넬(Sentinel)'의 개발에 이르기까지 광범위하게 활용되고 있다.[14] 국내에서는 신한금융그룹과 KB금융그룹 등에서 애자일 조직을 도입하고 있는 중이다.[15]

NBT는 처음부터 '애자일' 방식을 적극적으로 도입했다. 애자일 중에서도 '칸반' 방식을 활용했다. '간판' 또는 '게시판'을 의미하는 '칸반'은 업무 전체의 진행 상황을 '칸반 보드'에 시각화하여 진행하는 방법이다. 일을 작은 조각으로 나누고, 이를 카드에 기입한 후 보드에 붙여 누구든 업무의 진행 상황을 파악할 수 있게 한다. 또한 현재 진행하고 있는 업무의 개수를 제한해 작업 시간을 가능한 한 짧고 예측 가능하게 만들었다.[16] NBT의 구성원은 매일 아침 칸반 보드 앞에서 스탠드업 미팅을 하면서 업무 상황을 공유하며 피드백을 나눴다. 그들은 이런 방식을 통해 지속적으로 유저들의 니즈를 빠른 속도로 충족시킬 수 있었으며, 어전히 리워드 앱 분야 1위 자리를 고수하고 있다.

물론 애자일 방식이 모든 상황에 적용되는 만병통치약은 아니다. 하버드비즈니스리뷰는 애자일 방식이 공장 관리나 구매, 회계처럼 반복적인 운영 부문에선 성과가 적다고 밝힌 바 있다.[17] 중요한 건 변화에 적응하는 '방식'이 아니라 변화에 적응할 수 있는 '유연성' 그 자체이다. 유언성은 의사 결정 구조를 단순화시키고 조직의 기능을 통합해 속도를 높이는 방향으로 발휘되어야 한다.

이제 임원은 자신이 이끄는 조직이 '조직도'라는 그림에 표시된 도형에 불과한 건지, 정말 유기적으로 기능하고 있는지 점검해 봐야 한다. 존재하기 위해 존재하는 형식적인 조직은 협업을 방해하고 변화의 속도만 늦출 뿐이다. 또한 조직 내에서 의사 결정이 신속하게 이뤄지고 있는지도 살펴봐야 한다. 빠르게 변하는 지금, 조직의 운명을 결정짓는 건 유기적인 협조 체제와 신속한 의사 결정 속도이다.

가족, 새로운 삶을 위한 베이스캠프

실적 악화를 만회해 보고자 고군분투하고 있던 이 전무에게 한 통의 전화가 걸려왔다. 경영 전략실의 박 상무였다.

"형님, 잘 지내시죠? 내일 저녁에 시간 되시면 오랜만에 식사나 하시죠."

본부장인 자신을 '형님'으로 부르는 후배의 목소리에는 거침이 없었다. 작년까지만 해도 자기에게 지시를 받던 '후배 박 상무'는 더 이상 존재하지 않았다. 그는 영업 본부의 차기 본부장으로 전화한 게 분명했다.

그의 제안을 거부할 수 없음을 직감한 이 전무는 박 상무와 마주 앉았다. 떠도는 소문은 사실이었다. 박 상무는 자기를 중심으로 영업 본부를 대대적으로 개편한다는 게 CEO의 뜻이라고 밝혔다.

다음 날 이 전무는 회사로 향하는 대신 아들이 군복무를 하고 있는 강원도로 향했다. 그의 생애 첫 일탈이었다.

아들의 부대 근처 여관에 짐을 푼 이 전무는 오랜만에 푹 쉬기로 했다. 지금까지 누려 보지 못한 여유로움을 만끽하나 싶었는데 머릿속에 온갖 후회가 밀려왔다. 왜 지금까지 가족과의 오붓한 시간을 가지지 못했을까? 이렇게 허무하게 끝나버리고 말 회사 생활인 줄 알았다면 진작 가족을 돌아봤을 텐데……. 아들은 갑자기 찾아온 아버지를 어떻게 생각할까? 여러 가지 후회가 이 전무의 가슴을 후벼 파고 있었다.

외박을 나온 아들과 시내에 있는 고깃집에서 단둘이 마주 앉은 이 전무. 한참 동안 고기만 굽던 그는 무겁게 입을 열었다.

"동철아, 아버지가 말이다. 이제 회사를……"

더 이상 말이 나오지 않았다. 목이 자꾸 메어 왔다. 부자 사이에는 어색한 침묵만 흘렀다. 이 전무는 아들과 단 둘이서 마주보고 앉은 게 이번이 처음이라는 사실을 깨달았다. 할 말은 많았지만 입이 떨어지지 않았고 식사도 제대로 할 수 없었다. 그는 아들에게 몸조심하라는 당부만 남긴 채 서울로 돌아왔다.

며칠 뒤 이 전무에게 한 통의 편지가 도착했다.

아버지께.

아버지께서 오신 날 "그동안 정말 보고 많으셨어요." 라는 그 한마디가 왜 그렇게 하기 힘들던지... 부대로 돌아오는 길에 계속 가슴이 아팠습니다.

저 사실 지금까지 아버지한테 서운한 마음이 컸어요. 어릴 때부터 아버지와 함께 놀면서 같이 있고 싶었지만 아버지께선 늘 회사에 계셨으니까요. 학교를 다닐 때에도 항상 늦게 들어오시는 바람에 하고 싶은 말이 있어도 꾹 참아야 했던 기억이 납니다. 그래서 어느 순간부터는 아버지와 대화하는 것 자체를 포기해 버렸어요.

하지만 그건 절대 아버지가 싫어서 그랬던 건 아니에요. 아버지를 사랑하고 보고 싶었지만 나보다 회사를 더 사랑하시는 듯한 모습에 화가 났을 뿐입니다.

아버지, 늘 그리웠고 보고 싶었어요. "아빠"라고 몇 번 불러보지도 못했는데, 어느새 저도 '아빠'를 "아버지"라 불러야 하는 어른이 됐네요.

어른이 되고 나서야 '가족을 등지고 나가셔야 했던 아버지께서도 얼마나 힘드셨을까' 하는 생각을 합니다. 비록 청춘을 바치셨던 회사에서 이제 물러나실지도 모르지만 저는 아버지가 정말 자랑스러워요. 아버지께서 어느 곳에 계시든 저는 아버지를 존경하고 사랑할 겁니다.

아버지의 새로운 출발을 축하드리며

아들 이동철 올림

아들이 손으로 꾹꾹 눌러 쓴 편지 위로 이 전무의 눈물이 뚝 뚝 떨어지고 있었다.

몇 년 전 직장 동료의 아버님께서 돌아가셔서 장례식장에 간 적이 있었다. 꽤 친했던 친구라 빈소에서 마지막까지 함께 있었다. 아버님께서 누우신 관이 장지로 향하기 위해 밖으로 나온 순간 유족들은 또 한 번 오열했다.

나는 그 모습을 차마 지켜볼 수 없어 고개를 돌렸는데, 구석에서 남몰래 눈물을 닦고 있는 한 친구를 발견했다. 초등학교 때 아버지를 잃은 친구였다. 20년이 지났어도 그때의 아픔이 되살아나 슬퍼하는 친구를 보며 아버지의 자리가 얼마나 큰지 새삼 느낄 수 있었다.

자식에게 아버지라는 존재가 이렇게 크지만 정작 우리들이 아버지를 가까이에서 느낄 기회는 별로 없었다. 직장, 일터, 사업, 회사……. 이런 것들에 우리들의 아버지를 양보하면서 살아야 했기 때문이다.

나 또한 아버지와 함께했던 기억이 별로 없는데, 내 주위의 친구들도 사정은 크게 다르지 않았다. 어른이 되어갈수록 서글퍼지는 건 나도 아버지처럼 가정에서 점점 소외되고 있음을 느낄 때이다. 나에겐 지금도 분명히 기억나는 일이 있다.

회사에서 새로운 프로젝트를 진행하느라 몇 달 동안 야근을 하던 때가 있었다. 회사와 집의 거리도 멀어서 일이 늦게 끝나는 날이면 회사 옆 찜질방에서 자곤 했다. 그러던 어느 날 야근을 마치고 팀원들과 함께 약간의 반주를 곁들이고 나니 시간이 애매해졌다. 벌써 일주일째 집에 못 들어갔지만 회사 근처에 있어야 마음이 놓일 것 같아 집으로 가는 대신 찜질방으로 향했다. 하루를 열심히 살았다는 흡족한 마음으로 눈을 붙이려는 순간, 아내로부터 한 통의 문자가 왔다.

애들이 아빠 죽었냐고 물어보더라. 왜 집에 안 들어오냐고.

그날 밤, 나는 지금까지 내가 삶의 우선순위를 완전히 착각하며 살고 있었다는 사실을 깨달았다. 순간 나도 아버지처럼 되는 건가 하는 두려움이 밀려왔다. 딸들에게서 멀어지는 모습은 상상도 하기 싫었다. 나는 삶의 우선순위를 되찾으리라 결심했다.

이런 경험은 누구나 한 번은 겪었을지도 모르는 일이다. 그래서 '일과 삶의 균형'이 강조되고 있는 게 아닐까? 일을 핑계로, 또는 다른 핑계로 가정을 멀리하다 보면 우리 삶을 지탱하고 있는 근본적인 관계에서 멀어지게 된다. 가정은 사람에게 제일 소중한 관계라 할 수 있는 자녀와 부모, 그리고 배우자가 있는 베이스캠프와 같기 때문이다.

에베레스트와 같이 높은 산을 등정할 때는 베이스캠프가 매우 중요하다. 해발 수천 미터 이상의 높은 산에서는 두통과 피로, 어지럼증을 일으키는 고소가 발생한다. 이런 고소를 극복하고 정상에 오르기 위해서는 베이스캠프를 기점으로 일정한 지점까지 등정한 후 다시 베이스캠프로 복귀하고 다음 날 조금 더 높이 등반하고 베이스캠프로 복귀하는 과정을 수차례 반복해야 한다. 우리도 가족이라는 베이스캠프로 돌아와 재충전을 해야 어제보다 높은 곳에 도달할 수 있다. 일 때문에 가족을 등한시한다는 건 삶의 베이스캠프를 걷어차 버리는 것과 같다.

이 책을 쓰는 나도 가족으로부터 큰 힘을 얻고 있다. 초등학교에 다니는 아이들은 누가 시키기도 않았는데 책을 쓰는 아빠를 위해 밤

마다 기도를 해주고 있다. 책을 쓰고 싶어 견딜 수가 없어서 멀쩡히 잘 다니던 회사를 그만두고 나올 때 격려를 해준 유일한 사람은 바로 아내였다. "이 녀석아 이제 철 좀 들어라." 하시면서도 가장 걱정해 주는 건 아버지이다. 어머니의 새벽 기도 역시 나에게 보이지 않는 힘을 주고 있음을 느낀다.

이처럼 가족은 더 높은 차원의 삶으로 향하게 해주는 베이스캠프이자 '힘의 원천'이다. 가족에 대한 내용을 임원 부분에 쓴 이유가 바로 여기에 있다. 나는 회사를 그만두고 나서 교육 사업을 시작했는데, 우연치 않게 나처럼 퇴사를 한 중장년층의 새로운 출발을 도와주는 일도 하게 되었다. 몇 년에 걸쳐 그 일을 하다 보니 한 가지 중요한 사실을 발견할 수 있었다. 그것은 바로 회사라는 울타리를 벗어나 성공적으로 인생 2막을 시작하는 이들의 뒤에는 어김없이 그를 지지하고 응원해 주는 '가족'이 있었다는 사실이다. 가족과의 원만한 관계가 그들에게 자신감과 안정감을 심어 주고 그 덕분에 그들은 한층 여유롭게 새로운 일을 시작하게 된다.

반면 그동안 가족을 등한시했던 이들은 자괴감을 느끼거나 불안함에 빠지게 된다. 퇴직을 하고 난 이후에야 비로소 자신이 가족에게 그저 '돈 버는 기계'에 불과했다는 사실을 깨닫게 되는 것이다. 뿐만 아니라 그동안 가족과의 소통이 없었던 탓에 배우자나 자녀들이 가정으로 돌아온 자신을 낯설어하는 현실도 느끼게 된다. 그들은 이런 어색함과 자괴감에서 벗어나고자 삶의 여유를 즐길 틈도 없이 새로운 출발을 서두른다. 그러다 결국 신통치 않은 성과를 거두게 되는 경우를 나는 여러 번 목격할 수 있었다.

이제 이 전무님도 새로운 출발을 앞두고 있다. 그와 더불어 새로운 출발을 함께해 줄 파트너는 누가 있을까? 함께 일하던 직장 동료들일까? 아니면 오랜 시간 알고 지내던 친구들일까?

안타깝게도 회사를 벗어나는 순간 그 누구도 당신을 우러러보지 않는다. 변함없이 당신을 응원해 주고 지지해 주는 건 오직 '가족'뿐이다.

변화 주도형 리더가 되기 위한
'임원 10계명'

조직의 변화를 위해 리더인 임원이 해야 하는 역할에 대해 잘 살펴 보셨나요? 지금까지의 내용을 바탕으로 조직 변화를 위해 임원이 지켜야 할 10가지 계명을 만들어 보았습니다. 이 10계명을 통해 시대에 뒤처지는 리더에서 변화를 선도하는 리더로 거듭나시길 진심으로 기원합니다.

1. 이제 자아 도취 리더십에서 벗어납시다!

더 이상 과거의 방식이 통하지 않는 시대가 왔습니다. 따라서 구성원에게 예전에 했던 방식을 답습하도록 강요하는 건 시장에서 외면받는 지름길입니다. 과거에 자신을 성공으로 이끌었던 방식에서 과감히 벗어나야 새로운 성공을 맛볼 수 있습니다. 한마디로 자아 도취 리더십에서 벗어나야 합니다.

2. 성과의 주체가 바뀌었다는 사실을 잊지 마십시오.

기업의 성과를 창출하는 주체는 임원이 아니라 고객과 가장 가까이에 있는 실무자들입니다. 그들이 전하는 살아 있는 현장의 소리를 들어야 합니다. 이제 리더가 해야 할 가장 중요한 일은 그들이 신나게 일할 수 있는 장을 마련해 주는 것입니다.

3. '의전'에 집착하지 말고 권위를 내려놓읍시다.

세계적인 기업의 수장들은 모두 의전 따위에 집착하지 않음으로써 구성원에게 다가갈 수 있었습니다. 구성원과 리더의 거리가 가까울수록 조직은 살아나기 시작합니다. 의전이 만들어내는 권위주의는 구성원과의 거리를 멀어지게 할 뿐만 아니라 구성원이 자기 의견을 표출하는 기회를 포기하도록 만듭니다. 쓸데없는 의전을 걷어 내는 것만으로도 조직은 살아나기 시작합니다.

4. 갑질을 버리고 구성원이 '일'이라는 본질에 집중하게 합시다.

임원의 '시중꾼' 역할을 하기 위해 회사에 오는 사람은 아무도 없습니다. 그런 사람을 만들어서도 안 됩니다. 구성원이 상사라는 '개인'에게 충성하는 순간부터 그 조직은 '일'이라는 본질에서 멀어지게 됩니다. 구성원이 리더인 당신을 위해 일하게 하지 말고 일이라는 본질에 집중하게 해주세요.

5. 주말 워크숍과 산행은 이제 그만!

이제 개인의 삶과 직장인의 삶은 엄격하게 구별되어야 하는 시대가 왔습니다. 더 이상 구성원을 주말에 불러내지 마세요. 그들에게도 개인적인 삶이 있습니다. 특히 주 52시간 근로 시대가 도래한 지금, 주말 워크숍도 근무 시간에 포함되는 거 아시죠? 조직을 위해 정말로 워크숍이 필요하면 평일에 하는 워크숍을 추천합니다.

6. 부하 직원들이 스스럼없이 말할 수 있도록 해야 합니다.

혹시 임원이 주제하는 회의가 부하 직원들에겐 지옥과 같은 시간이 아닌가요? 리더의 지나친 권위주의적 태도는 부하 직원들이 창의적인 의견을 낼 수 있는 기회를 빼앗아 갑니다. 수평적인 조직이란 결국 윗사람이 아랫사람의 의견에 귀 기울이는 조직입니다. 이를 위해서는 누구나 스스럼없이 말할 수 있는 분위기가 조성되어야 합니다.

7. 지시와 통제가 아닌, 참여와 공감을 유도해야 합니다.

이제 세상은 '탈권위주의'를 향해 흘러가고 있습니다. 구성원은 '합리성을 결여한 권위적인 태도'에 저항하기 시작했습니다. 이제 구성원에게 강요하기보다는 참여와 공감을 불러일으키도록 노력해야 합니다.

8. 각 조직들이 유기적으로 협조하도록 해야 합니다.

우리 조직은 쓸데없이 나뉘져 있지 않은가요? 기능별로 세분화된 조직은 협업을 방해하고 혁신의 속도를 늦출 뿐입니다. 유연하고 유기적인 협조가 이뤄질 수 있도록 조직을 최소화하고 의사 결정 구조도 단순화해야 합니다.

9. 가족의 응원과 지지를 얻도록 노력합시다.

우리는 언젠간 회사를 떠나야 합니다. 그게 직장인의 숙명입니다. 직장을 떠나 새로운 인생을 시작할 때 나를 지지해 주고 응원해 줄 사람들은 '가족' 외에는 없습니다. 가족은 새로운 출발을 위한 베이스캠프와 같습니다. 또한 자신의 가정생활을 소중히 여기는 리더가 부하 직원들의 가정생활도 존중할 수 있습니다.

10. 조직 전체의 변화를 위해 다음의 Step 3를 꼭 읽으세요!

개인 차원을 넘어 조직 전체의 변화를 원하시나요? 리더는 마땅히 조직 전체의 변화를 이끌어가야 합니다. 다음에 이어질 '강요에서 존중으로 가기 위한 5가지 방법'에는 그러한 변화를 위해 구성원들의 참여를 이끌어 낼 수 있는 비밀이 담겨져 있습니다. 그 5가지 방법을 실천함으로써 초일류 조직으로 변화시키는 리더가 되시길 바랍니다.

강요에서 존중으로 가기 위한 5가지 방법

강요하는 조직에서 존중하는 조직으로 변화하기 위해서
우리는 무엇을 바꿔야 할까?
강압적인 조직문화는 일회성 행사로는 결코 변하지 않는다. 그런 조직문화를
형성한 근본 원인을 찾아 이를 제거해야 변화가 나타나기 시작한다.
지금부터는 우리를 답답하게 만들었던 5가지 강압적 요소를 찾아 새로운 변화
의 방향을 제시하고자 한다.

회식/야근/직장 내 성희롱/리더십/팀워크

우리를 괴롭게 했던 이 5가지 요소는 이제 어떤 방향으로 변화되어야 하는가?
Step3에서는 변화의 방향과 변화를 위한 구체적인 방법을 소개한다.

들어가기 전에: 왜 '직원존중'인가?

　지금까지 우리는 강압적인 조직문화 속에서 살아남기 위한 방법과 함께 이런 조직문화를 변화시킬 수 있는 리더의 역할에 대해 살펴보았다. 하지만 이 모든 것들은 어디까지나 개인 차원의 노력일 뿐 조직 전체의 노력은 아니다. 조직문화는 결코 개인의 노력만으로는 변하지 않는다. 조직 구성원 전체의 참여와 노력 그리고 제도적인 변화가 뒷받침되어야 달라지기 시작한다.

　Step 3에서는 '강요'하는 조직문화에서 '존중'하는 조직문화로 나아가기 위해 구성원 전체가 참여할 수 있는 방법에 대해 살펴보고자 한다.

　또한 구체적으로 어떤 것들을 변화시켜야 하는지에 대해서도 살펴볼 것이다. 이번 3단계에서는 지금까지 우리를 괴롭게 했던 5가지의 강압적 요소를 다루는데, 그 5가지 요소란 회식과 야근, 직장 내 성희롱, 리더십과 팀워크이다.

　누군가는 어제 부장님 때문에 밤늦게까지 회식을 해야만 했을 것이다. 계속되는 야근에 '번 아웃(Burn Out)' 상태일 가능성도 크다. 만약 당신이 여성이라면 상사나 동료의 계속적인 성희롱에 시달리고 있으면서도 아무런 말을 하지 못하고 있을 수도 있다. 신입사원일 경우 강압적인 조직문화와 리더십 때문에 이직을 고려하고 있을지도 모른다. 무엇보다 맹목적인 충성이나 팀워크를 강조하며 개인의 희생을 강요하는 조직문화 때문에 스트레스를 받고 있을 것이다.

이런 모습은 결코 개인의 노력만으로는 변화시킬 수가 없다. 조직 구성원 전체가 힘을 모아야 한다. 힘을 모아야 하는 방향은 바로 '존중'이다. 회식을 강요하는 대신 존중과 신뢰를 바탕으로 관계의 질을 높이고 언제든 툭 터놓고 얘기할 수 있는 분위기를 만들어야 한다. 야근을 줄이기 위해서는 각자의 일하는 방식과 실력을 존중하여 효율적으로 일할 필요가 있다. 직장 내 성희롱 문제에 있어서도 여성에 대한 존중과 배려라는 관점으로 접근해야 한다. 리더십의 방향 역시 '강요'에서 벗어나 '존중'으로 발전해 나가야 할 때가 왔다. 무엇보다 서로의 '다름'을 존중하여 각자가 가진 잠재력이 폭발할 수 있는 시너지, 즉 팀워크를 형성해야 한다.

이러한 일을 시작하기 전에 우리는 중요한 의문을 가져볼 필요가 있다. 과연 이런 노력이 기업의 재무적 성과에 영향을 미치는가 하는 의문 말이다. 표면적으로 봤을 때 기업이 자신의 구성원을 존중하는 것은 재무적인 요소와는 거리가 먼 비재무적 요소로 기업 경영에 큰 영향을 미치지 못하는 것처럼 보인다.

　하지만 전 세계적으로 기업의 비재무적 정보에 대한 관심이 갈수록 커지고 있다. 비재무적 정보란 일반적으로 환경(Environmental), 사회(Social), 지배 구조(Governance)와 관련된 정보를 말하며 줄여서 ESG 정보라고도 한다. 이제 투자자들은 기업의 재무 상태만 보고 투자를 하지 않고 비재무적 정보도 함께 고려하기 시작했다. 비재무적 정보가 기업의 지속 가능성에 큰 영향을 미친다는 사실을 간파했기 때문이다.

　특히 유럽 연합(EU)에서는 회계 지침을 통해 ESG 정보를 매년 사업 보고서에 공시하도록 하고 있다.[1] 미국에서도 비재무적 성과 지표가 기업 평가에서 중요한 역할을 차지하고 있다. 미국의 다우존스 역시 1999년부터 재무 성과뿐 아니라 사회적, 환경적 성과를 종합 평가한 '다우존스 지속 가능 경영 지수(DJSI)'를 만들어 발표하고 있다.[2] 국내에서도 2016년 기준 209개의 기업이 비재무적 성과를 담은 지속 가능 경영 보고서를 발간하였다.[3]

　이와 같은 비재무적 성과에서 중요하게 여겨지는 것 중의 하나가 바로 기업이 자신의 구성원을 어떻게 대하고 있는가의 문제이다. 예를 들어 직원의 건강 및 일과 삶의 균형에 대한 회사의 목표가 얼마나 달성되었는가를 평가하는 식이다.

국내 기업은 이러한 부분에 있어서 상당히 취약한 것으로 보인다. 2017년 한국생산성본부가 국내 기업을 대상으로 '다우존스 지속 가능 경영 지수(DJSI)'를 평가한 결과 직원의 '인권' 부문에서 가장 낮은 점수가 나타났기 때문이다.[4] 이러한 결과는 우리 기업이 앞으로 어떤 노력을 기울여야 하는지 분명하게 말해 준다.

이처럼 조직이 구성원을 어떻게 대하는지는 기업의 지속적인 성장에 상당한 영향을 미친다. 다시 한번 강조하지만 강요당하는 직원은 시장이 원하는 혁신을 이뤄낼 수가 없다. 이제 기업은 강요하는 대신 구성원을 존중함으로써 혁신적인 성과를 창출해야 한다.

그럼 지금부터 존중하는 기업을 만들기 위해 우리 모두가 동참할 수 있는 5가지 방법에 대해 살펴보기로 하자.

강요에서 존중으로 가기 위한
첫 번째 방법

1. 회식: 술이 아닌 '관계'라는 본질에 집중할 때 조직은 살아난다. 🔍

시간이 흘러도 변하지 않는 한국의 강압적인 회식 문화!
회식을 한다고 해서 조직의 분위기가 되살아날까?
이제 강압적인 회식으로 분위기를 살리던 시대는 지나가 버렸다!
리더는 회식이 주는 '착시 효과'에서 벗어나 존중과 신뢰를 바탕으로
구성원과의 관계의 질을 높여 나가야 한다.

회식의 착시 효과

"일터와 회식 자리가 영 딴판이었어요. 사무실은 고요하고 재미없는 곳이라면 술자리는 시끌벅적하고 유쾌했습니다. 놀라운 부조화랄까요. 양복 입고 일하다 훌훌 벗고 수영장으로 뛰어든 것 같았습니다."[5]

워싱턴포스트에서 기자로 일하다가 현대자동차에서 글로벌 홍보를 맡아 3년 넘게 일했던 프랭크 에이렌스 상무. 현대자동차에서 '푸상무'라 불렸던 그는 한국에서 뭐가 가장 충격적이었냐는 기자의 질문에 위와 같이 답했다.

그의 말처럼 우리의 회식 자리는 근엄하고 딱딱하기만 한 사무실의 긴장감이 해제되는 자리이다. 술에 취해서 한 말과 행동에 대해서는 유난히 관대한 우리나라 특유의 정서 덕분에 회식은 일종의 '해방구' 역할을 해왔다. 사람들은 회식 자리에 가서 코가 삐뚤어질 정도로 마신 다음에야 비로소 마음속 깊은 곳에 담아 두었던 말을 꺼낼 수 있었다.

이렇게 툭 터놓고 말할 수 있는 장을 마련한다는 건 우리만이 가지고 있는 화합의 문화라 자랑할 만하다. 푸 상무 역시 회식과 음주를 통해 서로의 우의를 다지고 팀워크와 생산성을 높일 수 있다는 걸 인정했다. 하지만 회식에는 그런 순기능만 있는 걸까?

사실 푸 상무가 우리의 회식 문화에 적응하기까지는 상당한 시간이 걸렸다. 그는 환영 회식에 아내를 데려갔다가 동료들의 눈총을 사는가 하면 회식이 밤늦게까지 이어지자 집에 보내 달라고 애원하기도 했다. 술을 즐기지 않던 그는 폭탄주를 강권하는 것에도 적응하기 힘들었다고 한다. 이처럼 회식이 배려 없이 강압적으로 진행되면 소통의 장이 아닌, 고통의 장이 되어 버리고 만다.

나 역시 사회 초년생 시절 여러 가지 사정으로 술을 마시지 않는 '비주류'로 지낸 적이 있었다. 그 기간 동안 나는 주위 사람들로부터 상당한 눈총을 받아야만 했다. 덕분에 나는 우리나라엔 술을 받아 마셔야 하는 의무만 존재할 뿐, 이를 거절할 권리나 자유는 인정되지 않는다는 걸 깨달았다. 심지어 이런 의무를 성실하게 이행하지 않으면 사회생활에 대한 열정이 약한 것으로 간주된다는 사실 역시 뼈저리게 느낄 수 있었다.

이런 강압적인 회식 문화로 인해 직장인에게 회식은 늘 불만의 대상이었다. 2007년 취업포탈 커리어가 직장인 1,120명을 대상으로 실시한 설문 조사에서 70% 이상이 회식 때문에 스트레스를 받는다고 밝혔다. 참석을 강제하고 폭탄주 등을 강권하기 때문이었다.[6] 그로부터 10여 년이 지난 2016년에는 잡코리아가 직장인 456명을 대상으로 설문 조사를 실시했다. 이번에는 60%가 넘는 사람들이 회식으로 인해 스트레스를 받는다고 했다. 아무런 예고도 없이 회식이 잡히는가 하면 억지로 술을 마셔야 하며 상사의 비위를 맞춰야 하기 때문이라고 답변하였다.[7]

이처럼 회식에 대한 직장인의 불만은 시간이 흘러도 변한 게 없다. 이는 우리의 회식 문화가 전혀 개선되지 않았다는 말과 같다. 회식에 대한 불만을 야기하는 주체 역시 동일했는데, 바로 '상사'이다. 갑자기 회식 일정을 잡고 술을 강권하는 주체는 다름 아닌 우리들의 '상사'였던 것이다.

한편 10여 년의 간격을 두고 행해진 위의 설문 결과를 보면서 나는 웃음이 나왔다. 2007년 당시에 회식으로 인해 스트레스를 받는다고 응답한 사람들은 분명 10년이라는 시간이 흐르면서 보다 높은 지위로 올라갔을 게 분명하다. 참석을 강요하고 술을 강권하던 상사 때문에 치를 떨었던 이 사람들은 자기들이 상사가 되고 나서 어떻게 변했을까? 그 답은 2016년의 설문 조사 결과가 말해 준다. 10년이 흘렀음에도 술을 강요하는 회식은 여전했다.

이를 통해 우리는 술을 강요하는 상사 때문에 힘들어하던 사람도 세월이 흘러 자신이 상사가 되자 똑같이 술을 강요했을 거라는 사실을 유추해 볼 수 있다. 이쯤 되면 술을 강요하는 증세는 상사가 되면 저절로 나타나는 '상사병(上司病)'이라 해도 과언이 아니다.

회식의 착시 효과에 빠진 상사들

그렇다면 상사들은 왜 부하 직원들에게 술을 강요할까? 그것은 회식이 주는 '착시 효과' 때문이다. 앞서 푸 상무의 이야기처럼 우리의 일터에는 긴장감이 감돈다. 잠시도 안심할 겨를이 없다. 그러나 술은 그런 긴장감을 일시적으로나마 해소시켜 분위기를 들뜨게 만든다. 상사의 입장에선 이런 분위기가 반가울 뿐이다. 드디어 평소에 마음속에 담아 두었던 말을 꺼낼 기회가 온 것이다.

하지만 이런 생각이야말로 회식이 주는 착시 효과이다. 회식의 분위기가 아무리 즐겁고 유쾌해도 술의 힘을 빌려 터놓고 얘기할 수 있는 자유를 누릴 수 있는 건 오직 상사뿐이기 때문이다. 정작 부하 직원들에겐 그런 자유가 제한된다. 부하 직원들에겐 회식 자리에서도 상사의 잔소리와 넋두리를 들어야 할 의무만 존재할 뿐이다.

설령 부하 직원에게도 속 시원하게 평소의 불만을 털어놓을 수 있는 자유가 허용되더라도 그 말을 한 이후의 '안전'은 결코 보장되지 않는다. 말하는 사람의 입장에선 터놓고 얘기하지만 듣는 사람인 상사의 입장에선 아무리 술에 취했어도 마음에 불편함이 남는 법이다. 그래서 그 말을 했던 부하 직원은 언젠가 그 대가를 치러야만 한다. 이런 현실을 아는 사람은 아무리 회식 자리라 할지라도 섣불리 말하지 않는다.

그러므로 회식은 상사에겐 착시 효과가 주는 만족감에 취해 있는 시간이지만, 부하 직원에겐 상사의 넋두리나 들어야 하는 비생산적인 시간으로 전락하고 말았다.

이런 착시 효과에서 벗어나는 길은 없을까? 다행히 최근에는 장기간 이어지는 불황과 미투 운동의 여파로 인해 회식이 현저하게 줄어들었다. 하지만 나는 이것이 일시적인 현상에 불과하다고 생각한다. 과거 IMF 직후에도 지금처럼 기업이 회식을 줄이거나 아예 하지 않던 때가 있었다. 그러다가 코스닥 시장의 활황 등으로 경기가 되살아나자 언제 그랬냐는 듯 유흥 문화가 다시 살아나기 시작했다.

우리가 별다른 노력을 기울이지 않는다면 이런 패턴은 계속 반복될 게 뻔하다. 몇 년 뒤 다시 경기가 회복되거나 미투 운동이 잊힐 때쯤이면 과거와 같은 음주 문화가 되살아날 가능성이 크다. 따라서 회식이 현저히 줄어든 지금이 바로 강압적 음주 문화를 끊어버릴 수 있는 '골든 타임'이다.

술이 아닌 '관계'에 집중할 때 조직은 살아나기 시작한다.

그럼 어떻게 해야 강압적 회식 문화를 바꿀 수 있을까? 앞서 김 부장을 통해 리더가 반드시 지켜야 할 회식 리더십 등에 대해 살펴보았다. 하지만 그건 리더 개인 차원에서 지켜야 할 가이드라인일 뿐 보다 근본적인 해결책이 필요하다. 그것은 바로 조직 구성원 사이의 '관계'에 집중하는 문화를 만드는 것이다.

우리가 직장 생활을 하면서 술에 집착하는 이유는 상대방과 더욱 깊은 관계를 맺고자 하는 갈망 때문이다. 아무리 큰 조직이라도 기본적으로는 사람과 사람 사이의 관계가 뼈대가 된다는 사실을 잊어선 안 된다. 나아가 우리 사회에서 '관계'란 일의 승패와 향방을 결정짓는 중요한 요소로 작용하므로 우리는 술을 통해서라도 관계를 맺고자 한다.

그러므로 조직의 리더는 회식을 통해 구성원 간의 관계가 좋아져 팀워크가 향상되기를 원하고, 영업을 하는 이들은 접대를 통해 고객과의 관계를 잘 형성해 보다 높은 실적을 올리기를 기대한다. 이렇듯 우리가 술잔을 드는 목적은 어디까지나 '관계 형성'에 있다.

그렇지만 관계 형성이라는 원래의 목적은 사라져 버리고 어느새 술자리 그 자체가 목적이 되기 시작했다. 리더들은 술자리를 가지기만 하면 저절로 관계가 돈독해지는 줄 아는 착시 현상에 빠져 버리고 말았다. 그러니 구성원까지 술이라는 늪에 빠뜨리고자 하는 것이다. 이제 우리는 술이 아닌 '관계'라는 본질로 돌아와야 한다.

하지만 술 없이도 원활한 관계를 형성해 나갈 수 있을까? 나는 몇 년에 걸친 실험과 관찰을 통해 그 일이 충분히 가능하다는 걸 깨달았다.

자동차 회사에서 노사관계를 담당했던 나는 잦은 술자리 때문에 무척이나 괴로웠다. 노사관계 담당자에게 술자리는 피할 수 없는 숙명이었다. 첨예하게 대립하는 노와 사의 갈등과 오해는 많은 경우 술자리를 통해 풀어졌기 때문이다. 노사관계 외에도 나는 고용노동부나 검찰, 경찰 등 여러 기관과 협력적 관계를 맺어 나가는 일도 담당했는데 이 일에도 술자리는 필수였다.

그럼에도 나는 종교적인 이유와 술꾼 아버지에게 평생을 시달린 어머니의 간곡한 부탁으로 입사하고 5년이 지나도록 술자리에 참석만 한 채 술은 입에도 대지 않았다.

그러나 시간이 흐를수록 주변의 압박으로 나의 결심도 흔들리기 시작했다. 결국 술을 마시게 됐지만 몇 년 후 나는 흥미로운 사실을 발견했다. 그것은 바로 직장 생활이나 개인적인 삶에 있어서 의지할 수 있고 도움이 되었던 관계는 술을 마실 때가 아닌 술을 마시기 전에 형성되었다는 사실이다. 예를 들면, 업무상 만난 노동조합 간부 중에서 업무적인 관계를 넘어 나의 멘토가 되어 주신 분이 있었는데 그와 나는 내가 술을 마시지 않을 때 만난 사이였다.

반면 술을 마시고 나서부터는 밤 늦도록 술잔을 기울여도 그 관계가 깊이 발전하지 못하는 일이 종종 벌어졌다. 소통을 위해 술잔을 들었건만 오히려 결과는 나아지지 않는 이 상황을 이상하게 여긴 나는 몇 년에 걸쳐 원인을 파악하고자 노력했다. 그 결과 명쾌한 답을 찾을 수 있었다. 술을 마시지 않을 때의 나는 술을 마시지 않고도 돈독한 관계를 유지하기 위해 여러 가지 노력을 기울였지만 술을 마시고 난 이후부터는 그런 노력을 소홀히 했던 것이다. 나는 열 번의 술자리보다 진심 어린 대화와 배려가 관계 형성에 훨씬 도움이 된다는 사실을 깨닫게 됐다.

이렇게 깨달은 관계 형성의 원리를 나는 즉시 업무에 적용하기 시작했다. 그 결과 술자리에 크게 의존하지 않고서도 강성으로 소문난 자동차 회사의 노동조합을 상대로 까다로운 협의를 무사히 성사시키고, 회사 내에서 발생하는 각종 노사관계 이슈도 원만하게 처리할 수 있었다. 이처럼 '술'이 아닌 '관계'라는 본질에 집중했을 때 비로소 나는 회사의 주변인에서 업무의 주역으로 도약할 수 있었다.

물론 이건 개인 차원에서의 경험이므로 조직 차원에서는 다른 노력이 필요할지도 모른다. 그러나 열정적인 조직문화를 자랑하는 회사를 들여다보면 내가 기울인 노력과 크게 다르지 않은 노력을 기울이고 있다는 걸 알 수 있다.

탁월한 기업은 구성원과 리더 사이 그리고 구성원 사이의 열린 소통이 이뤄질 수 있도록 각별한 노력을 기울인다. 그 바탕에는 서로에 대한 존중과 신뢰가 자리 잡고 있다. 이런 노력을 통해 그들은 '관계의 질'을 높여 간다.

이어지는 글에선 일류 기업의 사례를 통해 술을 강요하지 않고서도 조직의 힘을 되살릴 수 있는 방법을 소개하고자 한다.

관계의 질을 높이는 핵심 요소, '존중과 신뢰'

**행복한 가정은 모두 비슷한 이유로 행복하지만
불행한 가정은 저마다의 이유로 불행하다.**

그 유명한 '안나 카레니나'의 첫 문장이다. 그런데 비슷한 이유로 행복한 게 가정만은 아닌 것 같다. 열정적이고 혁신적인 기업문화를 자랑하며 압도적인 성과를 내고 있는 기업들 역시 대부분 비슷한 모습을 보인다.

그들은 존중과 신뢰의 기업문화를 바탕으로 구성원의 자발적 협력을 이끌어낸다는 공통점을 가지고 있다. 이들 중에서 강압적인 회식을 통해 단합을 도모하는 곳은 단 한 곳도 없었다. 대신 이 기업들은 구성원과 리더 간의 열린 소통, 구성원 간의 열린 소통을 위해 최선을 다하고 있다. 열린 소통을 통해 형성된 높은 관계의 질이 혁신적인 기업문화를 형성할 수 있게 된 원동력이다. 여기에선 이를 위해 그들이 어떤 노력을 기울였는지 구체적으로 살펴볼 것이다.

언제든 툭 터놓고 얘기할 수 있는 분위기의 조성

열린 소통을 위해서는 무엇이든지 툭 터놓고 얘기할 수 있는 분위기를 형성하는 게 가장 중요하다. 우리나라 기업들이 그토록 회식에 집착하는 이유도 바로 여기에 있다. 그러나 앞서 살펴봤던 것처럼 술을 마셔야 진솔한 얘기를 꺼낼 수 있다는 건 회식이 주는 착시 효과에 불과하다. 회식 외에도 주말 산행이나 체육 대회와 같은 '특별한 행사' 역시 더 이상 구성원의 공감대를 불러일으키지 못하고 있다. 이런 행사는 구성원이 원해서 한 게 아니라 대부분 리더가 일방적으로 추진하는 것이기 때문이다. 회사에서는 굳이 이런 행사를 하지 않더라도 언제라도 대화를 나눌 수 있는 분위기를 조성해 나가야 한다.

빅 데이터 분석을 통해 다양한 비즈니스 가치를 창출하고 있는 다음소프트는 자유롭고 수평적인 기업문화로 유명하다. 다음소프트의 송길영 부사장은 자유로운 기업문화를 위해 무엇을 했느냐는 질문에 "아무것도 하지 않았다"고 답했다. 이 말은 기업문화를 위해 아무런 노력을 기울이지 않았다는 게 아니라 회식이나 주말 산행, 체육 대회와 같이 회사에서 일방적으로 밀어붙이는 행사를 하지 않았다는 뜻이다. 송 부사장은 회사에서 아무리 선한 의도를 가지고 이런 행사를 진행하더라도 구성원의 입장에선 부담스러울 수밖에 없기 때문에 이런 행사를 하지 않는다고 밝혔다.[8]

다음소프트처럼 구성원의 부담을 덜어 주는 것만으로도 상당한 효과가 있겠지만, 열린 소통을 위해서는 보다 정교하고 세밀한 노력이 필요하다. 실리콘밸리는 물론 국내의 혁신 기업은 일터 자체를 구성원이 자유롭게 소통하고 협업할 수 있도록 설계했다.

어도비는 책상과 책상 사이의 칸막이 대신 높이가 낮은 화이트보드를 설치해서 언제든지 옆에 있는 동료와 화이트보드를 활용한 회의를 할 수 있도록 했다. 인텔과 페이스북은 CEO나 임원을 위한 별도의 사무 공간을 제공하지 않는다. 특히 페이스북의 창업자 마크 주커버그의 책상은 사무실 한가운데에 자리 잡고 있는 것으로 유명하다. 구글 역시 직원들에게 열린 공간을 제공하는데 그들은 밀집도가 너무 높아지면 프라이버시 침해 등 부정적 영향을 미칠 것을 우려해 '팔을 내밀면 어깨를 두드릴 수 있을 정도의 거리'에 책상을 배치했다. 테슬라의 엘론 머스크는 전기차를 생산하는 공장의 완성품 테스트라인 근처에서 직원들과 함께 일한다.[9] 네이버는 사옥인 그린팩토리 각 층의 입구마다 커뮤니케이션 및 공용 공간을 마련했다. 사람들이 그곳을 지나가게 함으로써 더 많은 만남과 소통이 이뤄질 수 있도록 유도하기 위해서이다.[10]

이처럼 일류 기업들은 구성원과 리더 사이에 그리고 구성원 사이에 언제든지 툭 터놓고 소통하고 대화할 수 있는 환경을 조성하기 위해 세심한 노력을 기울이고 있다. 그러나 이런 환경 자체가 열린 소통의 본질은 아니다. 국내의 어느 기업에서도 이런 환경을 제공했지만 구성원은 데스크톱 컴퓨터의 본체를 칸막이처럼 세워서 스스로 벽을 쌓아 버렸다고 한다. 이처럼 환경 조성도 중요하지만 결국엔 구성원의 마음이 열려야 진짜 소통이 가능해진다.

그렇다면 구성원의 마음을 열 수 있는 핵심 요소는 무엇일까? 바로 리더의 자세이다. 리더가 구성원의 마음을 헤아리고 먼저 다가가는 진정성을 보여야 한다. 그런 자세는 구성원을 존중하고 신뢰하는 마음에서 우러나온다. 구성원 역시 리더의 진정성이 느껴져야 리더를 신뢰하고 마음을 열기 시작한다. 이런 선순환 구조가 형성되어야 진정한 소통이 가능해진다. 즉 리더와 구성원 사이에 존중과 신뢰가 쌓여야 하는 것이다.

존중과 신뢰의 중요성

매년 세계 50개국에서 '일하기 좋은 기업'을 뜻하는 GWP(Great Work Place)를 선정하는 작업이 진행된다. 한국의 GWP 기업을 선정하는 책임을 맡고 있는 조미옥 박사는 GWP를 구성하는 세 가지 요소인 '신뢰, 자부심, 재미' 중에서 '신뢰'가 가장 중요하다고 강조한다.[11] 신뢰는 서로가 '존중'할 때 자라나기 시작하므로 구성원 간의 '관계의 질'을 높여 주는 핵심 요소이다. 관계의 질이 높아질수록 회사의 경쟁력은 살아나기 시작한다.

이처럼 존중과 신뢰는 눈에 보이지는 않지만 무형의 자산으로서 큰 가치를 지닌다. 나는 강성 노조로 유명한 자동차 회사에서 노사관계 업무를 하는 동안 조직 내에서 존중과 신뢰가 얼마나 큰 역할을 하는지 알게 됐다.

국내 대기업, 특히 제조업이 발달한 기업에서 투쟁적인 노조 활동이 발전하게 된 계기는 30여 년 전 공장을 가동하던 초창기에 생산 현장에서 일하는 노동자들을 '존중'하지 않았기 때문이었다. 당시 생산직 노동자들은 '공돌이'와 '공순이'라 불리며 갖은 멸시를 당하고 있었다. 그들은 회사 내에서도 열악한 근무 환경과 박봉에 시달려야 했다. 관리직은 생산직의 상전으로 군림하고 있었다. 그런 멸시와 천대 속에서 노동자들이 뭉치는 건 어쩌면 당연한 일이었다. 그게 바로 우리나라에서 강성 노조가 탄생하게 된 배경이다.

한편 노사 간의 극단적인 반목과 갈등은 '신뢰'의 결핍에서 오는 경우가 대부분이다. 노동조합은 회사가 뒤통수를 칠까 봐 늘 의심하고 있으며 회사 역시 노동조합이 언제 협상장을 박차고 나가 투쟁에 돌입할지 몰라 노심초사한다. 이처럼 존중과 신뢰의 결여로 세계적으로 악명 높은 노사관계가 형성돼 버렸다.

이런 모습과는 반대로 존중과 신뢰를 바탕으로 엄청난 성장을 일궈낸 사업장이 있다. 바로 '캐논코리아 안산 공장'(이하 '캐논코리아'로 표시)이다. 1986년 설립된 캐논코리아는 생산 현장에 '셀' 시스템과 '기종장(CCO: Cell Company Organization) 제도'를 도입해 엄청난 혁신을 이뤄낸 것으로 유명하다.

캐논코리아는 90년대 중반 가격 경쟁력과 생산성 악화로 존폐의 기로에 놓였다. 당시 생산을 책임지게 된 김영순 전무는 철저한 분업화를 전제로 한 기존의 컨베이어벨트 방식으로는 위기를 헤쳐 나갈 수 없다고 판단했다. 대신 하나의 셀에서 모든 공정을 책임지고 생산하는 셀 시스템을 도입하기로 결정한다. 셀 시스템은 상황에 따라 유연하게 대처할 수 있고 작업자의 전문성을 키울 수 있는 장점이 있기 때문이다.

하지만 이러한 결정은 구성원의 엄청난 반발을 불러일으켰다. 이런 경우 갈등으로 인해 회사가 걷잡을 수 없는 혼란에 빠져들게 마련이다. 그러나 김영순 전무는 직원들의 의견을 무시하고 강압적으로 셀 시스템을 도입하기보다는 소통을 통해 구성원을 설득해 나가기 시작했다. 장장 2년이 넘는 시간 동안 구성원을 설득해 나갔을 뿐만 아니라 시범 라인을 운영함으로써 구성원이 직접 셀 시스템의 효과를 확인하도록 했다. 그 결과 1998년 12월부터는 본격적으로 셀 생산 방식을 시행할 수 있었다.

셀 생산 방식이 정착되어 갈 즈음 김영순 전무는 여기서 한 걸음 더 나아가기로 결심한다. 여러 제품 중에서 하나의 기종에 대한 '생산'만 책임지는 셀 조직들에게 발주와 제조, 출하에 이르는 모든 권한을 부여하는 '기종장 제도'를 시행하기로 결심한 것이다. 이는 각 셀 조직을 하나의 회사처럼 운영하겠다는 것과 다름없었다.

이 방식은 당시 선진국에서도 시도되지 않았던 방식으로 곳곳에서 우려의 목소리가 들려왔다. 더 큰 권한을 가지게 될 현장의 구성원조차 불안해했다. 하지만 김영순 전무는 이번에도 직원들을 신뢰했다. 그는 구성원이 회사의 '진정한 주인'이 되길 바랐다.

2002년 2월 1일 드디어 제조업 생산 현장 최초로 기종장 제도가 시행됐다. 한 기종에 대한 생산 계획과 발주, 제조, 검사 등 모든 과정을 책임지는 '자기 완결형' 조직이 탄생한 것이다.

하지만 이 제도는 셀 조직 구성원의 업무량을 늘릴 뿐만 아니라 자칫하면 셀 조직에 모든 책임을 떠넘기는 결과를 낳을 수도 있었다. 이를 방지하기 위해 회사는 셀 조직들에게 책임에 걸맞은 실질적인 권한을 부여했다. 셀 조직마다 자그마치 10억 원의 결재 권한을 부여한 것이다. 국내 제조업 현장 어디에도 현장 조직에게 10억 원이라는 큰 금액의 결재 권한을 부여하지는 않는다. 그러나 김영순 전무는 10억 원을 돈이 아닌 생산을 위한 재료 중의 하나로 파악했다. 무엇보다 그는 이 조치를 통해 구성원에게 돈과 권한과 명예를 부여함으로써 스스로 일할 수 있는 자율성이 자라나길 기대했다.

이처럼 캐논코리아에서 시도된 여러 가지 혁신은 어떤 결과를 가져왔을까? 가장 눈에 띄는 건 구성원이 미친 듯이 일하기 시작했다는 점이다. 경영진의 진정성을 온 몸으로 느낀 직원들은 자발적으로 일하기 시작했다. 그 결과 기종장 제도를 도입한 이후 10여 년 동안 생산량이 19배나 늘어났다. 이 기간 동안 구성원의 숫자는 단지 2배가량 늘었을 뿐이다.[12] 이런 기록은 일반적인 제조 현장의 수치를 압도하고도 남는다. 이 모든 건 존중과 신뢰가 낳은 빛나는 성과이다.

열린 소통의 궁극적인 목표는 회사와 구성원의 '성장'이다.

마이크로소프트의 '커넥트 미팅(Connect Meeting)'
어도비의 '체크인(Check In)'
GE의 'PD(Performance Development)'

위의 제도는 글로벌 기업이 기존의 상대 평가 제도를 폐지하고 새롭게 도입한 평가 시스템의 이름이다. 이들 기업은 새로운 제품과 서비스를 만들어내는 창의력과 조직 내에서의 협업을 촉진하기 위하여 직원들의 서열을 매기는 평가 제도를 폐지하고 새로운 방식을 추진해 왔다.

여기서 우리는 단순히 서열식 평가 제도가 폐지됐다는 사실이 아닌, 새로운 평가 제도가 어떻게 운영되고 있는지에 대해 주목해야 한다. 위의 평가 제도는 세부적인 부분에서 조금씩 차이가 있긴 하지만 한 가지 공통점을 가진다. 바로 리더와 구성원이 '수시로 성과에 대한 피드백을 주고받는다'는 것이다.

기존의 평가는 1년에 단 한 번, 그것도 정해진 양식에 따라 형식적으로 진행되는 방식이라 구성원의 불만이 많았다. 반면 새로운 평가 제도는 리더와 구성원이 서로에 대한 피드백을 해줄 뿐만 아니라 목표를 함께 설정하고 그 목표를 달성하기 위해 어떤 지원이 필요한지 수시로 논의하는 방식으로 진행된다. 그러므로 리더와 구성원 사이에 충분한 대화가 이뤄져야 한다. 물론 그 대화의 목적은 서로의 '성장'이다.

이런 시스템 아래에서 리더는 더 이상 평가라는 채찍을 휘두르는 폭군이 아닌, 옆에서 성장을 도와주는 코치의 역할을 수행해야 한다. 그래서 GE는 관리자(Manager)의 역할도 새롭게 규정했다. 부하 직원에게 명령을 내리고 평가하는 존재에서 '팀원의 잠재력을 끌어내고 영감을 부여하는 존재'로 재정의한 것이다.[13] 이들은 우리가 알고 있던 '관리'라는 개념을 송두리째 바꾸려는 노력을 기울이고 있다.

한편 국내에서는 이런 평가 제도의 도입이 활발하지는 않은데, 우리 사회에서는 여전히 '타인과의 경쟁'이 중요한 가치로 인식되고 있기 때문이다. 혹시 우리가 몸담은 조직 역시 '평가'를 무기로 구성원을 압박하며 구성원끼리의 경쟁을 다그치고 있지는 않은가? 나아가 그런 일이야말로 관리자의 역할이라 믿고 있지는 않은가?

그렇다면 이제부터는 구성원의 목을 옥죄던 '관리'의 개념을 벗어던지고 '소통'의 문을 열어야 한다. 소통의 목적은 당연히 구성원과 리더 그리고 조직 전체의 '성장'이 되어야 한다.

Summary 1

직원존중 주식회사를 만들기 위한 첫 번째 방법

"관계"라는 본질에 집중할 때 조직은 살아납니다.

① 회식의 '착시 효과'에서 벗어나야 합니다.

이제 거나하게 회식을 한다고 해서 진솔한 소통이 이루어지던 시대는 지났습니다. 회식의 분위기가 좋았다고 해서 진짜 소통이 이뤄졌다고 생각해서도 안 됩니다. 그건 회식이 주는 '착시 효과'일 뿐이니까요.

② 이제 관계라는 본질에 집중합시다.

'술'이라는 매개체가 없어도 리더와 구성원 사이에 언제든지 툭 터놓고 이야기할 수 있는 열린 소통의 문화를 조성해 가야 합니다. 이를 위해서는 사무실의 구조 변화 등 환경 개선도 필요하지만 무엇보다 리더의 진정성이 중요합니다.

③ '존중과 신뢰'를 통해 관계의 질을 높여 갑시다.

열린 소통을 위한 리더의 진정성은 곧 구성원에 대한 존중과 신뢰로 나타납니다. 존중과 신뢰는 리더와 구성원 사이 그리고 구성원 사이의 관계의 질을 높여 주며 관계의 질이 높은 회사일수록 높은 성과가 나타납니다.

④ 소통은 '성장'을 위한 과정이 되어야 합니다.

회사는 친목 도모를 위한 동아리가 아니므로 '성과'를 위한 소통을 추구해야 합니다. 이를 위해서는 업무에 대한 진솔한 피드백과 목표 설정 그리고 필요한 지원 등을 허심탄회하게 나눌 수 있어야 합니다. 결국 모든 소통은 서로의 '성장'을 위한 과정이 되어야 합니다.

강요에서 존중으로 가기 위한
두 번째 방법

2. 야근: 성과는 '근무 시간'이 아닌, '실력 존중'에 비례한다.

회식과 함께 우리를 괴롭히는 대표적인 고질병, 야근! 야근의 무한반복으로 인해 우리는 지쳐버렸다. 이제 자리에 앉아만 있는다고 해서 성과가 나오지는 않는다. 구성원이 제대로 실력을 발휘할 수 있는 장을 마련해 줘야 성과가 나타나기 시작한다.

주 52시간 근로 시대, 더 적게 일하면서도 더 많은 성과를 거둘 수 있는 '실력 존중 시스템'에 대해 살펴보자.

과연, 야근의 주범은
'부장님'일까?

부장님에겐 죄가 없다.

퇴근 시간만 되면 돌처럼 굳어지는 사람들이 있다. 바로 '상사'들이다. 퇴근 시간이 가까워질수록 사원이나 대리는 과장이나 차장의 눈치를 보고, 과장과 차장들은 부장님의 눈치를 보고, 부장님은 상무님의 눈치를 살핀다. 물론, 상무님은 전무님이나 사장님의 눈치를 봐야 한다.

이런 연쇄적인 눈치 게임 덕분에 우리나라는 세계 2위의 근무 시간을 자랑하게 됐다. 나는 우리나라가 1위가 아니라는 사실이 오히려 놀라웠다. 우리는 어쩌다 이런 야근의 구렁텅이에 빠지게 됐을까? 과연, 제 시간에 퇴근하지 않는 '상사들' 때문에 이 지경에 이르게 된 걸까?

자동차 회사에서 인사 업무를 담당했던 나는 근무 시간에 관한 지극히 대조적인 모습을 지켜볼 수 있었다. 생산 라인에서 근무하는 현장직 근로자들은 제 시간에 칼같이 퇴근하는 반면, 사무실에서 일하는 사무직에게 퇴근 시간은 아무런 의미가 없었다. 나는 그 원인을 궁금하게 생각하다가 현장직 근로자들의 급여 업무를 담당하면서 명쾌한 해답을 찾을 수 있었다. 현장직 근로자들은 6분 단위로 급여가 산정되는 철저한 '시급제'로 운영되는 반면 사무직들은 '연봉제'라는 명목 아래 아무리 야근을 해도 임금에 변동이 없는 시스템으로 운영되고 있다는 사실을 발견한 것이다.

근로 기준법은 명확하게 일한 '시간'만큼 임금을 지급하도록 명령하고 있는데, 왜 아무리 야근을 많이 해도 임금이 늘어나지 않는 걸까? 그 원인은 바로 '포괄 임금제'에 있다.

포괄 임금제란 연장 근로나 휴일 근로 수당 등을 임금에 미리 포함시켜 지급하여 별도의 초과 근로 수당을 지급하지 않는 임금 제도를 말한다. 매일 두 시간의 연장 근로를 하는 만큼의 고정 연장 수당을 지급하거나, 기본임금을 미리 산정하지 않은 채 모든 수당을 합한 금액을 임금으로 정하는 방식이 주로 사용된다.

'하지도 않은 연장 근로 수당을 미리 챙겨 준다니 이렇게 고마울 수가!' 라고 생각한다면 큰 착각이다. 지금까지 우리는 돈으로 지급받은 것보다 훨씬 많은 연장 근로를 해왔기 때문이다. 이처럼 우리나라의 장시간 근로의 근본적인 원인은 포괄 임금 제도의 남용에 있다고 해도 과언이 아니다.[14] 한마디로 우리는 지금까지 '공짜 야근'을 해온 셈이다.

2016년 한국노동연구원은 상시 근로자 100인 이상 206개 사업체의 인사 담당자 및 종사자 619명을 대상으로 사무직의 근로 시간에 관한 실태 조사를 실시한 바 있다. 이 조사에 나타난 관리직에 대한 초과 근로 수당 지급 방식을 보면, 실제 초과 근로 시간에 따라 수당을 지급하는 비율은 고작 11.5%에 불과했다. 대부분의 기업들은 초과 수당을 아예 지급하지 않거나(34.6%), 포괄 임금제를 실시하거나(28.8%), 지급하더라도 상한선을 설정해 두고(19.2%) 있었다. 관리직을 제외한 직급의 경우에는 41.3%가 포괄 임금제의 적용을 받고 있었다.[15]

놀라운 점은 포괄 임금제가 이렇게 널리 활용되고 있음에도 불구하고 근로 기준법 어디에도 포괄 임금제에 대한 규정이 없다는 사실이다. 그럼에도 포괄 임금제가 활발하게 활용될 수 있었던 데에는 법원의 역할이 컸다. 법원은 70년대부터 내려온 관행을 '포괄 임금제'라고 이름 붙여 주고 몇 가지 유형별로 분류했다.[16] 심지어 법원은 포괄 임금제로 지급받은 연장 근로 수당보다 근로 기준법에서 정한 연장 근로 수당이 더 많은 경우 그 차액을 지급하지 않아도 된다고 판결한 적도 있다. 사정이 이러하니 포괄 임금제를 활용하는 기업이 급증하기 시작했다. 기업 입장에서는 급여를 주는 것 이상으로 일을 시킬 수 있으면서도 근태 관리를 제대로 하지 않아도 되니 포괄 임금제를 마다할 이유가 없었다.

이처럼 법에서 정한 수당을 지급하지 않고도 마음대로 사람을 쓸 수 있다는 이유로 어느 언론에서는 포괄 임금제를 가리켜 '인간 자유 이용권'이라 표현하기도 했다.[17]

이런 정황을 봤을 때 야근의 주범은 부장님이 아닌, 임금 제도라는 '시스템'이라고 봐야 한다. 애초부터 부장님에겐 죄가 없었던 거였다. 부장님 역시 시스템이 만들어낸 피해자일 뿐이니까.

불안한 포괄 임금제의 미래

다행히 포괄 임금제의 기세는 서서히 꺾이고 있다. 포괄 임금제에 대한 첫 포문을 연 것은 아이러니하게도 포괄 임금제의 전성기를 마련해 준 법원이었다. 2010년 5월 대법원은 '근로 시간 산정이 어려운 경우가 아니라면' 포괄 임금제 방식의 임금 계약을 체결하는 것은 근로 기준법 위반이라고 판결했다. 한마디로 포괄 임금제의 적용 요건을 강화한 셈이다.

하지만 이러한 법원의 판결에도 불구하고 포괄 임금제는 널리 활용되었고, 우리의 공짜 야근도 계속됐다. 결국 더 강력한 조치가 뒤따랐는데, 그것이 바로 2018년 7월부터 시행된 근로 시간 단축이다. 이제 몇 가지 업종을 제외하고는 주 52시간 근로 제도가 엄격하게 적용된다. '주말을 포함한' 일주일 전체의 연장 근로[18]가 12시간으로 제한되는 것이 근로 시간 단축의 핵심이다.

이러한 변화로 인해 포괄 임금 제도 자체가 유명무실해질 가능성이 크다. 적은 임금을 주면서도 장시간 근로를 시킬 수 있다는 게 포괄 임금제의 가장 큰 장점(기업 입장에서의 장점)이었는데, 이제 장시간 근로 자체가 불가능해진 것이다. 거기다 정부에서도 근로 시간 단축을 앞두고 포괄 임금제를 손보겠다고 발표한 바 있다. 실제 근로 시간보다 적게 임금을 지급하는 꼼수를 막기 위함이다.[19]

이런 흐름에 발맞춰 삼성을 비롯한 일부 기업은 기존의 포괄 임금제를 손보겠다고 발표했다. 그러나 대부분의 기업은 여전히 갈피를 잡지 못하고 있다. 임금 제도의 개선보다는 그동안 관성적으로 행해지던 야근을 줄이는 게 발등에 떨어진 불이기 때문이다. 지금까지는 포괄 임금제 덕분에 근로 시간을 줄이려는 노력을 기울일 필요가 없었지만, 이제부터는 일하는 방식에 근본적인 변화를 시도해야 할 때가 왔다.

이런 맥락에서 제기된 문제가 바로 '조직문화의 개선'이다. 눈치보기식 야근 관행이나 불필요한 회의나 보고 같은 것을 줄여서 근로 시간 단축에 대비하자는 것이다. 이러한 움직임 역시 '부장님'들이 이끌어갈 가능성이 크다. 이래서는 야근의 주범이라는 누명을 뒤집어 쓴 부장들의 어깨만 더욱 무거워지게 생겼다.

그러나 이 문제 역시 시스템의 개선이 우선되어야 한다. 부장만 일찍 퇴근시킨다고 해서 수십 년 동안 이어져 온 관행이 없어지지는 않을 것이다. 《하버드비즈니스리뷰(HBR)》 역시 문화는 '개선'의 대상이 아니라고 했다. HBR은 큰 변화를 성공적으로 이끈 CEO들을 인터뷰한 결과 "문제의 주범은 문화가 아니다"라는 결론을 내렸다. HBR이 만난 많은 CEO들은 새로운 프로세스나 구조를 시행한 이후에야 비로소 문화적인 변화가 나타난다고 말했다.[20]

결국 조직문화를 바꾸기 위해서는 시스템의 개선이 먼저 이루어져야 한다. 따라서 우리의 장시간 근로 문화를 바꾸기 위해서는 시스템의 개선이 필요하다. 우선적으로 포괄 임금제라는 임금 제도를 개선해야겠지만 이제는 임금 제도만 개선한다고 해결될 수준을 벗어난 것으로 보인다. 수십 년 동안 이어져 내려온 관행이기에 보다 복합적인 노력이 더해질 필요가 있다.

이어지는 글에선 우리의 지긋지긋한 야근 관행을 없애면서도 성과는 높일 수 있는 3가지 시스템을 소개하고자 한다.

구성원의 '실력 존중'을 기반으로 하는 시스템

이제 산업화 시대의 근면성보다는 창조적 역량이 요구되고 있음에도 대부분의 사람들은 여전히 성과가 '근무 시간'에 비례한다고 믿고 있다. 그러나 이제는 근로 시간 단축으로 인해 무작정 근무 시간을 늘릴 수도 없게 되어 버렸다.

야근을 줄이고 성과를 높이기 위해서는 우리가 가지고 있던 일에 대한 관점 자체를 뒤집어야 한다. 기존에는 사람들을 일하게 하기 위해서는 감시와 통제가 필요하다고 생각했다. 하지만 사람들은 존중받는다고 느낄 때 능력을 발휘하기 시작한다.

매슬로에 따르면 인간은 다음 그림과 같이 5단계의 욕구를 가지고 있으며, 낮은 단계의 욕구가 충족되어야 더 높은 단계의 욕구가 나타난다고 한다. 매슬로의 이론을 직장인에게 적용하면 구성원은 회사에 대한 소속감을 느끼고 싶어 하며(3단계), 소속감을 느낀 이후에는 타인으로부터 존중받으려는 욕구(4단계)를 가지기 시작한다. 존중감에 대한 욕구가 채워져야 비로소 최고 단계인 자기 실현의 욕구(5단계)가 나타나기 시작한다. 매슬로는 자기 실현 욕구는 곧 '성장 욕구'라고 했다. 한마디로 사람들은 누군가로부터 존중받을 때에야 비로소 성장에 대한 욕구를 느끼는 것이다.

〈매슬로의 5단계 욕구〉

따라서 구성원이 더욱 높은 성과를 내게 하기 위해서는 그들을 존중해야 한다. 회사에서는 인격적 존중도 필요하지만 무엇보다 구성원 각자가 가지고 있는 잠재력, 즉 '실력'에 대한 존중이 필요하다. 그런 존중이 뒷받침되어야 구성원은 성장을 도모하기 시작한다.

이제 성과는 더 이상 '사무실에 앉아 있는 시간'에 비례하지 않는다. 실력을 인정하고 존중하는 만큼 성과가 나온다. 지금부터 설명할 세 가지 시스템은 구성원에 대한 실력 존중을 바탕으로 잠재력을 증대시켜 더 효율적이고 창의적으로 일할 수 있게 도와줄 것이다.

1) 자기 주도적 업무 시스템: 자신의 업무 조건에 대한 자기 결정권

근로 시간이 단축되면서 가장 언급이 많이 되고 있는 게 바로 유연한 근무 제도의 도입이다. 근로 기준법은 세 가지 형태의 유연 근무제를 정하고 있는데, 바로 탄력적, 선택적 및 재량 근로 시간제이다.

이 세 가지 근무 형태는 운영 방식과 도입 방법 등에 있어서 조금씩 차이가 있다(각 제도의 차이점에 대해서는 [표 3-1] 참조). 지금까지는 유연 근무 제도의 비중이 그리 높지 않았던 게 사실이다.

하지만 앞으로의 '워라밸' 시대에서는 기업 인사 관리의 핵심이 유연 근무제가 될 가능성이 크다.

위와 같은 유연 근무 제도 외에도 자유롭게 휴가를 쓸 수 있는 분위기도 중요하게 여겨지고 있다. 법으로 정해진 연차 휴가를 자유롭게 쓰는 것은 물론 일정 기간 근무하면 주어지는 '안식월 제도'와 같은 장기 휴가에 대한 관심도 높아지고 있다.

[표 3-1] 근로기준법 상의 유연 근무 제도

구분	탄력적 근로 시간제	선택적 근로 시간제	재량 근로 시간제
근거 규정	근로 기준법 제51조	근로 기준법 제52조	근로 기준법 제58조
운영 방식	일정한 단위 기간을 정해 변형된 근로 시간을 정하기는 하지만 일률적인 근로 시간을 적용받음.	1개월 이내의 정산 기간을 정하고 이 기간에 근로해야 할 총근로 시간만 정하고 하루 또는 한 주 단위의 출퇴근 시간은 근로자가 결정함.	출장 등으로 인해 근로 시간 산정이 곤란하여 업무 수행 방법 자체를 근로자의 재량에 맡김.
도입 형태	계절별 특수가 있는 업종에 적합하므로 주로 사용자의 필요에 의해 도입되고 있음.	주로 근로자의 필요에 의해 도입	법에서 정한 업무에 한정됨. 주로 연구 개발직이나 기자, PD, 영화 감독 등에게 적용
도입 조건	단위 기간이 2주 이내일 경우에는 취업 규칙으로 정하고, 3개월 이내일 경우에는 근로자 대표와의 서면 합의가 필요함.	근로자 대표와의 서면 합의가 필요함.	근로자 대표와의 서면 합의가 필요함. (성과의 기준, 업무가 몰릴 때의 보상 방법 등을 노사 간에 합의해야 함.)

이런 흐름을 한마디로 정의하면 '자기 주도 업무 방식의 확산'이라할 수 있다. 과거에는 회사에서 일방적으로 정한 근무 시간을 지켜야했고, 휴가의 사용도 회사의 눈치를 봐야만 했다. 하지만 이제는 자신의 일정을 스스로 정하는 시스템에 대한 요구가 커지고 있다. 수동적 직장인에서 능동적 직장인으로 탈바꿈하고자 하는 것이다.

사실 누군가가 정해준 조건에서 수동적으로 일하는 것보다 자기 주도적으로 일하는 방식이 인간의 본성에 더욱 부합한다. 심리학자들은 인간은 자기 결정에 대한 기본적인 욕구를 가지고 있으며 자기 결정성을 가지고 있을 때 내적으로 동기화된다고 주장한다. 예컨대 현재의 조건에 대한 자기 결정성을 가지게 되면 즐거움을 느껴 더 오래 몰입할 뿐만 아니라 창의성도 늘어나 높은 성취를 이룰 수 있다고 한다.[21] 따라서 근무 시간이나 휴가 사용과 같은 근무 조건에 대해 자기 결정권을 부여한다면 더 높은 성과를 거둘 수 있다.

그런데 단순히 출퇴근 시간이나 휴가 사용 등 낮은 수준의 결정권만 부여해서는 높은 성과를 거둘 수가 없다. 업무 진행에 대한 주도권까지도 함께 부여해야 한다. 예를 들어 출퇴근 시간을 각자가 자유롭게 결정하도록 했지만, 중요한 업무 지시나 회의 등의 일정을 회사에서 일방적으로 정해 버린다면 유연 근무제는 반드시 실패하게 된다. 나 역시 몇 년 전 회사에서 유연 근무제를 도입하고자 했으나 회의나 정보 공유 방식 등 모든 시스템이 기존의 근무 시간에 맞춰져 있어서 신청하는 사람이 거의 없었다. 결국 유연 근무제는 유야무야 사라져버렸다.

한편 업무에 대한 자기 주도성은 위와 같이 주어진 범위 내에서만 한정적으로 허용되기보다는 구성원 스스로 자신의 업무에 변화를 일으키는 '잡 크래프팅(Job Crafting)'의 단계까지 발전하는 게 좋다. 일반적으로 '잡 크래프팅'은 업무와 관련되는 '활동'을 변화시키거나 일을 수행하는 동료 또는 고객과의 '관계'에 변화를 주거나, 자신의 일에 대해 새로운 '의미'를 부여하는 일이 포함된다. 예를 들면 디즈니랜드의 청소직원들은 자기들의 역할을 단순히 쓰레기를 치우는 일이라 보지 않고 '퍼레이드 연출을 위한 무대 만들기'라고 정의한다.[22] 이와 같은 역할 인식에 대한 차이는 구성원의 적극성에 상당한 영향을 미칠 수밖에 없다. 학자들 역시 잡 크래프팅이 성과에 긍정적인 영향을 준다고 평가하고 있다.[23]

　이처럼 조직의 강압이 아닌 구성원 자신이 주체가 되어 결정하는 '자기 주도성'은 앞으로의 조직관리에 있어서 가장 중요한 포인트가 될 것이다. 기업의 창의적 역량을 자라나게 하는 핵심 요소가 바로 자율성인데, 자율성은 곧 자기 주도성 또는 자기 결정권과 동의어라고 할 수 있다. 이후 소개할 시스템 역시 '자기 주도성'과 밀접한 관련이 있다.

　자기 주도성을 실질적으로 보장하기 위해서는 구성원에 대한 신뢰와 함께 그들이 가진 실력과 잠재력을 존중해야 한다. 인사 담당 부서는 구성원에 대한 '통제'의 유혹을 떨치기 힘든데, 구성원을 신뢰하고 존중해야 '통제'의 프레임에서 벗어날 수 있다. 자기 주도성이 조직관리의 핵심이 되는 환경에선 '통제' 대신 '자율성을 뒷받침하기 위한 지원'이라는 프레임을 가져야 한다.

2) '인센티브형' 문서 자산화 및 보고서 실명제 도입

'퇴근을 했는데도 퇴근한 것 같지 않은 이 느낌은 뭐지?'

이런 생각이 들었다면 원인은 바로 상사의 카톡 때문일 가능성이 크다. 심지어 휴가 기간인데도 상사에게 카톡이 와서 휴가를 제대로 보내지 못했다는 직장인도 상당수다. 한때 '퇴근 이후 카톡 금지법'까지 거론이 될 정도였으니 직장인에게 카톡을 통한 업무 지시가 얼마나 큰 스트레스인지 잘 알 수 있다.

직장인들의 이런 고충은 문서 자산화 시스템을 통해 해결할 수 있다. 상사는 부하 직원에게 업무 관련 카톡을 보내는 대신 공유 시스템에 접속함으로써 문제를 해결하면 된다.

최근에는 문서 공유 시스템이 협업의 도구로도 많이 활용되고 있는데 앞서 설명한 유연 근무제 활성화를 위해서는 이런 시스템이 반드시 필요하다. 각자가 원하는 일정대로 업무를 진행하기 위해서는 각자의 작업 결과물을 언제든지 공유할 수 있어야 하기 때문이다.

'인센티브형' 문서 자산화 시스템은 여기에서 한발 더 나아가 자신이 작성한 문서가 다른 구성원에게 공유된 횟수만큼 소정의 인센티브를 제공하는 방식이다. 자신이 생산한 문서 또는 데이터에 대한 조회 수가 늘어갈수록 일종의 인센티브를 제공한다면 보고서의 질을 높일 수 있을 뿐만 아니라 문서 작성자에게 강력한 동기 부여가 될 수 있다. 이를 위해서는 모든 보고서에 작성자의 이름이 들어가는 '보고서 실명제'가 함께 실시되어야 한다.

이들 시스템은 구성원이 스스로의 일에 대해 책임감을 느낄 수 있도록 하는 것은 물론 자신의 능력과 실력을 어필할 수 있는 기회를 제공한다. 나아가 자신이 생산한 결과물이 회사의 발전에 얼마만큼 기여했는지 객관적으로 파악할 수 있게 해주는 시스템이기도 하다.

3) 구성원에게 '실패할 자유'를 허락하라: 즉시 피드백 시스템

앞서 살펴본 '애자일'의 본질은 실패를 피하기보다는 실패를 만들어 내 신속하게 결함을 보완하는 데 있다.[24] 결국 '실패할 자유'가 허용되지 않으면 실패할 수밖에 없는 게 애자일 방식이다.

그러나 애자일 방식을 도입하지 않더라도 이제 조직이 살아남기 위해서는 혁신이 일상화되어야 한다. 혁신의 일상화를 위해서는 개인의 업무 단위에서 새로운 변화를 시도하는 '스몰 이노베이터(Small Innovator)'들이 필요하다. 이들의 작은 성공 경험이 거대한 조직을 변화시키는 혁신의 발화점이 되기 때문이다.[25]

문제는 이들의 시도가 언제나 성공하지는 않는다는 사실이다. 오히려 실패로 끝날 가능성이 더 크다. 혁신적인 성과는 스몰 이노베이터들의 실패를 분석하고 이를 개선해 나갈 때에야 비로소 나타나기 시작한다. 실패를 실패로 남겨 두면 '진짜 실패'가 되지만, 실패를 거울삼아 개선해 나갈 수 있어야 실패가 아닌 '성공하는 과정'이 될 수 있는 것이다.

이를 위해서 가장 필요한 건 리더의 '신속한' 피드백이다. 애자일을 비롯한 최근 대두되는 업무 방식은 대부분 리더와 구성원 사이에 긴밀한 커뮤니케이션이 이뤄질 것을 요구한다. 리더는 구성원으로부터 지속적으로 업무의 진행 상황을 보고받고 신속하게 피드백을 해줘야 한다. 문제가 발생했을 때 리더가 아무런 반응을 보이지 않으면 자칫 큰 실패로 이어질 가능성이 크다. 신속하게 방향을 전환하거나 문제점을 개선하도록 독려해야 성공으로 가는 발판을 마련할 수 있다.

페이스북이 시행했던 '시시콜콜 실시간 피드백(micro-feedback in real-time)'은 이러한 즉각적 피드백의 좋은 예이다. 페이스북의 모든 직원들은 각자의 계정을 부여받아 여기에 업무 진행 상황을 수시로 짧은 글로 올린다. 팀장들은 여기에 "오늘 프레젠테이션 정말 좋았어"와 같은 칭찬은 물론 "그렇게 하면 고객과 마찰이 생기는 건 아닐까?"와 같은 의견을 댓글로 남긴다. 여기에 걸리는 시간은 평균 45초에 불과하다.[26]

이런 실시간 피드백 시스템을 통해 구성원은 즉각적으로 업무를 개선해 나갈 수 있다. 물론 리더의 부정적인 피드백보다는 긍정적인 피드백이 더욱 효과적이다. 그렇다고 해서 무조건 긍정적인 피드백을 해주라는 건 아니다. 자율성을 허용하되 그 자율성에 대한 책임을 자각시켜 주고, 더 넓은 시각으로 문제를 할 수 있도록 유도해야 한다.

주 52시간 근로 시대를 살아가는 우리들의 자세

　지금까지 조직 구성원에게 자율성을 부여함으로써 구성원이 더욱 주도적으로 일할 수 있게 해주는 시스템에 대해 살펴보았다. 인간은 자기 주도적으로 일할 때 더욱 몰입하게 되므로 이러한 시스템의 구축을 통해 우리는 더 짧은 시간 동안 더 많은 성과를 거둘 수 있다. 하지만 아무리 완벽한 시스템이나 프로세스가 있더라도 그것을 운영하는 사람들의 태도나 자세에 따라 결과가 좌우되는 것은 부인할 수 없다.

　주 52시간 근로가 시행되고 난 이후 상당수의 기업에서 퇴근 시간이 되면 자동으로 PC가 꺼지는 시스템을 도입했다. 초기에는 정해진 시간까지 업무를 마치고자 긴장감 있게 업무를 진행해 나갈 것이다. 그러나 시간이 지나면서 이러한 시스템이 어떻게 변질될지 아무도 모른다. 집에서 완료하지 못한 업무를 해야 하는 일이 많아져 근로 시간 단축이 유명무실해질 수 있다. 반면 시간이 많이 걸리거나 까다로운 일은 아예 처음부터 맡지 않으려는 일이 생길지도 모른다. 제때

퇴근만 하고 보자는 '퇴근 지상주의'로 인해 조직 전체가 위기를 맞을 가능성도 배제할 수 없다.

그러므로 주 52시간 근로 시대에도 지속적인 성과를 거두기 위해서는 시스템 구축과 함께 개인적인 노력이 수반되어야 한다. 여기에선 주 52시간 근로 시대를 맞은 리더와 구성원이 각자 어떤 자세를 가져야 하는지 살펴보도록 한다.

주 52시간 근로 시대를 맞은 리더의 자세: '3C'에 집중하라!

매주 일할 수 있는 시간이 16시간이나 줄어들었다는 건 회사 입장에선 큰 타격이다. 특히 조직을 이끌어 가는 리더들의 어깨는 더욱 무거워졌다. 해결해야 할 문제는 더욱 복잡해졌는데 일할 수 있는 시간은 줄어든 이 상황을 리더들은 어떻게 헤쳐 나갈 것인가? 이런 모순에 빠진 리더들을 위해 '3C'를 제안한다.

1) Core: 불필요한 일을 제거하고 '핵심'에 집중하라.

일할 시간이 줄어든 만큼 불필요한 일을 제거하는 건 당연하다. 그러면 어떤 일이 불필요한 일일까? 성과를 달성하는 데 도움이 되지 않는 일이다. 우리는 여기서 중요한 질문을 던져 봐야 한다. 도대체 '성과'란 무엇인가 하는 근원적인 질문을.

류랑도 박사는 그동안 우리가 '실적'과 '성과'를 혼동하고 있었다고 말한다. 실적이란 거래처 방문 건수 또는 점검 횟수, 보고서 작성 건

수와 같이 얼마나 열심히 일했는가를 나타내는 행위 지표에 불과하다. 반면 성과란 일을 시작하기 전에 미리 정해 놓은 것으로 '일을 통해 기대하는 결과물'을 의미한다.[27]

실적을 성과로 오해하게 되면 뭐든지 많이 하기만 하면 좋은 성과를 거둔 거라고 여기게 된다. 불필요한 보고서 작성과 같은 엉뚱한 일만 잔뜩 해놓고 성과로 포장할 가능성이 큰 것이다.

그러므로 리더들은 구성원에게 조직이 필요로 하는 진짜 '성과'가 무엇인지 명확하게 알려 줘야 한다. 그리고 구성원이 그 성과를 달성하기 위해 인과관계가 있는 핵심적인 일에만 집중할 수 있도록 안내자의 역할을 수행해야 한다.

2) Coach: 구성원의 성장을 촉진하는 '코치'가 되어야 한다.

이 책에서 지속적으로 강조하는 건 구성원의 성장을 도와주는 '성장 촉진자'로서 리더의 역할이다. 이를 위해 리더는 '코치'로서의 모습을 갖춰야 한다. 원래 코치는 승객이 원하는 곳으로 데려다주는 마차를 의미했다. 오늘날의 코치도 상대를 원하는 곳으로 인도한다는 점에서 크게 다르지 않다.

코치는 상대가 스스로 답을 찾도록 도와준다는 점에서 직접 솔루션을 제시해 주는 컨설턴트와 차이가 있다. 따라서 리더가 코치의 역할을 수행하기 위해서는 구성원에게 질문을 던지고 구성원이 스스로 답을 찾도록 유도해야 한다. 처음엔 지시를 내리는 Commander가 더 효율적인 것처럼 보이지만 Commander는 구성원의 잠재력을 이끌어낼 수 없다. 리더가 모든 일을 일일이 지시하고 감독할 수는 없기에 구성원 각자의 잠재력 향상에 초점을 둬야 한다. 그게 장기적으로는 훨씬 효과적이다.

건설용 구조 엔지니어링 소프트웨어 분야 세계 1위 기업이면서 직원들에게 하루 세 끼 호텔식 뷔페를 제공하는 걸로 유명한 '마이다스아이티'의 이형우 대표. 그는 "리더는 성과를 내고 실행을 하는 사람이 아니라 구성원이 성과를 내고 실행을 잘할 수 있도록 도와주는 사람"이라는 확고한 신념을 가지고 있다.[28] 마이다스아이티가 세계 1위 기업이 될 수 있었던 건 이와 같은 CEO의 신념과 행동 덕분이 아닐까?

3) Coordinator: 이제, 문제를 해결하는 길은 '협업'뿐

몇 년 전 나는 어느 대기업에서 근무하는 사람으로부터 웃지 못할 해프닝을 들은 적이 있다. 그 기업의 회장이 임원단 회의를 주재하였는데 지나가는 말로 "요즘에는 말야, SNS가 대세인 것 같아. 나도 이걸 좀 배워야 하는데…" 라고 말했다. 무심코 나온 혼잣말이었지만 임원들은 저마다 눈을 반짝였다. 그런데 며칠 후 회장님이 크게 화를 냈다고 한다.

직장인이라면 이 회사에서 어떤 촌극이 벌어졌는지 대충 짐작이 갈 거라 생각한다. 임원들은 비밀리에 각자가 맡고 있는 사업부에서 가장 유능한 직원을 선발해 회장을 위한 SNS 가이드북을 만드는 경쟁에 돌입했다.

이런 물밑 경쟁 끝에 각 사업부별로 작성된, 그러나 비슷비슷한 내용의 가이드북이 회장 앞으로 속속 도착하기 시작했다. 회장은 얼마나 황당했을까? 이 사건을 계기로 회장은 자신이 이끄는 회사에서 얼마나 '협업'이 이뤄지지 않고 있는지 깨달았다고 한다. 아마도 회장은 과거 소니 사례를 기억하였을지도 모른다.

90년대에서 2000년대로 넘어가던 무렵, 소니는 워크맨과 PC, 그리고 MP3 사업부를 각각 별개의 회사처럼 운영하고 있었다. 이들은 비슷비슷한 제품을 디지털 워크맨, 뮤직클립, MP3라는 이름으로 각각 출시했다. 시장을 선점했음에도 불구하고 이 제품들은 뒤이어 출시된 애플의 아이팟(iPod)에게 시장을 내줘야만 했다. 당시 소니는 수많은 음원을 소유한 소니뮤직까지 소유하고 있었지만 사업부 간 협업이 이뤄지지 않아 앱스토어 같은 온라인 뮤직 스토어도 만들어내지 못했다.[29] 많은 경영 전문가들은 모든 걸 갖추고 있었음에도 내부의 장벽을 넘지 못한 당시의 소니를 조직 장벽과 부서 이기주의를 뜻하는 '사일로 효과'의 대표적인 사례로 꼽고 있다.

그로부터 20여 년이 흘렀고 고객은 더 새로운 걸 요구하고 있다. 하나의 사업부나 팀, 또는 개인의 능력으론 도저히 그런 기대를 충족시킬 수 없다. 이제 내부는 물론 외부의 인재와 기꺼이 협업하는 조직만이 시장에서 살아남을 수 있다.

해킹과 마라톤의 합성어인 '해커톤(Heckathon)'은 이러한 '협업의 시대'를 대변하는 이벤트라 할 수 있다. 해커톤은 개발자와 기획자, 디자이너 등 다양한 분야의 기술자들이 한자리에 모여 마라톤을 하듯 쉬지 않고 아이디어를 내거나 의견을 교환하는 자리이다. 짧게는 몇 시간에서 길게는 일주일 동안 쉬지 않고 논의를 이어간다. 페이스북의 '좋아요' 기능은 해커톤 과정을 거치면서 탄생한 걸로 유명하다. 이제 모든 리더들은 해커톤을 진행하듯 다양한 의견을 받아들이고 조정하는 '협업 촉진가(Coordinator)'가 되어야 한다.

다시 예전으로 돌아가 보자. 스티브 잡스가 아이폰을 처음으로 공개했던 역사적인 날, 그는 청중들에게 다음과 같이 아이폰을 소개했다.

아이팟, 휴대 전화, 인터넷 커뮤니케이터.
이것들은 세 개의 분리된 제품이 아닙니다.
단 하나의 제품입니다.
우리는 이걸 '아이폰'이라 부릅니다.

이 말은 21세기를 상징하는 진정한 혁명이 시작됐다는 선언이나 다름없었다. 그 모든 기능을 하나로 묶을 수 있었던 건 '협업을 통한 융합'이 있었기에 가능했다. 이제 당신은 이기주의를 고집하다 시장에서 사라질 것인가? 아니면, '협업 촉진자'가 되어 혁신을 주도할 것인가?

주 52시간 근로 시대를 맞은 구성원의 자세: R · U · N 하라!

근무 시간이 줄어들었다는 건 구성원에겐 기쁜 일이다. 그런데 야근을 많이 하던 시절보다 어쩌면 더 험난한 길이 열릴 수도 있다. 그런 상황에 직면한 구성원을 위해 R · U · N 할 것을 제안한다.

1) Run at full speed: 전력 질주하라!

세계적인 마라톤 선수들은 42.195km를 두 시간 초반 대에 주파하는데, 그런 기록을 내기 위해서는 100미터를 17~18초 사이로 달려야 한다. 결국 마라톤이란 전력 질주나 다름없는 스포츠이다. 어쩌면 주 52시간 근로 시대의 우리 생활 역시 이와 같을지도 모른다. 이제 출근과 동시에 전력 질주를 하지 않으면 PC가 자동으로 꺼질 때까지 일을 다 마치지 못할 수도 있기 때문이다.

주 52시간 근로 시대를 맞아 회사에서는 더욱 집중적으로 업무를 진행하도록 독려할 수밖에 없다. 마치 퇴근 시간이라는 목표 지점을 향해 전력 질주하는 것과 다름없을지도 모른다. 이젠 담배 한 대의 여유조차 가지기 쉽지 않을 것으로 보인다.

자, 이제부터는 워라밸을 위해, 저녁이 있는 삶을 위해, 흡연은 줄이고 인터넷 쇼핑도 집에서 하는 등 한눈팔지 말고 전력 질주 할 각오를 다지자.

2) Unique Value Contribution:
자기만의 독특하고 두드러진 가치를 제공할 수 있어야 한다.

"기업에서는 오늘도 창의와 혁신의 인재를 찾는다고 홍보하지만,
실제로 우리들은 언제든지 대체 가능한 업무를 맡고 있는지도 모
른다. 이처럼 쉽게 대체되는 곳에서 결국 내 이름도 쉽게 잊힌다."

《초일류 사원, 삼성을 떠나다》 중에서

회사에서 당신의 이름은 무엇인가? 회사에서 당신은 고유의 이름
을 가진 존재이기보다는 수많은 이 대리, 박 과장 중의 하나로 기억
될지도 모른다. 그냥 평균인의 한 명에 불과한.

그러나 세계적인 칼럼니스트인 토머스 프리드먼은 단호하게 선언
한다. 이제 평균은 끝났다고.

오늘날의 고용주들은 평균보다 훨씬 싼 외국인 노동자, 로봇, 소프
트웨어 등을 사용할 수 있다. 거기다 근무 시간까지 짧아져 극도의
효율을 추구해야 하는 마당에 그저 그런 평균치의 능력을 가진 사람
들은 빠른 속도로 대체될 수밖에 없다.

이제 당신은 평범하기만 한 이 대리, 박 과장에서 벗어나야 한
다. 토머스 프리드먼은 '자기만의 독특하고 두드러진 가치'(Unique
Value Contribution)를 통해 조직에 공헌할 수 있어야만 앞으로의
혹독한 고용 시장에서 살아남을 수 있다고 강조한다.[30]

누군가는 "닥치고 시키는 대로 해야 하는 게 직장 생활 아닌가?"

라고 이의를 제기할지도 모른다. 그런데 직장 생활이라는 게 참 묘하다. 시키는 대로 해야 하지만 시키는 것만 해서는 안 되는 게 직장 생활이다. 결국 같은 일을 하더라도 다른 사람과 구별되는 자기만의 '가치'를 창출할 수 있어야 한다.

몇 년 전 나는 생산직원들의 근태 관리 업무를 담당한 적이 있었다. 앞서도 말했지만 생산직원들은 철저한 시급제로 운영된다. 따라서 직원들의 근태 기록은 급여는 물론 인건비 산정의 기초가 되는 중요한 데이터였다. 경영진들은 이 데이터를 바탕으로 한 다양한 분석 자료를 수시로 요구했다. 천 개가 넘는 부서에서도 수시로 도움을 요청해 왔다. 그래서인지 나에게 이 업무를 넘겨준 선임자는 '엑셀 노가다'의 세계에 온 걸 환영한다고 말할 정도였다.

그야말로 정신없이 보내던 어느 날, 기계적으로 엑셀 노가다에 빠져 있는 내가 보였다. 이대로 가다가는 성능 좋은 소프트웨어로 대체될지도 모른다는 위기의식이 나를 서늘하게 만들었다. 내가 아무리 엑셀의 달인이 되어도 소프트웨어를 따라갈 수는 없기 때문이었다.

나는 앞서 설명한 '잡 크래프팅'을 시도해 보기로 했다. 내 역할을 '엑셀 노가다꾼'이 아닌 '사내 컨설턴트'로 규정하기로 한 것이다. 이는 경영진과 각종 부서에서 요청하는 데이터만 작성해서 넘겨주는 걸 넘어 그들에게 필요한 '솔루션'을 제공하기 위함이었다. 이로써 나는 조직 내에서 오직 나만이 제공할 수 있는 '가치'를 창출할 수 있었다. 단순히 근태 데이터를 작성해서 넘겨주는 일은 아무나 할 수 있는 일이었지만, 그 데이터를 바탕으로 '솔루션'을 제공하는 일은 아무나 할 수 없는 일이었다.

물론 처음엔 오버한다는 말도 들었다. 다행히 내가 제공하는 솔루션에 대해 점점 긍정적인 반응이 오기 시작했다. 그렇게 1년 정도 지났을 무렵 나는 회사 전체의 정책을 결정하는 데 중요한 역할을 하게 되었다. 나는 더 이상 '엑셀 노가다꾼'이 아닌, 나만의 가치를 제공하는 사람이 될 수 있었다.

앞서 인용한 《초일류 사원, 삼성을 떠나다》라는 책으로 다시 돌아가 보자. 이 책의 저자는 이름 없이 살아가는 우리에게 다음과 같은 질문을 던진다.

직급이나 명함을 의탁하는 차원의 존재가 아닌,
본래의 내 이름으로 설 수 있기까지 나는 무엇을 해야 할 것인가.

3) Nomad Spirit: '유목민 정신'을 가져라!

2018년 러시아 월드컵에서 우리는 조별 리그의 벽을 넘지 못하고 탈락했다. 어쩌면 FIFA 랭킹 57위에 불과한 우리의 탈락은 예견된 거나 다름없었다. 그런데 예상치 못한 이변이 일어났다. 조별 리그 마지막 경기에서 우리는 FIFA 랭킹 1위이자 전 대회 챔피언인 독일을 2:0으로 꺾어버렸다. 우리 선수들의 투지 덕분에 챔피언은 짐을 싸서 고향으로 돌아가야 했다.

그러나 월드컵에서 직전 대회 챔피언의 부진은 더 이상 놀라운 일이 아니다. 특히 21세기에 들어서면서 이런 현상은 더욱 심해졌다.

프랑스, 스페인, 이탈리아는 직전 대회 우승자였지만 조별 리그에서, 그것도 최하위 성석으로 탈락했다. 여기에 독일이 가세하면서 '디펜딩 챔피언의 몰락'은 이제 하나의 징크스로 자리 잡게 되었다.

나무위키에도 '월드컵 디펜딩 챔피언 징크스'에 대한 해설이 등장하는데, 징크스의 원인으로 '변하지 않은 전술과 멤버'를 꼽고 있다.[31] 디펜딩 챔피언들은 자신을 챔피언으로 만들어 준 전술과 선수들에 대한 미련을 버리지 못하고 그 모습 그대로 나섰다가 참변을 당한 것이다.

나는 지금까지 이어온 우리의 '야근 관행'도 이런 게 아닐까 생각한다. 우리를 초고속 성장으로 이끌어준 근면과 성실의 상징인 야근. 그러나 이젠 그 야근이 우리를 지치게 만들었고 관성에 빠지게 만들었다. 두세 시간이면 끝낼 일을 하루 종일 끌고 가지는 않았는지 스스로 반성해 봐야 한다.

또한 주 52시간 근로 시대를 살아가는 우리는 '워라밸'이 주는 달콤한 휴식과, 새로운 도전 사이의 갈림길에 서 있다. 이런 상황에서 우리는 스스로를 유목민으로 여겨야 한다. 유목민들은 한곳에서 오래 머무는 걸 경계한다. 안주하는 순간 척박한 환경에 집어삼켜질 수 있기 때문이다. 우리도 마찬가지이다. '워라밸'은 업무로부터의 도피처가 아닌, 그동안 명확하지 못했던 일과 삶의 경계를 나눔으로써 재충전을 할 수 있는 기회가 되어야 한다.

또한 우리는 육체의 안일함뿐만 아니라 정신적인 안일함도 경계해야 한다. "예전엔 이렇게 했는데……." 라는 생각은 디펜딩 챔피언들을 몰락하게 만든 주범이다. 이제 더 이상 과거의 방식은 통하지 않는다.

한편 유목민들을 돌아다니게 만드는 원동력은 바로 '척박한 환경을 이겨내고자 하는 의지'이다. 실제로 우리들의 삶도 점점 척박해지고 있다. 뭐하나 쉬운 일이 없다. 온 힘을 다해 도전해도 실패하는 경우가 더 많다. 그럴수록 우리는 척박한 환경에 굴종하지 않고 그것을 극복하려는 의지를 불태워야 한다.

Summary 2

직원존중 주식회사를 만들기 위한 두 번째 방법

성과는 '근무 시간'이 아닌 '실력 존중'에 비례합니다.

① 야근의 주범은 '부장님'이 아니라 '시스템'입니다.

우리를 지치고 힘들게 만들었던 야근 문화! 이런 문화를 형성한 주범은 부장님이 아닌 '포괄 임금제'와 같은 시스템이었습니다. 따라서 야근을 줄이고 효율을 높이기 위해서는 시스템의 개선이 필요합니다.

② '실력 존중'을 바탕으로 야근을 줄일 수 있는 세 가지 시스템

사람들은 자신이 존중받는다고 느낄 때 성과를 내기 시작합니다. 특히 자신이 가지고 있는 잠재적인 '실력'을 존중받을 때 놀라운 힘을 발휘하게 됩니다. 실력 존중을 바탕으로 업무 효율을 높이기 위해서는 다음의 세 가지 시스템이 필요합니다.

- 자기 주도적 업무 시스템: 출퇴근 시간과 휴가 사용, 나아가 업무 목표의 설정에 이르기까지 업무 환경 전반에 대한 자기 결정권을 부여함으로써 더 높은 성과를 얻도록 유도합니다.
- 인센티브형 문서 자산화 시스템: 문서 자산화 시스템을 통해 불필요한 업무를 줄이고 협업을 촉진할 수 있습니다. 특히 자신의 문서가 많이 공유될수록 인센티브를 제공받는 인센티브형 문서 자산화 시스템은 자신이 조직에 얼마나 기여했는지 객관적으로 파악할 수 있게 해줍니다.

- '실패할 자유'를 허락하는 즉시 피드백 시스템: 조직 전체가 혁신을 이루기 위해서는 개인의 업무 차원에서 혁신을 시도하는 '스몰 이노베이터'들을 육성해야 합니다. 리더들은 이들이 시도하는 작은 혁신에 대해 즉각적인 피드백을 함으로써 날마다 조금씩의 개선이 이뤄질 수 있도록 격려해야 합니다.

③ 시스템의 개선과 더불어 주 52시간 근로 시대를 살아가는 우리들의 자세에도 변화가 필요합니다.

- 리더의 자세: 해결해야 할 문제는 더욱 복잡해지는데 일하는 시간은 줄어든 상황을 헤쳐 가기 위해 리더들은 3C에 집중해야 합니다. 불필요한 것은 버리고 핵심 Core에 집중해야 하며, 구성원의 잠재력을 이끌어 주는 코치 Coach가 되어야 하는 동시에, 구성원의 다양한 의견을 받아들이고 조정할 수 있는 '협업 촉진자'를 의미하는 Coordinator가 되어야 합니다.
- 구성원의 자세: 주 52시간 근로 시대에 우리들은 더욱 열심히 R·U·N 해야 합니다. 근무 시간에는 집중력을 다해 전력 질주를 해야 합니다(Run at Full Speed). 극도의 효율을 추구하는 시대에서 평균적인 능력만 발휘한다면 당신의 자리는 없어질지도 모릅니다. 따라서 '자기만의 독특하고 두드러진 가치'로 조직에 공헌해야 합니다(Unique Value Contribution). 또한 한곳에 안주하지 않고 늘 새로운 것에 도전하는 '유목민의 정신(Nomad Spirit)'을 가져야 합니다.

강요에서 존중으로 가기 위한
세 번째 방법

3. 직장 내 성희롱: '여성 존중'에 조직의 미래가 달려 있다.

언제까지 직장 내 성희롱 피해자들을 외면할 것인가?

이제 조직 내부에 여성을 존중하고 보호하는 시스템이 아예 없거나, 시스템이 있더라도 제대로 작동하지 않는 것은 조직을 위협하는 새로운 위험 요소가 되었다.

바야흐로 '여성 존중'에 조직의 미래가 달려 있는 시대가 온 것이다.

조직을 위협하는 새로운 위험 요소

이케아(IKEA)도 극복했건만…

2014년 국내 1위의 가구회사 한샘은 세계 1위 이케아의 한국 상륙을 앞두고 긴장에 휩싸여 있었다. 많은 이들은 세계 최대의 가구 공룡과의 싸움에서 한샘이 이길 가능성은 희박하다고 말했다.

그로부터 1년 뒤 이케아는 국내 시장에서 매출 3,000억 원에 누적 방문객 수 670만 명이라는 위업을 달성했다. 그러나 모두의 예상과 달리 그 기간 동안 한샘 역시 엄청난 성장을 이뤘다. 전년 대비 매출은 29%, 영업 이익은 33%나 증가하는 기염을 토한 것이다.

사실 한샘은 3~4년 전 이케아가 한국 진출을 선언했을 때부터 철저하게 준비해 왔다. 도심 외곽에 위치하게 될 이케아에 대한 대응 전략으로 도심 한복판에 대형 매장을 짓거나 생활소품을 '만들어' 파는 이케아와 달리 한샘은 생활용품의 '유통'에 집중하는 등 철저하게 이케아의 빈틈을 파고들었다.[32] 그 덕분에 한샘은 이케아가 진출하기 전보다 더욱 성장할 수 있었다. 한국에서 벌어진 '가구대전'은 이렇게 서로가 윈윈하는 훈훈한 모습으로 막을 내리는 듯했다. 하지만 아무도 예상하지 못했던 진짜 빈진은 이때부터 시작됐다.

세계 최대 가구 공룡의 상륙도 거뜬하게 극복해 냈던 한샘이었지만, 내부에서 터진 잇단 성범죄 사건으로 인해 큰 위기를 맞았다. 한샘에 입사한 어느 여직원이 신입사원 교육 도중 남자 동기로부터 몰래 카메라 피해를 당했다. 이 사건이 있은 지 한 달 후에 이 여성은 교육 담당 직원으로부터 성폭행을 당했다고 주장했다. 피해 여성은 회사에 이 사실을 알리고 경찰에 고소했지만 한샘의 인사팀장은 그녀를 도와주기는커녕 고소 취하를 종용했을 뿐만 아니라 그녀를 리조트로 불러 성폭행을 시도하려 했다. 피해 여성은 자신이 겪은 일을 온라인 게시판에 폭로했고 이를 본 수많은 사람들이 분노했다.

이후 인터넷에선 한샘 불매 운동이 일어났으며 홈쇼핑에서 예정된 판매 방송도 무기한 연기됐다. 뿐만 아니라 이케아의 한국 진출 이후에도 늘어났던 영업 이익은 이 사건 이후에 반토막이 나버렸다. 한샘은 자신의 여직원을 제대로 보호하지 못한 대가를 톡톡히 치른 셈이다.

한편 아시아나 항공 역시 이와 비슷한 사건으로 홍역을 치러야만 했다. 2018년 7월 아시아나 항공은 기내식이 공급되지 않는 초유의 사태를 겪고 있었다. 그 와중에 어느 직원이 방송국 기자에게 제보 영상을 보내왔는데, 그 영상에는 승무원 복장을 한 30여 명의 여성들이 다음과 같은 노래를 부르고 있었다.

"새빨간 장미만큼 회장님 사랑해. 가슴이 터질 듯한 이 마음 아는지."

도대체 누구의 아이디어였을까? 누가 무슨 생각으로 승무원 교육생들이 회장님을 찬양하는 노래를 부르도록 만들었을까? 그리고 회장님은 이런 모습을 보며 어떤 생각이 들었을까?

아시아나 직원들의 익명 채팅방에는 회장님이 방문했을 때 각자의 역할까지 지정해줬다는 폭로도 뒤따랐다. 승무원 교육생들은 교관의 지시에 따라 회장님께 달려가 안기거나 심지어 사랑한다고 외쳐야만 했다. 하기 싫어서 화장실에 숨어 있으면 파트장이나 팀장이 화장실까지 찾으러 왔다. 승무원 교육생들은 심한 자괴감이 들었다고 한다. 그러나 계약직 인턴 신분이었던 그녀들은 아무런 이의를 제기할 수가 없었다. 이런 사실이 보도되고 난 이후 안 그래도 기내식 사태로 악화된 여론은 더욱 악화되었다. 이처럼 아시아나 항공 역시 자신의 여직원들에게 무리한 행동을 강요하다 여론의 뭇매를 맞아야만 했다.

나는 이 사건들을 통해 지금까지 기업들이 자기 조직 내의 여성들을 어떻게 생각하고 대우해 왔는지 고스란히 드러났다고 생각한다. 물론 아닌 기업들도 있겠지만 적어도 문제가 된 기업의 내부에서 여성들은 전혀 보호받지 못하거나 회사의 구성원이기보다는 기쁨조의 역할을 강요받는 존재에 불과했던 것이다.

사실 과거에는 기업이 여성의 존재를 무시해도 별 문제가 없었다. 성희롱 사건 같은 내부의 사건이 외부에 알려질 방법이 거의 없었기 때문이다. 하지만 위의 사례에서 보듯 이제 기업 내부에서의 사건들이 SNS나 유튜브 그리고 블라인드와 같은 애플리케이션을 통해 급속도로 확산되고 있다. 미투 운동 역시 그런 네트워크 덕분에 가능했다. 거기다 불법 촬영에 대한 경찰의 편파 수사를 규탄하기 위한 혜화역 시위에 여성 시위 역사상 유례가 없는 6만여 명(주최 측 추산)이 결집하는 등 사회적으로도 여성의 목소리가 갈수록 커지고 있다. 이런 흐름 속에서 기업이 조직 내의 여성들을 어떤 시각으로 바라보고 대우하는지는 그 기업의 브랜드 이미지를 결정하는 중요한 요소가 되었다.

상황이 이러한데도 아직까지 조직 내부에 여성을 존중하는 시스템이나 제도를 마련해 놓지 않은 기업이 많다. 시스템이 갖춰져 있더라도 제대로 작동하지 않는 경우도 상당수이다. 인사나 법무팀이 잘 갖춰진 대기업에서 위와 같은 일이 벌어진다는 건 기존의 시스템이 무용지물이었다는 것을 암시해 준다. 인력 부족으로 시스템을 갖추기 어려운 중소기업의 상황은 말할 것도 없을 거라 본다.

이제 조직 내부에 여성을 존중하고 보호하는 시스템이 아예 없거나 시스템이 있더라도 제대로 작동하지 않는 것은 기업을 위협하는 새로운 위험 요소가 되었다. 강요에서 존중으로 가기 위한 네 번째 방법은 그런 위험 요소를 제거하기 위한 방안이다.

이제 기업의 미래는 '여성 존중'에 달려 있다.

기업은 왜 자신의 조직에 소속된 여성을 존중하고 보호해야 하는 걸까? 가장 큰 이유는 앞서도 말했지만 그것이 기업 브랜드에 막대한 영향을 미치기 때문이다. 이는 곧 기업의 미래가 여성의 손에 달려 있다는 말과 같다.

대부분의 가정에선 이미 오래전에 구매 결정권이 여성의 손으로 넘어갔다. 그럼에도 기업은 이런 현실에 제대로 적응하고 있지 않다. 마이크로소프트에서 글로벌 다양성그룹 총괄 책임자를 맡았던 그웬 휴스턴의 말은 여성이 주도하는 시대에 기업이 처한 모순을 잘 말해 주고 있다.

"가전제품을 살 때 의사결정권의 85%는 여성에게 달려 있습니다. 550억 달러(약 60조 원) 시장을 여성이 좌지우지하는 것이에요. 그런데도 가전 회사 경영진을 보면 여성 임원 비율이 평균에도 못 미칩니다."[33]

2000년에 개봉한 영화 '왓위민원트(What women want)'의 주인공은 잘 나가는 광고 기획자였다. 그러나 여성의 소비력이 점점 커지는 상황에서 말초적 시각을 가진 그의 광고는 고객으로부터 외면당하기 시작한다. 그는 여자들을 이해하기 위해 립스틱도 바르고 스타킹도 신어 보다가 그만 감전 사고를 당했다. 이후 그에게는 놀라운 능력이 생기는데, 그것은 바로 '여성의 마음을 읽을 수 있는 능력'이었다. 주인공은 그 능력을 활용해 광고계에서도 다시 이름을 알리고 진정한 사랑도 얻게 된다.

오늘날의 기업에도 그런 능력이 생기면 좋으련만 불행하게도 영화는 영화일 뿐 현실과는 거리가 멀다. 설령 그런 능력을 가진 사람이 획기적인 아이디어를 내놓더라도 남성 고위 임원에게 묵살당할 가능성이 큰 게 현실이다.

그렇다면 기업은 어떻게 해야 여성의 마음을 읽을 수 있는 능력을 가질 수 있을까? 해답은 간단하다. 그냥 '여성'을 더 많이 채용하기만 하면 된다. 나아가 이미 고용된 여성을 고위 임원으로 승진시킨다면 문제는 더욱 확실하게 해결된다. 그런데 우리의 현실은 초라하다. 앞서도 밝혔지만 우리나라 500대 기업의 여성 임원 비율은 고작 2.7%에 불과하다. 반면 애플이나 아마존, 페이스북 같은 글로벌 기업은 여성 임원의 비율이 우리의 10배 가까이 된다.

하버드 비즈니스스쿨의 조던 시겔 교수가 한국의 사례를 연구한 결과, 우리나라에 진출한 글로벌 기업은 한국의 기업이 외면한 고학력 여성 인력을 더 많이 고용했을 뿐만 아니라 이들을 임원으로 승진시켜 더 높은 이윤을 얻었다고 밝혔다.[34] 그에 따르면 한국에 진출한 다국적 기업의 여성 임원 비율이 10% 증가할 때마다 이윤율은 2%씩 증가했다고 하니 우리가 얼마나 소중한 걸 놓치고 있었는지 알 수 있다.

세계적인 설문 조사 기업 갤럽(Gallup)의 조사에 따르면 남성과 여성 모두를 다양하게 고용한 기업의 순익이 그렇지 않은 기업의 순익보다 높다고 한다. 업종별로 살펴보면 소매업의 경우는 14%, 접객업

은 19% 정도 차이가 난다고 밝혔다.[35]

갤럽의 주장은 여기가 끝이 아니다. 여성 인력을 골고루 육성하는 회사에는 우수한 지원자들이 몰리며 채용 시장에서도 좋은 평판을 받을 수 있다고 한다.[36] 이런 평판을 얻은 대표적인 국내 기업을 들라면 CJ그룹이 아닐까? 2014년 취업포털사이트 잡코리아의 조사 결과 여대생이 가장 취업하고 싶은 기업 1위가 바로 CJ제일제당이었다.[37] 그로부터 4년이 흐른 2018년 CJ그룹은 취업포털 인크루트가 남녀 대학생 1,100명을 대상으로 실시한 취업 선호기업 조사에서 1위를 차지했다.[38] 여대생이 선호하던 기업에서 남녀 대학생 모두가 선호하는 기업이 되었을 뿐만 아니라 그룹 전체에 대한 선호도까지 올라간 것이다.

CJ가 여대생에게 이와 같은 인기를 끈 이유는 무엇일까? 채용 전문가들은 CJ E&M이나 CGV 같은 계열사가 문화 산업의 리더 역할을 하고 있으며 실생활과 밀접한 식당과 카페, 영화, 인터넷 쇼핑 등 라이프스타일 비즈니스로 사업 구조를 바꾸는 데 성공했기 때문이라 평가한다. 거기다 CJ직원들은 CJ가 운영하는 다양한 생활 문화 외식업체에서 35%까지 할인받을 수 있는 '마법의 카드'를 발급받는데 그 혜택이 연간 200~300만 원에 이른다고 한다.

하지만 이 모든 것보다 매력적으로 다가오는 건 CJ가 '여성이 리드할 수 있는 회사'라는 인식이다. 실제로 CJ는 단순 업무직을 채용하기보다는 마케팅 등의 전문직군을 중심으로 선발한다. 거기다 여성이 안심하고 업무에 집중할 수 있도록 각종 지원을 해주고 있다. 0세~6개월 사이의 신생아도 맡길 수 있는 어린이집인 CJ키즈빌이나 경력 단절 여

성을 채용하는 'CJ리턴십' 프로그램은 좋은 평가를 받고 있다.[39]

이와 같은 CJ의 노력은 앞으로 나른 기업이 나가야 할 방향을 제시해 줄 뿐만 아니라 그런 노력을 기울인 대가로 어떤 결실을 맺을 수 있는지에 대해서도 잘 보여 준다.

지금까지 살펴본 것처럼 이제 여성의 능력을 배제하고서는 업계에서 리딩 기업이 되거나 보다 높은 수익을 얻을 수가 없다. 여성의 능력을 활용하기 위해서는 여성들이 보다 안심하고 업무에 집중할 수 있는 환경을 조성해야 한다. 특히 직장 내 성희롱 사건 등으로 인해 위축되거나 불안을 느끼는 일이 없도록 하는 일이 가장 중요하다.

기존의 남성 중심적인 조직문화는 성희롱에 대해 무관심하거나 별 것 아닌 일로 치부해 버리는 경향이 강했다. 이는 피해자에게 2차 피해를 입히는 원인이 되어 왔다. 그러므로 지금부터는 '여성 존중'의 조직문화를 형성해 나가야 한다. 여성 존중의 조직문화 역시 시스템의 마련과 함께 모두의 동의와 동참을 이끌어내는 활동을 통해 형성할 수 있다.

이어지는 글에서는 조직 내 여성을 성희롱과 같은 성범죄로부터 안전하게 보호할 수 있는 신뢰할 만한 프로세스를 만드는 방법을 살펴보기로 한다. 그 첫 단추는 조직 내에서의 성희롱을 예방하거나 사건이 발생했을 때 어떻게 대처하는지 알려 주는 정교한 매뉴얼을 만드는 일이다. 이제 매뉴얼을 만들 때 반드시 필요한 사항과 절차에 대해 살펴볼 것이다. 그리고 이를 준수하기 위해 어떠한 노력이 있어야 하는지도 살펴보기로 한다.

여성 존중, 어떻게 이룰 것인가?

왜 '매뉴얼'을 만들어야 하는가?

몇 년 전 당시 회사에서 징계위원회를 운영하던 나에게 전화 한 통이 걸려 왔다. 목소리의 주인공은 여성이었는데 심하게 떨리고 있었다. 그녀는 아침 통근 버스에서 회사 동료에게 추행을 당했다고 한다. 자세한 내용을 들은 나는 곧바로 징계위원들에게 연락하여 징계위원회를 소집했고 모든 절차는 신속하게 진행됐다. 징계위원들은 만장일치로 가해자에 대한 '해고'를 결의했다.

나는 이런 결과를 알려 주기 위해 피해자에게 전화를 걸었다가 뜻하지 않은 상황을 맞이하게 됐다. 피해 직원이 가해자에 대한 선처를 요청하는 게 아닌가? 처음에는 왜 그런 태도를 보이는지 도무지 이해할 수가 없었지만 그녀의 이야기를 들어보니 충분히 납득할 수 있었다. 그녀는 가해자가 해고를 당하면 자기에게 보복을 할지도 모른다는 두려움에 휩싸여 있었다. 뿐만 아니라 동료를 쫓아낸 사람으로 인식되어 좋지 않은 시선을 받을까 봐 걱정하는 눈치였다. 회사는 이런 그녀의 입장을 받아들여 가해자에 대한 해고를 철회하고 정직을 선고하기로 했다.

그 이후에도 나는 유사한 사건을 접하면서 직장 내의 성범죄 사건을 처리할 때에는 다양한 요소를 섬세하게 고려해야 한다는 사실을 깨달았다. 성희롱을 비롯한 성범죄 사건은 다른 사건들처럼 징계 처리에 관한 절차나 징계의 수위만 고려한다고 해서 될 일이 아니었다. 피해자가 느끼고 있을 두려움과 불안을 해소해 주는 것부터 시작해서 주변 동료로부터 가해질 수 있는 2차 피해에 대한 예방과 사건 이후 있을지도 모를 보복성 조치에 대한 지속적인 모니터링까지 다양한 요소를 고려해야 한다.

이런 것들은 법으로 정해진 성희롱 예방 교육을 통해 구성원에게 알릴 수도 있지만 그것만으로는 한계가 있다. 실제 사건이 터졌을 때 기억력의 한계로 인해 제대로 된 조치를 취하지 못할 가능성이 크기 때문이다. 그로 인해 피해자는 상처만 입은 채 퇴사를 하는 경우가 대부분인 게 우리의 현실이다. 이런 일이 반복되면 조직 내에서 여성의 입지는 갈수록 줄어들게 된다. 그렇게 되면 당장엔 티가 나지 않겠지만 장기적으로는 큰 손실이 아닐 수 없다.

그러므로 회사에서는 정교한 매뉴얼을 마련해 두어야 한다. 다행히 미투(Me Too) 열풍이 불고 난 이후 대기업을 중심으로 상당수의 기업이 이러한 매뉴얼을 마련했다. 그러나 아직도 매뉴얼을 만들지 못하고 있는 기업이 대부분이다. 다시 말하지만 성희롱 사건은 그 성격상 절대로 주먹구구식으로 해결해서는 안 된다. 매뉴얼을 만들고 이를 구성원에게 철저하게 인식시켜 나가야 한다.

특히 2018년 5월 29일부터 적용되는 개정된 '남녀고용평등과 일-가정 양립에 관한 법률'(이하 '남녀고용평등법')에는 사업주에게 성희롱 예방 교육의 내용을 근로자들이 자유롭게 열람할 수 있는 장소에 항상 게시하거나 갖추어 두어 널리 알리도록 하고 있으며(제13조 3항), 이를 위반할 경우 500만 원 이하의 과태료를 부과하고 있다.

만약 매뉴얼을 작성하기가 부담스럽다면 손쉽게 자료를 찾아보고 학습할 수 있는 곳을 찾으면 된다. 그곳은 바로 여성가족부에서 운영하는 **'예방교육 통합관리'(https://shp.mogef.go.kr)'** 사이트이다. 여기에는 각 부처에서 발간한 자료집이나 동영상 등 성희롱이나 성폭력에 관한 다양한 자료가 통합 관리되고 있어 굳이 다른 곳을 검색해 보지 않아도 될 정도이다.

아직 조직 내 성희롱 사건에 대한 매뉴얼을 마련하지 못했거나 마련했더라도 보충할 내용이 있다고 생각한다면 더 이상 망설이지 말고 위의 사이트를 방문하거나 지금부터 설명할 내용을 참고하도록 하자.

성희롱 예방과 대응 매뉴얼에 반드시 들어가야 할 필수 요소

매뉴얼에는 세 가지의 내용이 있어야 한다. 바로 성희롱에 대한 '예방', 성희롱 사건이 터졌을 때의 '대응' 그리고 성희롱을 막겠다는 조직의 '의지'가 담겨 있어야만 매뉴얼이 제대로 작동할 수 있다.

'예방'은 어떤 행동이 성희롱에 해당되는지 아는 것에서 시작된다.

또한 '대응'은 조직 내의 각 주체별로 행동 지침을 마련하는 게 가장 효과적이다. '의지'는 자체적인 매뉴얼을 만들어 배포하는 것만으로도 충분히 표현될 수 있다. 그러나 적절한 담당자의 지정과 간결하면서도 실효성 있는 절차를 통해 구성원이 더욱 신뢰할 수 있도록 만드는 것이 중요하다.

첫 번째 필수 요소: 성희롱의 예방 "무엇이 성희롱인가?"

과거 성희롱에 대한 사람들의 인식이 부족할 때에는 많은 이들이 성희롱의 범위가 모호하다고 생각했다. 하지만 갈수록 성희롱에 대한 관심이 높아지면서 어떤 행동과 발언이 성희롱에 해당하는지 모르는 사람은 거의 없어졌다. 한마디로 '악수 이외의 모든 신체적 접촉'이 성희롱에 해당될 수 있다. 신체적인 접촉 외에도 성적인 발언이나 부적절한 시선까지도 성희롱에 해당될 수 있다.

성희롱인지 판단하는 기준은 '가해자'의 관점이 아니라 철저하게 '피해자'의 관점에서 판단해야 한다. 성희롱 행위자의 의도와는 관계없이 피해자의 관점에서 불쾌하게 느꼈는지를 판단해야 하는 것이다. 물론 피해자의 주관적인 사정을 고려하되 '피해자와 비슷한 조건과 상황에 있는 사람이 어떻게 반응했을까'라는 점도 함께 고려해야 한다.[40]

피해자가 명백하게 거부의 의사 표시를 하지 않았더라도 성희롱이 될 수 있다는 점도 중요하다. 피해자의 사회 경험 부족, 행위자가 피해자의 근로 조건을 결정하는 등 강력한 권한을 가지고 있어 거부 의사를 표시하기 어려운 조건이었다는 점 등을 종합적으로 고려했을 때 원치 않는 행위로 인정되어야 성희롱이 성립된다.[41]

성희롱의 범위를 이렇게 폭넓게 인정하는 이유는 현실에서의 성희롱이 단순한 강요, 명백한 추행 등으로 나타나기보다는 미묘한 상호 관계 속에서 복잡한 형태로 나타나기 때문이다.[42] 한마디로 판에 박힌 듯한 노골적인 방법으로 성희롱을 하는 경우는 거의 없다고 봐야 한다. 그러므로 매뉴얼을 작성할 때 사례를 예시하되 성희롱의 판단 기준이 '피해자'의 관점에 달려 있음을 강조해야 한다.

한편 '직장 내' 성희롱이 되기 위해서는 '업무 관련성'과 '고용상의 불이익'이 있어야 한다. 업무 관련성이 있어야 된다고 해서 반드시 근무 시간 내에 근무 장소에서 발생해야 한다는 걸 의미하는 건 아니다. 근무 시간 이후에 회사 밖에서 만나자고 강요하는 경우도 성희롱에 해당된다. 또한 성적 요구를 불응한 것을 이유로 동료들 앞에서 인격적으로 무시당하는 등 회사 내에서 불이익이 발생해야 한다.

'직장 내 성희롱'에 대한 법률은 크게 두 가지가 있는데, '남녀고용평등법'과 '국가인권위원회법'(이하 '인권위법')이다. 이 두 법률 중에서 인권위법이 적용되는 범위가 더 넓다. 그러나 남녀고용평등법은 사업주의 성희롱 금지와 예방 의무, 피해자에 대한 보호 의무 등을 규정하고 이를 위반할 경우 과태료까지 부과하고 있어 강제력이 강하다.[43]

남녀고용평등법상의 가해자는 사업주, 상급자 또는 근로자이며 피해자도 '근로자'여야 한다. 여기서 근로자는 임시직, 계약직, 파견직, 시간제 근로자, 하청업체 또는 협력 업체 직원 등 명칭, 고용 형태, 근로 계약 기간 등에 관계없이 임금을 받기만 하면 모두 근로자로 인정된다. 심지어 취업 면접을 보러 온 구직자도 포함된다. 이때 파견직에게는 소속된 회사가 아닌 실제로 일하는 사업장의 사업주에게 책임이 있다.

그러나 '특수 형태 고용 종사자'는 임금을 받는 근로자가 아닌 개인 사업자에 해당하므로 남녀고용평등법이 아닌 인권위법의 적용을 받는다.

두 번째 필수 요소: 성희롱 대응 "각자의 역할은 무엇인가?"

이제 성희롱의 범위를 알았다면 어떻게 성희롱에 어떻게 대처해야 하는지 알아야 한다. 사업주와 관리자 그리고 성희롱의 피해자와 행위자 및 동료들로 나누어 살펴보기로 한다.

1) 사업주의 역할

남녀고용평등법에는 성희롱의 예방과 대응을 위해 '사업주'에게 상당히 많은 의무를 부과하고 있다. 특히 사업주의 성희롱을 금지하며 성희롱을 한 경우 1천만 원 이하의 과태료까지 부과하고 있다. 그런데 이 법에서 말하는 사업주는 어떤 사람일까? 개인 사업의 경우에는 당연히 개인 사업자가 사업주가 된다. 그러면 법인 사업의 경우 '대표 이사'가 사업주가 되는 걸까? 법인사업의 경우 '법인' 자체가 사업주가 되며 대표 이사는 남녀고용평등법상 '상급자'에 해당하는 일종의 관리자에 불과하다는 사실을 알아두자.

남녀고용평등법상 사업주는 성희롱을 예방해야 하며, 성희롱 발생시 즉각 조치해야 할 뿐만 아니라 사업장 내 자율적인 해결이 이뤄질 수 있도록 노력해야 한다.

예방을 위한 가장 중요한 의무는 예방 교육을 실시하는 것이다. 이를 위반할 경우 300만 원 이하의 과태료를 부과받는다. 또한 직장 내 성희롱을 알게 된 경우 신속하게 조치를 취해야 하며 피해자 등이 수치심을 느끼지 않도록 할 의무가 있으며 비밀을 누설해서도 안 된다. 이 의무를 위반해도 500만 원 이하의 과태료가 부과된다. 아울러 고객에게 성희롱 피해를 받은 직원이 고충 해소를 요청하는 경우 배치 전환, 유급 휴가 등의 적절한 조치를 해줘야 하는 의무가 추가됐다 (2018년 5.29일부터 적용, 위반 시 300만 원 이하의 과태료 부과).

이처럼 사업주는 자기 조직 내의 구성원을 성희롱으로부터 보호해야 할 강력한 의무를 안고 있다. 매뉴얼에는 이러한 사업주의 의무를 기재하여 구성원이 이를 알게 해야 한다.

2) '관리자'의 역할

성희롱의 예방과 대응에 실질적인 책임이 있는 사람은 바로 '관리자'이다. 그러나 관리자가 누구인지 법률에 명확하게 나타나 있지는 않다. 일반적으로는 남녀고용평등법상의 '상급자'와 인권위법의 '사용자'를 관리자로 보고 있다. 앞서 설명한 것처럼 법인의 대표 이사 역시 상급자로서 관리자로 봐야 한다. 대표 이사 외에도 사업주의 대리인으로 활동하는 사람이라면 누구든 관리자로 볼 수 있다. 즉 우리가 일상적으로 생각하는 관리자와 큰 차이가 없다.

실질적으로 책임을 지는 사람이 '관리자'이므로 관리자는 사업주와 연대하여 책임을 질 수 있다는 사실을 명심해야 한다. 남녀고용평등 법상 성희롱 피해자에게 불이익한 조치를 한 경우 법인은 물론 그러한 행위를 한 사람도 처벌을 받는다(남녀고용평등법 37조 제2호 및 제38조). 형사적인 처벌 외에도 금전적인 배상을 의미하는 민사적 책임을 질 수도 있다. 예를 들어 법인의 대표자가 성희롱을 한 경우, 법원은 법인과 대표자가 연대하여 피해자에게 손해 배상을 해줄 것을 명령하기도 했다.[44]

하나의 개념에 불과한 사업주와 달리 관리자는 실질적인 행위자이므로 보다 엄격하고 구체적으로 의무를 명시해야 한다. 특히 부하 직원에 대해 일체의 신체 접촉을 하지 않도록 철저하게 교육해야 한다. 나아가 성희롱에 대한 고충처리 프로세스도 철저하게 숙지하는 것이 중요하다. 조직 내에서 성희롱 사건이 터졌을 때 이를 처음 접한 관리자가 어떻게 대처하느냐에 따라 사건의 방향이 좌우된다. 앞서 살펴본 한 샘의 사례는 성희롱 피해자를 보호해야 할 관리자가 더 나쁜 짓을 해서 문제가 되었다는 사실을 명심하자. 가장 바람직한 건 관리자가 성희롱을 목격하자마자 그 자리에서 행위자를 엄격하게 나무라는 것이다.

관리자는 때로 조정자의 역할도 해야 한다. 피해자가 공식적인 처리 절차를 이용하지 않고 관리자에게 조정을 요청하는 경우, 관리자는 최대한 중립성을 유지하면서 양 당사자가 스스로 문제를 해결할 수 있도록 도와주어야 한다.[45] 뿐만 아니라 피해자가 보복이나 집단 괴롭힘을 당하지 않도록 보호하는 것 역시 관리자의 몫이다.

3) 성희롱 행위자 또는 주변 동료들은 무엇을 해야 하는가?

다시 말하지만 성희롱을 판단하는 데 있어서 가해자로 지목된 사람의 의도는 결코 고려되지 않는다. 그러므로 원래 그러려는 의도가 아니었다는 따위의 핑계는 통하지 않는다.

실제로 가해자는 피해자에게 그런 말이나 행동쯤은 별 문제가 되지 않을 거라 생각해서 성희롱을 하는 경우가 많다. 또한 자신이 우월한 지위에 있기 때문에 피해자가 문제를 제기할 수 없을 거란 판단이 들었을 때에만 성희롱을 하는 경우가 대부분이다. 즉 직장 내에서의 성희롱은 성욕과는 상관없는 '권력 남용'의 문제이다.[46] 그러므로 누구든지 자신이 권한을 남용하고 있지는 않은지 스스로 돌아봐야 한다.

가해자로 지목된 경우 가장 바람직한 자세는 자신의 행동을 막무가내로 부인하는 게 아니라 문제 해결을 위해 협조하면서 자신의 입장을 소명하는 것이다.[47] 또한 피해자에게 비난을 가하여 2차 피해가 발생하지 않도록 해야 한다.

피해자의 동료 역시 피해자를 비난하지 말아야 한다. 성희롱 피해자가 조직을 떠나는 결정적인 이유는 이러한 2차 피해 때문이다. 피해자 주변의 동료들은 성희롱이 자기와는 관계없는 일이라 생각해서도 안 된다. 지금 당장에는 자신이 피해자가 되지 않아서 다행이라 생각하고 관심을 가지지 않게 되면, 언젠가 그 피해가 고스란히 자신에게 돌아올 수도 있다는 걸 명심하자. 결국 성희롱 문제는 가해자와 피해자 사이의 문제라기보다는 조직 구성원 전체가 해결해야 할 문제이다.

4) 성희롱 피해자가 반드시 알아야 하는 것들

미투 열풍이 불고 난 이후 우리는 미투 운동을 촉발시켰던 당사자들이 지난한 법정 소송을 거치는 과정에서 다시 한번 큰 상처를 입는 경우를 많이 봐 왔다. 가장 흔한 경우가 피해자를 '꽃뱀'으로 몰고 가는 것이다. 뿐만 아니라 성희롱의 피해자임에도 불구하고 무고죄나 명예훼손으로 역고소를 당하는 일도 있다. 피해자는 그러한 과정을 거치면서 받은 상처를 극복하지 못하고 조직을 떠나는 경우가 많다.

이런 일을 방지하려면 어떻게 해야 할까? 가장 중요한 일은 두려움을 떨쳐내고 용기를 가지는 일이다. 성희롱은 '강요하는 조직문화'가 만들어낸 '비뚤어진 권력 관계'를 바탕으로 한 범죄 행위이다. 결코 피해자의 잘못으로 인해 일어난 일이 아니다. 그러므로 당당하게 맞서야 한다.

가장 중요한 건 성희롱 현장에서 '명백한 거절의 표시'를 하는 것과 '성희롱에 대한 증거'를 수집하는 일이다. 이 두 가지에 대한 내용은 앞에서 자세하게 언급했으므로 여기에선 피해자가 자신의 피해를 회복할 수 있는 방법을 소개하고자 한다.

피해자는 우선 사내 고충 처리 절차 또는 관리자를 통해 가해로부터의 사과와 재발 방지 약속을 받도록 노력한다. 그렇다고 해서 반드시 그런 절차를 먼저 거쳐야만 하는 건 아니다. 피해자는 곧바로 회사 인사팀에 가해자에 대한 징계를 요청할 수 있다. 또한 국가인권위원회에 사업주를 대상으로 진정을 하거나(국번없이 1331), 지방 노동관서에 고소 또는 고발할 수 있다(국번없이 1350).

행위자를 직접 처벌하고 싶은 경우에는 검찰에 바로 고소-고발할 수도 있다. 이때는 성희롱 행위자를 업무상 위력죄, 강제 추행죄 또는 강간죄 등으로 고소할 수 있다. 과거에는 성범죄가 피해자의 고소가 있어야만 공소할 수 있는 친고죄였으나, 2013. 6. 19 이후 발생한 사건에 대해서는 친고죄가 적용되지 않는다는 사실도 알아 두자.

한 가지 아쉬운 점은 현행법상 위와 같은 성범죄에 해당하지 않는 이상 성희롱 행위에 대해서 행위자를 직접 처벌할 방법이 없다는 사실이다.[48] 이런 경우 피해자는 민사적인 손해 배상을 청구할 수밖에 없다. 피해자는 행위자에게만 청구하거나 사업주와 행위자 모두에게 배상을 청구할 수 있다.

위와 같은 공식적인 절차를 진행하고자 하는 경우 피해자는 반드시 변호사와 같은 전문가에게 자문을 구해야 한다. 앞서 설명한 바와 같이 피해자가 가해자가 되지 않으려면 전문가의 도움이 필요하다. 가령 피해 사실을 사내 게시판에 올리는 경우 명예훼손 등의 법적인 문제가 발생할 수도 있으므로 감정에 따라 좌충우돌하기보다는 전문가의 조언에 따라 행동하는 것이 좋다.

피해자가 취할 수 있는 방법에 대한 보다 자세한 내용은 고용노동부가 발간한 "직장 내 성희롱 예방-대응 매뉴얼" 상의 '성희롱 발생 시 외부 기관을 통한 대응' 부분을 참조하면 된다.

세 번째 필수 요소: 성희롱을 막겠다는 확고한 '의지'

매뉴얼에는 성희롱이 발생했을 때 사내에서 어떤 절차를 거쳐야 하는지에 대한 설명이 포함되어야 한다. 이때 회사는 고충상담실 또는 양성평등실 등의 기구를 두어 피해자를 보호하고 해결 방안을 모색해야 한다. 또한 이런 기구의 담당자를 지정할 때 사내에서 충분한 영향력과 권한을 가진 사람을 지정하지 않으면 구성원은 회사를 신뢰하지 않는다.

이처럼 매뉴얼에는 구성원이 신뢰할 수 있는 조직의 '의지'가 담겨 있어야 한다. 조직의 의지는 성희롱 사건이 터졌을 때 가해자가 받는 징계의 수위를 보면 알 수 있다. 물론 무조건 해고를 하는 건 문제가 있지만 다른 이들에게 본보기를 보여줄 만큼 강력한 조치가 뒤따라야 한다. 직장 내 성희롱에 대해 유연하게 대처하는 순간부터 조직 내에는 성희롱이 만연하게 된다. 그러므로 회사 내 담당자들은 단호하게 대처할 필요가 있다. 실제로 2000년대 초반 내가 다니던 회사가 외국계 기업의 손으로 넘어갈 당시 회사 내에는 성희롱이 만연하고 있었다. 그러나 외국계 기업에 인수된 이후 새로운 경영진은 성희롱에 대한 무관용의 원칙을 세웠다. 해고를 당한 가해자들이 추후에 부당해고 소송을 제기하는 일이 있더라도 강경하게 대응할 것을 원칙으로 삼은 것이다. 이후 회사 내에서 성희롱은 거짓말처럼 자취를 감췄다. 물론 앞서 소개한 사례처럼 피해자가 가해자에 대한 선처를 호소하는 예외적인 상황이 발생하기도 했지만, 이때에도 행위의 경중이나 피해자에게 미칠 파장 등을 고려해서 신중하게 판단했다.

징계 외에도 강력하게 의지를 표현하는 방법이 있다. 그것은 바로

'고위 경영진의 관심'이다. 준법컨설팅 연구기업인 '프로그레시브 매니지먼트 리소스(Progressive Management Resources)'의 대표 하이디 올긴(Heidi Olguin)은 고위 경영진이 공개석상에서 성희롱에 연루되거나 성희롱을 신고하지 않는 관리자를 비판하고 공격적으로 대하자 다른 직원들의 사기와 생산성이 높아졌다고 밝혔다.[49]

한편 매뉴얼에는 위와 같이 가해자에 대한 강경한 조치 외에도 피해자 보호에 대한 장치가 마련되어야 한다. 남녀고용평등법에 규정된 바와 같이 피해 근로자의 근무 장소를 변경하거나 유급 휴가를 부여하는 등 적절한 조치를 취해야 한다.[50]

아무리 정교한 매뉴얼을 마련해도 이를 실행할 조직의 '의지'가 없다면 매뉴얼은 그저 종이 뭉치에 불과하다. 시스템이나 프로세스는 이를 실행할 도구에 불과할 뿐 결국 모든 건 '의지'에 달려 있다. 조직의 의지는 숨기려야 숨길 수가 없다. 언젠가는 모든 구성원이 눈치채기 마련이다. 따라서 조직은 최고 경영진에서부터 말단 조직원에 이르기까지 모두의 '의지'를 확인하는 일에 중점을 둬야 하며 매뉴얼에는 그런 의지가 명확하게 드러나 있어야 한다.

Summary 3

직원존중 주식회사를 만들기 위한 세 번째 방법

'여성 존중'에 조직의 미래가 달려 있습니다.

① 여성을 얼마나 존중하는가에 따라 조직의 미래가 결정됩니다. 이제 소비에 대한 결정권은 여성이 쥐고 있습니다. 따라서 기업이 자기 조직 내의 여성을 어떻게 대우하는지는 그 기업의 브랜드 이미지를 결정하는 중요한 요소가 되었습니다. 앞으로 조직 내에 여성을 존중하고 보호하는 시스템을 갖추고 이를 제대로 작동시키는 기업만이 시장에서 좋은 성적을 거둘 수 있게 됩니다.

② '여성 존중'을 위해 가장 중요한 건 조직 내의 여성들이 안심하고 일할 수 있는 환경을 만드는 일입니다.
그런 환경을 조성하기 위해서는 우선적으로 조직 내의 성희롱이나 성범죄로부터 여성을 보호해야 합니다. 성희롱 사건이 발생한 경우 회사는 피해자가 느끼고 있을 두려움과 불안을 해소해 주어야 하며, 주변 동료로부터 가해질 수 있는 2차 피해로부터 구성원을 보호할 의무가 있는데, 성희롱 예방교육만으로는 그런 의무를 실천하기 어렵습니다. 그러므로 회사에서는 정교한 '매뉴얼'을 만들어 대비해야 합니다.

③ 성희롱 방지 매뉴얼에는 다음의 세 가지가 포함되어야 합니다.
1) 성희롱의 범위
성희롱을 '예방'하기 위해서는 조직의 구성원이 성희롱의 범위

278   Step 3. 강요에서 존중으로 가기 위한 5가지 방법

에 대해서 확실하게 인식하고 있어야 합니다. 성희롱의 판단 기준은 '피해자의 관점'에 달려 있습니다. 행위자가 아무리 성희롱의 의사가 없었다고 해도 피해자가 불쾌함을 느꼈다면 성희롱이 됩니다. 또한 명백히 거절의 의사 표시를 하지 않더라도 성희롱이 될 수 있는 등 성희롱은 폭넓게 인정되고 있습니다. 한편 직장 내 성희롱은 남녀고용평등법의 적용을 받는데, 이 법은 임금을 받는 근로자라면 누구나 적용받을 수 있으며 심지어 구직자에게도 적용이 됩니다.

2) 각자의 역할

성희롱 사건에 제대로 대처하기 위해서는 사업주와 관리자가 자신의 역할을 명확하게 인식하고 있어야 합니다. 남녀고용평등법상 사업주에겐 다양한 의무가 부과되어 있으며 관리자는 이러한 의무를 실질적으로 수행해 나가야 합니다.

성희롱의 가해자로 지목된 사람은 문제 해결에 적극적으로 협조하면서 자신의 입장을 소명해야 하며, 주변 동료들은 피해자에 대한 비난을 삼가야 합니다. 피해자는 다양한 방식으로 피해를 구제받을 수 있는데, 이때 감정적으로 대처하기보다는 변호사 등 전문가의 조언을 받아 신중하게 행동하는 것이 좋습니다.

3) 강력한 '의지'

아무리 훌륭한 프로세스가 있어도 이를 실행하기 위한 '의지'가 없으면 무용지물입니다. CEO를 비롯한 고위 경영진의 끊임없는 관심과 확고한 원칙이 있어야 조직 내의 성희롱이나 성범죄를 뿌리 뽑을 수 있습니다.

강요에서 존중으로 가기 위한
네 번째 방법

4. 리더십: '강요'에서 '의미 부여'로의 전환 🔍

신입사원 4명 중 1명은 5개월 안에 회사를 떠나는 게 우리의 현실!
떠나는 그들을 잡지 못하면 기업의 미래는 없다!
수평성과 재미를 추구하고 일의 의미를 찾아 헤매는 밀레니얼 세대와 공존
하기 위한 새로운 리더십을 제안한다.

이제 리더십의 방향은 '강요'에서 '의미 부여'로 전환해야 할 때가 왔다.

떠나는 밀레니얼 세대를 붙잡으려면?

진격의 밀레니얼 세대

사회의 모든 부문에 걸쳐 밀레니얼 세대의 진격이 예사롭지 않다. 일반적으로 밀레니얼 세대란 1980년대와 2000년대 사이에 출생한, 십대 후반에서 삼십 대 후반까지의 청년층을 말한다. 전 세계적으로 이들의 숫자는 약 25억 명에 이른다. 미국에서만 9,200만 명에 달하며 우리나라는 1,400만 명 정도로 추산하고 있다. 미국과 우리나라에선 밀레니얼 세대의 숫자가 그들의 부모 세대를 넘어섰다. 이제 밀레니얼 세대는 명실상부하게 소비의 주축으로 떠올랐을 뿐만 아니라 사회를 이끌어 갈 차세대 주력으로 성장하고 있다.

그럼에도 기업들은 이들의 소비 유형과 활동의 특성을 제대로 파악하지 못해 이렇다 할 마케팅 전략을 세우지 못하고 있다.[51] 기업이 밀레니얼 세대의 특성을 파악하는데 애를 먹는 이유는 이들이 역사상 최초의 '디지털 네이티브'이기 때문이다. 그들은 출생과 동시에 디지털 기기에 노출되었으며 실제 세상보다 '인터넷'이라는 환경에 더욱 익숙하다. 연결과 공유는 밀레니얼 세대가 등장하게 된 가장 중요한 배경이다. 한마디로 "접속한다. 고로 나는 존재한다"고 외치는 세대가 바로 밀레니얼 세대이다.[52]

이러한 밀레니얼 세대의 특성을 제대로 간파하지 못한 기업은 몰락의 길을 걷고 있다. 대표적인 예가 백화점이다. 최근 1년 사이 미국을 상징하던 두 백화점, 메이시스와 시어즈는 각각 68개와 300개의 매장을 철수했다. 밀레니얼 세대가 더 이상 백화점에서 쇼핑하지 않고 자신이 선호하는 브랜드를 콕 집어서 온라인으로 구매하기 때문이다.[53] 골프를 통해 이뤄지던 사교 활동도 페이스북 등의 SNS로 대체되고 있으며 남들과 다른 소비를 지향하는 그들로 인해 전통적인 명품 브랜드 역시 위기를 맞고 있다.

밀레니얼 세대보다 최소한 스무 살은 더 많은 최고 경영자들에게 이 젊고 톡톡 튀는 녀석들은 거대한 수수께끼와 같을지도 모른다. X세대에 속하는 나도 이들을 이해하기 버겁긴 마찬가지이다.

우리처럼 자기들을 이해하지 못하는 '꼰대'들 때문일까? 신입사원들은 회사에 들어오자마자 '빛의 속도로' 회사를 나가버린다. 취업포털 사람인이 최근 1년 간 신입사원을 채용한 687개 회사를 대상으로 조사한 결과 신입사원의 26%가 조기 퇴사를 하며 그 기간은 입사 후 평균 5개월에 불과하다고 한다.[54] 우리는 이 현상을 밀레니얼 세대를 이해해야만 한다는 절박한 신호로 해석해야 한다. 이대로 가면 기업은 갈수록 활력을 잃어 성장 동력이 약해질 게 뻔하다. 거기다 새로운 인력을 채용해야 하는 비용도 무시할 수 없다.

떠나는 그들을 붙잡기 위해 우리는 과연 무엇을 해야 하는 걸까? 이를 위해서는 제일 먼저 그들의 '정신 세계'부터 이해해 볼 필요가 있다.

밀레니얼 세대가 추구하는 세 가지 가치: 수평성과 재미, 그리고 '일의 의미'

요즘 젊은 녀석들은 너무 버릇이 없고 게으르다.

특권 의식이 있고 나르시즘에 빠져 있으며 자기 권리만 내세우고 버릇없이 자랐으며 게을러 터졌다.

이들은 회사 내에서 승진 사다리를 올라갈 바에야 차라리 히말라야 산에 오르는 것이 더 낫다고 한다. 그들은 구직과 결혼도 주저한다.

아무런 설명이 없다면 위의 말은 지금의 젊은 세대를 비난하는 말처럼 들린다. 하지만 첫 번째 문장은 기원전 1,700년경 만들어진 수메르 점토판에 적혀 있는 말이다. 이것만 봐도 이미 수천 년 전부터 젊은이들은 어른들의 눈 밖에 나 있었음을 알 수 있다. 두 번째 문장은 1968년에 라이프지가 베이비붐 세대를 묘사한 기사이고, 세 번째 문장은 1990년 타임지가 X세대를 묘사한 것이다.

이처럼 젊은이들은 역사상 단 한 번도 기성세대의 사랑을 받아 본 적이 없었다고 해도 과언이 아니다. 어른들이 보기에 젊은이들은 대체적으로 게으르고 버릇이 없었기에 그냥 빨리 철이 들기만을 바랄 뿐 굳이 이해할 필요는 없어 보인다.

그럼에도 우리가 세대를 분석하는 이유는 그 세대를 통해 그 시대를 이해할 수 있기 때문이다. 고도 성장기의 산업화 시대를 살았던 베이비붐 세대와 90년대 '서태지와 아이들'과 함께 대중문화의 르네상스를 꽃피우며 '신인류'라 불렸던 X세대가 결코 같을 수는 없다. 마찬가지로 태어나면서부터 디지털 기계에 둘러싸여 인터넷 세상을 경험한 밀레니얼 세대가 기성세대와 같을 수는 없다.

그 차이를 이해하기 위해 수많은 자료를 분석해 본 결과 나는 밀레니얼 세대가 추구하는 세 가지의 가치를 발견할 수 있었다. 그것은 바로 '수평성'과 '재미' 그리고 '일의 의미'이다. 지금부터 그들이 추구하는 이 세 가지의 핵심 가치를 통해 밀레니얼 세대를 이해해 보고자 한다.

'수평성'과 '재미'는 얼핏 생각하면 별개의 가치로 보이지만 밀접한 관련이 있다. 밀레니얼 세대는 수평적인 쌍방향 소통을 추구하는 SNS에 길들여진 세대이다. 거대한 네트워크 속에서 그들을 억압하는 건 없다. 그저 각자의 흥미를 쫓아 마음껏 돌아다닐 뿐이다. 그들은 자신이 속한 커뮤니티가 '노잼'이라 여겨지면 가차 없이 떠나 버린다. 한마디로 수평적 네트워크 속에서 재미를 찾아 정처 없이 돌아다니는 게 밀레니얼 세대가 살아가는 방식이다.

이는 군사 독재 시절의 수직적이고 경직된 문화에 길들여져 있는 기성세대와 가장 차이를 나타내는 점이라 할 수 있다. 그러므로 기성

세대와 밀레니얼 세대의 갈등은 수직성과 수평성의 갈등이라 해도 과언이 아니다.

이제 기업을 비롯한 모든 조직은 밀레니얼 세대를 위해 평평한 조직을 만들어야 한다. 수평적인 문화 속에서 그들이 흥미와 재미를 느끼게 해서 잠재력이 폭발할 수 있도록 도와줘야 한다.

밀레니얼 세대의 세 번째 특성은 그들이 '일의 의미'를 추구하는 세대라는 점이다. 그들은 생존을 위해 맹목적으로 일하지 않으며 자신이 추구하는 일의 가치나 의미를 소중하게 생각한다.[55] 또한 사상 최악의 실업난 속에 일자리를 갈구하면서도 회사에 인생을 저당 잡히고 싶지 않다는 가치관을 가지고 있다.[56]

이러한 특성은 앞으로 리더십의 모습이 완전히 달라져야 한다는 걸 말해 준다. 이제 과거의 일방적이고 강압적인 리더십으로는 밀레니얼 세대를 이끌어갈 수가 없다. 어쩌면 '이끌어간다'는 것조차 필요 없을지도 모른다. 그들은 일에 대한 의미와 가치를 발견하기만 하면 스스로 최선을 다하기 때문이다.

한편 위의 세 가지 특성 외에도 창의성이라든가 개인주의 성향 등이 거론되곤 하는데 이러한 특성은 정도의 차이만 있을 뿐 모든 청년 세대에 공통적으로 나타났던 특성이다. 따라서 이 책에서 별도로 소개하지는 않는다.

개인적으로 밀레니얼 세대의 모습이 가장 강렬하게 다가왔던 건 2016년 7월 이화여대 사태 때 학생들이 보여 준 모습이었다. 경찰과 대치하고 있는 그 긴박한 상황에서 학생들이 부른 노래는 집회의 비장감을 더해 주는 투쟁가가 아닌, 소녀시대가 부른 '다시 만난 세계'였다. 나는 그 모습을 보며 가슴이 뭉클해졌다. 이제 스무 살을 갓 넘긴 학생들이 그 불안한 상황 속에서도 걸그룹의 노래를 힘차게 부르며 굳게 팔짱을 끼고 있던 그 모습은 나에게 잊을 수 없는 감동을 주었다.

이 세상 속에서 반복되는 슬픔 이젠 안녕
수많은 알 수 없는 길 속에 희미한 빛을 난 쫓아가
언제까지나 너 함께하는 거야 다시 만난 나의 세계

이처럼 밝고 긍정적인 모습으로 자신의 세계를 찾으러 사회에 뛰어든 그들에게 우리는 과연 어떤 '세계'를 보여 줄 것인가?

'일의 의미'를 부여해 주는 사람이 진정한 리더이다.

지금까지 세상의 중심으로 서서히 진격하고 있는 밀레니얼 세대가 추구하는 세 개의 가치관에 대해 살펴보았다. 이제는 그들의 가치관을 존중하여 우리가 속한 조직을 어떻게 변화시킬 수 있는지 살펴보기로 한다.

특히 '일의 의미'를 추구하는 밀레니얼 세대를 위한 새로운 리더십의 방향을 중점적으로 살펴볼 것이다. 밀레니얼 세대가 생각하는 리더의 모습은 구성원에게 자신을 따라오라고 강요하는 사람이 아닌, 일의 의미와 가치를 부여함으로써 구성원이 스스로 뛸 수 있게 도와주는 사람이다.

'대등한' 관계에서 '즐겁게' 일하고 싶어 하는 세대를 대하는 우리들의 자세

최순실의 국정농단 사태에 대한 국민들의 분노가 폭발하기 시작하던 2016년 겨울, 광화문 광장의 시위 현장에는 특이한 이름의 깃발이 내걸렸다. 그 깃발의 이름은 바로 '장수풍뎅이 연구회'.

사람들은 장수풍뎅이를 연구하는 것과 국정농단을 심판하는 게 무슨 관계가 있는지 어리둥절해하면서도 그 깃발을 졸졸 따라다녔다. 심지어 '장수풍뎅이 대신 광화문을 선택한 그들의 분노 크기를 짐작도 할 수 없다'며 숙연해했던 사람마저 있었다고 한다.[57] 숙연했다는 표현을 쓰긴 했지만, 장수풍뎅이 깃발을 든 쪽이나 그 깃발을 따라다닌 사람들의 얼굴에서 과거의 시위 현장에서 보던 엄숙한 투사의 이미지를 찾아보긴 힘들었다.

이 깃발을 든 사람들에게 관심이 쏠리자 그들은 마침내 트위터 계정을 열고 '입장'을 밝히기에 이르렀다. 자기들은 충북 영동군 학산면 도덕리에 있는 진짜 '장수풍뎅이 연구회'와는 무관하며 그럼에도 이런 이름을 사용한 이유는 "아무 이유 없음+적들의 혼란" 때문이란다. 향후 활동 계획에 대해서도 "구성원의 숙취, 아주 어쩌다 생긴 데이트 기회 등등 개인 사정으로 참석하지 못할 수도 있습니다"라고 밝혔다. 비장하게 '독재 타도'를 외쳤던 386세대에게 이런 모습은 시위의 진정성을 헤치는 짓으로 보였을지도 모른다.

그러나 '장수풍뎅이'가 등장한 지 한 주 만에 '적들의 혼란'을 야기시키는(?) 수많은 깃발이 등장하기 시작했다. '민주묘총'을 비롯한 '전견련', '행성연합' 그리고 '혼자 온 사람들' 등 정체를 알 수 없는 수많은 단체들이 시위의 분위기를 한껏 유쾌하게 만들어 주었다. 이런 유쾌함 덕분에 촛불 혁명은 전 국민이 참여하는 축제의 장이 될 수 있지 않았을까?

이처럼 30년 전의 민주화 투쟁과 국정농단에 항거했던 촛불 혁명은 성격은 비슷하지만 전개되는 모습은 완전히 달랐다. 촛불 혁명의 중심에는 '장수풍뎅이'와 '전견련'이 주는 유쾌함과 위트가 있었다. 나는 이 모습을 통해 밀레니얼 세대가 추구하는 '수평성'과 '재미'라는 가치를 읽을 수 있었다.

그들이 위트가 가득 담긴 깃발을 든 건 결코 '시위 지도부'의 엄중한 지침 때문이 아니었다. 오히려 누군가가 강요했다면 즐거움은 사라져 버렸을 것이다. 그들은 트위터와 같은 SNS에서 우연히 '장수풍뎅이' 깃발을 보고 흥미를 느꼈으며 그런 움직임에 참여하기로 '스스로 결정'한 것뿐이다. 이처럼 밀레니얼 세대는 강요에 익숙하지 않다. 더 많은 '즐거움'이 있는 쪽으로 본능적으로 움직일 뿐이다.

즐거움 또는 재미를 추구하기 위해서는 수평적인 관계가 필수적이다. 수직적인 관계에선 우월한 위치에 있는 사람만이 즐거움을 느낀다. 수평적인 친구 같은 사이가 되어야 비로소 즐거움이 느껴지기 시작한다. 수평적인 관계는 강요와 지시 따위가 아닌 공감과 참여로 유지된다. 밀레니얼 세대에 익숙한 SNS 역시 여러 사람들이 수평적으로 소통하고 참여할 수 있는 공간이다. 이런 소통 방식에 익숙해진 그들은 상사와의 소통에 있어서도 수평적인 관계를 원한다. 상사가 우월한 지위에서 '지적질'을 하면 그 상사는 바로 '꼰대'로 낙인찍힌다.

물론 선배 입장에서 후배의 답답한 일처리를 보면 분통이 터질 수밖에 없다 그럴 때마다 우리는 '대도서관'의 말을 명심해야 한다. 우리나라 1인 미디어계의 선구자인 대도서관은 초등학생부터 직장인에 이르기까지 다양한 팬들을 거느린 걸로 유명하다. 하지만 그의 나이도 이젠 마흔이 넘어 어린 팬들과는 세대 차이를 느낄 수밖에 없게 됐다. 그는 팬들과의 세대 차이를 느낄 때마다 가르치려고 하거나 이끌려고 하시 않는다고 한다. 그러는 순간 '꼰대'가 된다는 걸 알기에 그저 자기 세대의 가치를 지키면서도 다음 세대를 이해하는 열린 마음을 가지려고 노력할 뿐이라고 했다.[58]

매년 '트렌드 코리아'를 발간하고 있는 김난도 교수 역시 세대 간의 긍정적인 모멘텀을 만들기 위해서는 '같은 눈높이'에서 봐주는 '이해'가 필요하다고 한다.[59] 이는 무조건 다그칠 게 아니라 이해하고 다독이면서 함께 가는 파트너로 인정하는 걸 말한다.

어쩌면 회사 생활을 더 오래 한 우리의 사고는 이미 굳어져 있어서 빠르게 변하는 이 시대에 별 도움이 되지 않을 가능성이 크다. 광화문 촛불 집회에 철 지난 붉은 머리띠보다 '장수풍뎅이'가 더 어울렸듯 지금의 세상에선 우리의 철 지난 지식보다는 그들의 반짝이는 아이디어와 위트가 더 어울릴지도 모른다.

그러므로 그들을 파트너로 인정하고 그들의 의견에 진심으로 귀기울여 존중하는 자세를 가져야 한다. 그런 자세 없이는 수평적인 조직을 만들기 위해 아무리 노력해도 변하는 건 없다.

리더십의 새로운 방향: '강요'에서 '의미 부여'로의 전환

밀레니얼 세대의 특성에 관한 자료를 찾다 보면 한 가지 공통적으로 나타나는 특성이 있다. 그것은 바로 밀레니얼 세대가 '일의 의미'를 추구하는 세대라는 점이다. 이 말은 곧 그들이 "왜 이 일을 해야 하는가?"에 대한 명확한 답이 있어야 일을 한다는 말과 같다.

그들은 어떻게 해서 이런 태도를 가지게 된 걸까? 단군 이래 가장 뛰어난 스펙을 자랑하는 인재들이라서? 어릴 때부터 '너는 특별한 존재야'라고 교육받았기 때문에? 나는 두 가지 모두 영향을 미쳤다고 생각한다. 어쨌든 기업에서 실무를 담당하는 기성세대들은 이것저것 따지기 좋아하는 까칠한 후배들을 맞이하게 된 셈이다.

우리는 어떻게 이들에게 '일의 의미'를 부여해 줄 수 있을까? 문제는 기성세대조차 '일의 의미'를 찾지 못해 방황하고 있다는 사실이다. 그러나 '일의 의미' 혹은 '왜 이 일을 하는가?'에 대한 답을 찾는 일은 성과 창출에 있어서 굉장히, 아니 '가장' 중요한 문제이다.

'무엇이 성과를 이끄는가?'라는 책은 고성과를 낼 수 있는 조직문화의 비밀을 파헤친 역작이라 평가받는다. 그 책에서 강조하는 점 역시 '왜 일하는가'이다. 이 책의 저자인 닐 도시와 린지 맥그리거 부부는 실리콘밸리에서 급격하게 성장하고 있는 '메달리아'라는 기업의 사례를 통해 일반적인 성과와 탁월한 성과의 차이가 '왜 일하는가'에 달려 있었다고 말한다. 뿐만 아니라 조직 전체에 동기를 불어넣는 리더를 말하는 '파이어 스타터(Fire Starter)'들은 직원들이 '업무의 의미'를 깨달을 수 있도록 도와준다고 했다.[60]

기성세대는 '하면 된다'라는 사회 분위기 속에서 저돌적으로 밀어 붙이는 시대를 살았다. 당시에는 '왜 일해야 하는가'에 대해 깊이 생 각할 여유가 없었다. 리더가 목표를 세우기만 하면 묻지도 따지지도 않고 그 목표를 향해 내달리기만 하면 됐다. 하지만 이제 그렇게 하 기에는 세상도, 우리의 머릿속도 너무나 복잡해져 버렸다.

이제 리더 혼자 모든 걸 계획하고 지시할 수 없기에 리더십의 방향 도 변해야 할 때가 온 것이다. 즉 앞으로의 리더십은 구성원에게 목 표 달성을 '강요'하던 것에서 벗어나 구성원에게 일에 대한 '의미'를 부여해 스스로 뛰게 만드는 방향으로 변해야 한다.

하지만 현실적으로 꼬치꼬치 불만을 토로하는 신입사원을 앞혀 두 고 '일의 의미'를 설명하기란 쉬운 일이 아니다. 이 일을 효과적으로 수행하기 위해서는 CEO에서부터 팀장에 이르기까지 아래와 같이 각 자 다른 역할을 수행해야 한다.

1) CEO를 비롯한 C-Level 의 경영진: '강렬한 한 방'이 필요하다!

아무리 실무자의 역할이 커졌다고 하더라도 여전히 기업을 대표 하는 건 CEO를 비롯한 C-레벨에 있는 경영진들이다. 이들은 영 화로 치면 '주연 배우' 또는 '감독'이나 다름없다. 이러한 위치에 있 는 사람들이 현장의 일개 스태프들에게 자잘한 지시를 내리기란 쉽지 않다. 팬들을 하나하나 만나 영화를 홍보하는 일 역시 주연 배우의 체면을 손상시킬 수 있다. 대신 이들은 전체적인 맥락을 짚 어주거나 팬들에게 강렬한 이미지를 전달해야 한다.

이런 일을 가장 성공적으로 수행한 사람을 꼽으라면 단연 스티브 잡스이다. 그는 매킨토시를 개발하면서 직원들에게 '해적이 되라'고 외쳤다. 실제로 그는 사무실에 해적 깃발을 내걸기도 했다. 해적은 해군과 달리 정규전을 펼치지 않는다. 그러므로 해적이 되라는 건 세상이 예측할 수 없는 과감한 일을 시도해 보라는 말과 같다. 이런 그의 외침은 훗날 애플을 상징하는 구호인 "Think Different"로 발전하였다. 뿐만 아니라 스티브 잡스가 죽고 난 이후인 2016년 4월 1일, 애플은 창립 40주년을 맞아 회사 사옥에 다시 해적 깃발을 내걸었다. 이는 혁신을 멈추지 않겠다는 선언이었다.

대부분의 최고 경영진들은 이런 모습을 동경하면서도 실제로는 전혀 다른 행동을 한다. 전 직원을 모아 놓고 회사의 비전을 설명하는 자리를 가지기는 하지만 기획실이나 전략실에서 마련해 준 자료를 그대로 읽기만 할 뿐 결코 자신의 비전을 있는 그대로 제시하지는 않는다. 뿐만 아니라 도저히 이루기 힘들 것 같은 목표를 설정하고 이를 달성하자고 독려(?)한다. 이러한 비전 선포식의 마지막은 감동적인 영상으로 마무리하지만 구성원에게 별 감흥을 주지는 못한다. 뿐만 아니라 이런 행사를 준비한 기획실 직원들은 행사장에서 노동조합이나 직원들이 최고 경영진의 비위를 거슬리게 하는 질문을 하지 않을까 노심초사한다. 안타깝지만 이것이 우리의 현실이다.

아무나 스티브 잡스가 될 수 있는 것도 아니고 우리의 현실도 그리하다면 최고 경영진들은 어떻게 해야 하는 걸까? 해답은 간단하다. 기업의 존재 이유나 핵심 목표를 간단한 한두 마디로 응축시켜 표현하는 것이다. 그런 일은 회사를 홍보하는 광고회사만 하는 게 아니다. 최고 경영진이 발 벗고 나서야 하는 일이다.

나는 어느 잡지에서 인상 깊은 칼럼을 읽었다. 그 칼럼을 쓴 사람은 국내 최고의 대학을 졸업하고 미국 유명 대학에서 박사 과정을 거친 다음 글로벌 컨설팅 기업에서 일을 하였다. 이처럼 최고의 스펙을 자랑하던 그녀가 어느 날 실리콘밸리의 자그마한 기업으로 이직을 했다. 그녀는 이직을 결심한 이유가 그 기업의 창립자가 한 말 때문이었다고 고백했다.

"이 기업을 시작해 이미 1천 명 가까운 사람들을 실명의 위기에서 구했습니다. 이것만 해도 평생 일한 보람이 있어요. 그렇지만 한편으론 이제 시작이라고 봅니다."[61]

만약 그 기업의 CEO가 자기 회사의 주력 기술은 라식 수술을 희망하는 환자들에게 수술에 앞서 유전적 결함을 가지고 있는지 판단하는 것이며, 이 기술의 가치는 얼마이고 향후 예상 수익은 어쩌고 하는 설명만 늘어놓았다면 일류 컨설턴트였던 그녀는 분명 콧방귀를 뀌었을 것이다. 하지만 CEO의 강렬한 한 방이 그녀의 마음을 움직였다. 이처럼 CEO를 비롯한 C-레벨의 최고 경영진들은 자기 회사의 존재 이유와 비전에 대한 자기만의 철학이 담긴 '강력한 한 방'을 가슴 속에 품고 있어야 한다.

2) 담당 임원: '성과'의 명확한 정의를 내려야 한다.

기업의 규모에 따라 조금씩 다르겠지만, C-레벨 임원과 팀장 사이에도 임원이 존재한다. 보통 재무나 마케팅, 인사 등 특정 직무 또는 지역이나 제품군을 담당하는 임원 등 종류가 다양하다. 여기에선 이러한 직책을 맡고 있는 임원을 통칭하여 '담당 임원'이라 하기로 한다. 담당 임원들은 최고 경영진이 세운 비전이나 목표를 달성할 수 있는 전략을 마련하고 그 전략을 실행하기 위한 전술을 총괄하는 위치에 있다.

담당 임원이 구성원에게 의미를 부여하기 위해서는 C-레벨 경영진처럼 강력한 한 방도 필요하지만, 그들의 한 방은 최고 경영진이 선포한 비전의 테두리를 벗어나면 안 된다는 한계가 있다. 대신 이들은 최고 경영진 또는 고객이 원하는 '성과' 또는 '가치'의 명확한 정의를 내려줘야 한다. 단순히 달성해야 할 목표 또는 실적을 제시하는 것만으로는 구성원에게 적절한 의미를 부여해 줄 수 없다. 따라서 회사의 실질적인 그림을 그리는 것이 담당 임원들의 역할이다.

사실 C-레벨에 있는 경영진들은 실무자와 접촉할 수 있는 기회가 그리 많지 않기 때문에 구성원에게 구체적인 영향력을 미치지는 못한다. 반면 담당 임원들은 C-레벨 경영진보다는 훨씬 구체적인 영향력을 미칠 수 있다. 특히 팀장들에게 절대적인 영향력을 미칠 수 있는 위치에 있다. 팀장들은 담당 임원이 한 행동들을 그대로 자신의 팀원들에게 할 가능성이 크다.

그러므로 조직 내에서 '파이어 스타터'의 역할을 해줘야 하는 사람들은 바로 담당 임원들이다. 닐 도시, 린지 맥그리거 부부는 파이어 스타터 리더가 업무의 의미를 일깨우는 세 가지 방법을 소개한 바 있는데,[62] 이를 요약하면 다음과 같다.

① 직원이 현재 중요하고 의미 있는 일을 하고 있음을 깨닫게 해준다.
② 직원이 긍정적이고 일관된 목표 의식을 가질 수 있도록 스스로 모범을 보인다.
③ 고객의 이익을 우선시한다.

여기서 우리가 눈여겨 봐야 할 것은 '고객의 이익을 우선시하라'이다. 이 말은 고객의 이익과 관계없는 일들, 예를 들면 보고를 위한 보고, 성과에 별 영향을 미치지 못하는 불필요한 업무 따위에 신경 쓰지 말고 고객에게 이익이 될 만한 '진짜 일'에 집중할 수 있는 분위기를 만들어 줘야 한다는 의미이다.

과거에 필자가 알고 지내던 어느 임원이 있었다. 그는 본사에서 근무하다가 지방 공장으로 내려가게 됐다. 그의 주변 사람들은 그가 본사로 돌아가기 위해 최고 경영진들의 행보에 모든 촉각을 곤두세우고 있다고 했다. 그를 보좌하던 직원들은 그가 원하는 정보를 제공하기 위해 자신의 업무보다도 본사의 정보를 캐는 데에만 혈안이 됐다고 한다. 그 임원은 진짜 고객이 아닌 자신의 상사를 고객으로 삼았던 것이다. 이처럼 담당 임원이 일의 본질에서 벗어나면 구성원 역시 고객이라는 본질에서 벗어난 엉뚱한 일을 하게 된다는 사실을 잊지 말자.

3) 팀장 및 선임 직원: 밀레니얼 세대에겐 이들이 곧 '회사'이다.

'회사 보고 들어와서 사람 보고 나간다'는 말이 있다. 회사의 이미지를 보고 입사했지만, 그 속에서 일하는 사람이 꼴 보기 싫어서 퇴사한다는 뜻이다. 대부분 신입사원이거나 대리 직급인 밀레니얼 세대에게는 더욱 와 닿는 말일지도 모른다. 특히 그들에게 있어서 '팀장'이 곧 '회사'이므로 팀장이 밀레니얼 세대에게 어떻게 대하는지가 가장 중요하다.

그러나 우리가 부정할 수 없는 사실이 있는데, 대부분의 신입사원들이 '어마무시(?)'한 착각에 사로잡혀 있다는 것이다. 신입사원들은 자기들이 회사에 들어오자마자 '미생'의 장그래처럼 큰 역할을 할 수 있을 거라 기대한다. 그렇지만 실제로는 제대로 된 보고서조차 쓰지 못하는 게 신입사원의 현실이다. 보통 신입사원의 업무 교육을 책임지는 과장급의 선임 직원 또는 팀장들은 신입사원들에게 현실을 직시하게 해주려고 '무자비한' 피드백을 선사한다. 또한 그들은 이런 일들을 많이 겪어 봐서 신입사원이 입사하면 복사와 같은 허드렛일부터 시키는 경우가 많다.

밀레니얼 세대와 함께 일할 수 있는 방법을 담은 책《요즘것들》의 저자 허두영 소장은 팀장에게 매우 중요한 '의미 부여'의 기술을 소개한다. 그는 '허드렛일'에도 중요한 의미를 부여하는 것이 팀장

의 중요한 직원 관리 스킬 중의 하나라고 말한다.[63)]

이를 위해 팀장은 밀레니얼 세대에게 작은 일부터 해보라고 권하면서 그들이 가진 강점을 파악할 수 있어야 한다. 《재능은 어떻게 단련되는가》의 저자 제프 콜빈은 탁월한 성과를 이룬 사람들이 엄청난 노력을 기울일 수 있었던 동기 중의 하나로 '승수 효과(Multiplier Effect)'를 들었다. 승수 효과란 특정 분야에서의 아주 작은 이득이 훨씬 큰 이득을 발생시키는 일련의 사건을 일으킬 수 있다는 것이다.[64)] 예를 들어 다른 친구들보다 야구를 조금 더 잘하는 것뿐인 아이가 점점 더 많이 연습하고 좋은 팀과 코치를 찾아나서는 등 조금씩 전진하다 보면 언젠가 이런 요소들이 연쇄 효과를 나타내 폭발적인 성과를 내는 경우를 말한다. 이때 코치의 사소한 피드백이 아이의 흥미를 꺾어 버릴 수도 있고 승수 효과를 촉발할 수도 있다. 팀장의 역할도 마찬가지이다. 사소한 강점이라도 캐치하여 진솔하게 칭찬해 주면 밀레니얼 세대에게는 더 없이 큰 힘이 된다.

《요즘것들》에서 소개하는 또 하나의 의미 부여 기술은 일의 '전체 맥락'을 공유하는 것이다.[65)] 아직 업무가 서툴다고 해서 전체적인 맥락을 몰라도 되는 건 아니다. 오히려 지엽적인 업무를 할수록 더욱 전체적인 맥락을 파악할 필요가 있다. 그래야 앞으로 어떤 역량을 키워야 하는지 스스로 깨달을 수 있기 때문이다.

마지막으로 팀장은 밀레니얼 세대에게 '업무'가 아닌 '역할'을 부여해 줘야 한다. 단순히 업무를 분장해 준다는 건 그들의 능력을

'업무'라는 울타리에 가두는 것과 마찬가지이다. 그들은 단순 반복적인 일에 싫증을 느끼므로 주어진 '역할' 안에서 다양한 시도를 해볼 수 있도록 유도하는 것이 좋다.

지금까지 살펴본 것처럼 최고 경영진과 담당 임원 그리고 팀장급의 리더들이 각자의 역할을 충실히 해준다면 밀레니얼 세대와 불화하는 일은 없을 것이다. 오히려 그들 내면에 있는 내적 동기가 충만해져 더욱 크게 성장하게 되리라 확신한다.

직원존중 주식회사를 만들기 위한 네 번째 방법

리더십의 방향을 '강요'에서 '의미 부여'로 전환해야 합니다.

① 밀레니얼 세대가 조직을 떠나고 있습니다.

바야흐로 밀레니얼 세대의 '진격'이 시작되었습니다. 이제 그들을 이해하지 못하는 기업은 몰락을 피할 수 없습니다. 뿐만 아니라 밀레니얼 세대 신입사원의 26%가 입사한 지 5개월 만에 회사를 떠난다고 합니다. 이는 기업이 밀레니얼 세대를 이해하고 조직문화를 바꿔야 한다는 절박한 신호로 해석해야 합니다.

② 밀레니얼 세대가 추구하는 세 가지의 가치

밀레니얼 세대를 이해하기 위해서는 그들이 추구하는 가치관을 파악해야 합니다. 그들은 '수평성'과 '재미'를 추구합니다. 수평적인 네트워크 세상에서 재미를 찾아 떠도는 것이 그들이 살아가는 방식입니다. 그들은 회사에서도 이런 수평성과 재미를 추구합니다. 또한 밀레니얼 세대는 '일의 의미'를 추구하는 세대입니다. '무엇을 해야 하는가' 보다는 '왜 이 일을 해야 하는가'에 더 많은 관심을 가지며, 그 의문이 해결되어야 비로소 최선을 다해 뛰기 시작합니다.

③ 밀레니얼 세대에게 '일의 의미'를 부여할 수 있는 직급별 역할

밀레니얼 세대와 공존하기 위해서는 그들에게 '일의 의미'를 부여해 줄 수 있는 존재가 되어야 합니다. 따라서 리더십의 방향

도 '강요'에서 '의미 부여'로 전환되어야 합니다. '의미 부여' 리더십을 위한 직급별 역할은 다음과 같습니다.

1) CEO 등 C-레벨의 최고 경영진

최고 경영진에게는 밀레니얼 세대를 설득시킬 '강력한 한 방'이 필요합니다. 기업의 존재 이유와 비전에 대해서 자기만의 철학을 응축시킨 '강력한 한 방'을 선포하는 일이 최고 경영진이 해야 할 가장 중요한 일입니다.

2) 담당 임원

C-레벨에 있는 최고 경영진과 팀장 사이에 있는 '담당 임원'들은 최고 경영진 및 고객이 원하는 '성과' 또는 '가치'에 대한 명확한 정의를 내릴 수 있어야 합니다. 이를 통해 구성원에게 회사가 해야 할 실질적인 일이 무엇인지 명확하게 인식시켜야 하며 이와 관련 없는 불필요한 일은 제거할 줄 알아야 합니다.

3) 팀장 및 선임 직원

밀레니얼 세대에게 회사란 곧 팀장 또는 선임 직원입니다. 그러므로 가장 구체적으로 일의 의미를 부여해 줘야 합니다. 특히 허드렛일을 시킬 때에도 중요한 의미를 부여할 줄 알아야 합니다. 또한 일의 전체적인 맥락을 알려 줘야 하며, '업무'가 아닌 '역할'을 부여함으로써 단순 반복적인 일에 갇히지 않도록 배려합시다.

강요에서 존중으로 가기 위한
위한 다섯 번째 방법

5. 팀워크: 진정한 팀워크는 '다름'을 존중할 때 발휘된다.

지금까지 조직 내에서 '다름'은 인정될 여지가 없었고, 모두 같은 방향을 향해 달려 나가야만 했다. 이처럼 강요된 팀워크는 이제 한계에 도달했다.
앞으로는 서로의 '다름'을 존중하여 각자가 가진 잠재력이 발휘될 수 있는 환경이 조직 발전의 원동력으로 작용한다.

그러나, 우리는 과연 서로의 '다름'을 인정하고 존중할 수 있을까?
다섯 번째 방법에선 서로의 '다름'을 발견하고 존중할 수 있는 가장 과학적인 방법을 알아본다.

결국, 모든 건 '합'이 맞아야 한다.

사람에겐 저마다의 '색깔'이 있다.

우리는 왜 '화합'하지 못하는가?

지금까지 살펴본 소통과 신뢰, 리더십과 같은 요소들의 지향점은 결국 서로의 '합'이다. 조직 내에 아무리 뛰어난 인재들이 있어도 서로의 '합'이 맞지 않는다면 그들의 뛰어난 능력은 아무런 쓸모가 없어진다. 많은 조직들이 화합을 위해 엄청난 노력을 기울이지만, 역설적으로 그런 노력이 계속될수록 구성원들의 피로도는 증가한다. 화합이라는 게 회사가 일방적으로 강요한다고 해서 이뤄지는 게 아니기 때문이다.

사실 '화합'이라는 건 눈에 보이지 않는 추상적인 상태이다. 우리가 피부로 느끼는 건 업무적으로 연관된 사람들끼리의 효율적이고 원활한 협업을 의미하는 '팀워크'이다. 그렇지만 현실에서 다른 누군가와 팀을 이루어 함께 일하는 건 매우 피곤한 일이다. 오히려 혼자 일하는 게 편하다고 말하는 사람들도 많다.

얼마 전 나는 전체 직원이 20명 정도 되는 작은 회사의 소통 워크숍을 의뢰받았다. 그 회사의 상황은 상당히 심각했다. 몇 명은 이미 사직서를 제출한 상태였고 나머지 구성원들도 이미 마음이 떠나 있었다. 그들과 인터뷰해 보니 새로 부임한 임원이 지나치게 강압적으로 업무를 추진한다고 입을 모아 말했다. 그러나 정작 그 임원은 직원들이 업무를 너무 느리게 처리하고 업무에 소극적이라고 불만을 토로했다.

사실 이 회사뿐 아니라 대부분의 회사는 이와 비슷한 상황에 놓여 있다. 제각기 다른 성격, 일하는 방식의 차이 등으로 다같이 협력하여 '팀워크'를 맞춰 나가기보다는 각자의 방식만 옳다고 여긴다. 이로 인해 진정한 팀워크를 형성하는 일은 불가능에 가깝다.

그럼에도 우리는 협력하여 성과를 이뤄내야 하는데, 이를 위해서는 서로의 차이를 인정하고 존중해야 한다. 대한민국 최초의 '한국인론'을 펴낸 이어령 교수는 한국적인 힘의 단합을 위해서는 우리나라 특유의 '미묘한' 협동 방식을 이해해야 한다고 했다. 그는 우리들이 직접적인 자기 이익이 걸려 있지 않거나 전체의 호흡이 한 사람 한 사람을 중심으로 서로 맞지 않으면 결코 협력하지 않는다고 한다.[66] 한마디로 우리는 개개인의 이익과 개성을 존중받을 때에야 비로소 협력하는 습성을 가지고 있는 것이다.

그렇지만 지금까지 우리는 경제 발전이나 회사의 생존과 같은 거국적인 명목 아래 획일적인 단합을 강요당해 왔다. 그러므로 모두 지리멸렬할 수밖에 없었고 늘 누군가를 원망하며 살아야 했다. 갈등이 생기면 합리적으로 극복해 나가기보다는 그냥 등을 돌려버린다. 한

잔의 술로 갈등을 풀어나가던 시절도 있었지만, 이제 그렇게 하기에는 세상이 너무나 삭막해졌다.

거기다 세상은 점점 복잡해져 개인의 힘으로는 도저히 문제를 해결할 수가 없는 지경에 이르렀다. 그래서 집단 지성의 중요성이 강조되지만 현실적으로 집단 지성을 모으기란 쉽지 않다. 이런 상황에서 우리는 어떻게 해야 제대로 된 팀워크를 발휘할 수 있을까?

결국 방법은 단 하나, 서로의 '다름'을 인정하고 존중하는 것이다. 모든 구성원이 획일적인 방식으로 일해서 생산성을 높이던 시대는 이제 지나가 버렸다. 각자가 서로 다른 방식으로 사고하고 일한다는 사실을 존중하여 그 '다름'이 창조성과 혁신의 원동력이 될 수 있도록 만들어야 한다. 그것이 21세기형 팀워크의 핵심이다.

서로의 '다름'을 이해할 수 있게 해주는 최적의 도구

구성원들의 '다름'을 존중하기 위해서는 우선 서로가 어떻게 다른지부터 파악해야 한다. 이를 위한 가장 객관적이고 정확한 방법은 성격이나 행동을 분석해 주는 심리 진단을 활용하는 것이다. 이런 심리 진단을 개발하기 위해 지금까지 수많은 학자들이 연구해 왔으며 그 덕분에 다양한 심리 진단이 탄생할 수 있었다. 여기서 소개할 버크만 진단은 그중에서도 가장 신뢰받고 있는 진단 중의 하나이다.

1940년대 말 로저 버크만 박사에 의해 개발된 버크만 진단은 60년이 넘는 긴 시간 동안 끊임없이 발전을 거듭해 왔다. 그 덕분에

AT&T, 포드, 엑손, 쉘과 같은 글로벌 기업을 비롯한 8,000여 개의 기업이 버크만 진단을 활용하고 있다. 뿐만 아니라 세계적으로 유명한 인적 자원 컨설팅사인 머서 역시 직원 개발과 경영자 육성에 버크만 진단을 활용하였다.[67] 국내에는 2012년부터 버크만 코리아를 통해 도입되었는데 지금까지 수만 명의 사람들이 진단을 받았을 뿐 아니라 2,500여 명의 전문가가 배출되었다.

 이처럼 버크만 진단이 오랜 시간 많은 기업과 고객으로부터 신뢰를 받을 수 있었던 건 자신과 타인에 대한 이해를 도와주는 든든한 안내자 역할을 해온 덕분이다. 특히 버크만 진단은 개인의 '행동 패턴'만 분석해 주는 다른 진단과는 달리 자신에게 동기 부여를 해주는 '흥미' 요소와 대인관계에서 타인에게 바라는 '욕구(Needs)'와 같은 내면적인 요소까지 분석해 주고 있다. 물론 버크만 역시 행동 패턴에 대한 분석을 제공하는데 평상시의 행동뿐만 아니라 스트레스를 받았을 때 자기도 모르게 튀어나오는 행동까지도 분석해서 보여 준다. 이와는 별도로 자신이 어떤 방식으로 일을 추진하는지에 대해서도 알려 주고 있다.

 이처럼 겉으로 드러나는 행동뿐만 아니라 내면에 감춰져 있어서 잘 드러나지 않는 요소까지 정확하게 파악할 수 있는 게 버크만의 장점이다. 나아가 이런 결과를 한눈에 알아볼 수 있도록 시각화한 한 것 역시 버크만의 대표적인 강점이다. 따라서 조직의 구성원들이 다 함께 버크만 진단을 받고 그 결과를 서로 공유한다면 서로에 대해 깊이 있게 이해할 수 있는 기회가 될 수 있다.

일부 독자들은 책을 통해 특정한 진단을 소개하는 부분에 대해 거부감을 가질 수도 있다고 생각한다. 하지만 나는 여러 해 동안 다양한 조직을 대상으로 버크만 진단을 실시해 왔고, 그 결과 조직의 갈등이 해소되고 활력이 되살아나는 걸 여러 차례 목격했다. 이런 경험을 통해 나는 서로의 '다름'을 이해하고 팀워크를 강화하기 위한 최적의 도구가 바로 버크만 진단이라는 걸 확신하게 됐다. 여기서 버크만 진단을 소개하는 건 그런 확신 때문이다.

지금부터 소개하는 내용을 읽으며 독자들도 자신과 타인을 어떻게 이해할 수 있는지 생각해 봤으면 좋겠다. 그럼 보다 '입체적'이고 '색다른' 방법인 버크만 진단에 대해 알아보도록 하자.

사람에겐 저마다의 '색깔'이 있다.

버크만 진단을 이해하기 위해서는 우선적으로 아래와 같이 4가지 색깔로 표시된 4분면을 이해해야 한다. 버크만에선 이를 '생활양식 도해(Life Style Grid)'라고 한다. (이하에선 LSG로 표시)

LSG는 심리학에서 일반적으로 인정하고 있는 인간 특성의 네 가지 유형을 토대로 한다.[68] 4가지 유형이라니 너무 식상한가? 사실 4가지 유형은 성격 진단에서 흔히 사용되는 방식이다. 그렇지만 버크만 진단은 훨씬 다양한 정보를 제공하니 걱정하지 않아도 된다. 4개의 색으로 표시되는 LSG는 다양한 정보를 시각적으로 전달하기 위한 토대 또는 일종의 '좌표' 역할을 한다.

버크만은 앞서 설명한 바와 같이 흥미와 욕구, 평상시의 행동 및 스트레스 상황에서의 행동 이렇게 4가지의 지표를 알려 주는데 이 지표가 표시되는 바탕이 바로 LSG이다. 각 지표는 기호로 표시되는데 모든 기호가 같은 영역에 위치할 수도 있고 모두 다른 영역에 위치할 수도 있다. 또한 같은 영역에 있더라도 그 위치에 따라 특성이 조금씩 달라진다. 구체적인 해석 방법은 다음 글에서 설명하고 여기에선 LSG 의 4가지 '색깔'이 가지는 의미에 대해서 살펴보기로 한다.

위의 그림처럼 빨강, 초록, 노랑, 파랑의 4가지 색깔은 두 개의 축을 통해서 나눠지는데 세로 축은 자신의 소통 방식을 나타내고, 가로

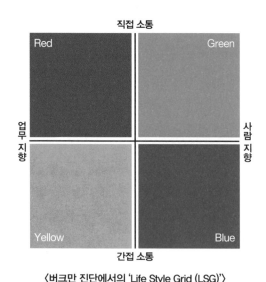

〈버크만 진단에서의 'Life Style Grid (LSG)'〉
(그림 출처: 로저 버크만, True Colors, Birkman korea, 2014, 71p.)

축은 자신이 중요하게 여기는 관점을 나타낸다. 그림에서 보는 바와
같이 세로축을 따라 위로 올라갈수록 대화를 통한 직접적인 소통 방
식을 선호하며 아래로 내려갈수록 글이나 이메일 등의 간접적인 소
통을 선호한다. 가로축을 따라 오른쪽으로 갈수록 다른 사람과의 관
계를 중요하게 생각하는 성향이 강하며, 왼쪽으로 갈수록 사람보다
는 업무를 우선시하는 업무 지향적인 경향이 강하다.

버크만 박사는 이와 같이 두 개의 축을 통해 나누어진 네 영역의 특
징을 쉽고 직관적으로 파악할 수 있도록 4가지 색으로 표현했다. 각
컬러별 특징을 한마디로 나타내면 아래와 같다.

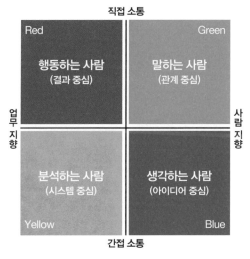

〈4가지 컬러별 특성〉

(그림 출처: 샤론 버크만 핑크,스테파니 케이퍼렐, 버크만 프로젝트, 위너스북, 2015, 54p.)

강렬한 빨간색으로 표시된 'Red'의 영역은 사람들과의 직접적인 소통을 선호하며 업무 중심적인 사람을 의미한다. 이들은 눈에 보이는 결과를 얻기 위해 움직인다. 그래서 이들은 '행동하는 사람'이라 할 수 있다.

　활발함을 나타내는 초록색으로 표시되는 'Green' 영역은 다른 사람과의 직접적인 소통과 더불어 관계를 중요하게 생각하는 유형이다. 이들에겐 '말'이 가장 중요하다. 그러므로 이들은 '말하는 사람' 또는 '소통하는 사람'으로 불린다.

　체계적인 특성을 나타내는 노란색의 'Yellow' 영역은 간접 소통을 선호하며 업무를 지향하는 유형을 의미한다. 이 영역에 속하는 사람들은 시스템 중심적인 '분석하는 사람'의 특성을 보인다.

　차분하면서도 고요함을 나타내는 파란색의 'Blue' 영역에 속하는 사람들은 간접적인 소통을 선호하지만 관계 중심적인 성향을 보인다. 이들은 주로 행동보다는 '생각'을 많이 하므로 아이디어 중심의 '생각하는 사람'으로 불린다.

　버크만 박사는 사람들은 저마다의 색깔을 가지고 있으며 위와 같이 4가지의 유형으로 분류될 수 있다고 했다. 물론 버크만 진단은 복잡한 인간의 성격을 4가지 유형으로만 단순화시키지 않는다.

　앞서 말한 것처럼 4가지의 지표가 각 컬러 영역에 표시되는데, 이를 통해 우리들은 각자의 복잡한 성격을 시각적으로 한눈에 파악할 수 있다. 이를 해석하는 방법은 이어지는 글에서 설명하도록 한다.

빅 데이터를 기반으로 하는 버크만 진단

오랜 시간 누적된 데이터의 힘

일반적으로 기업이나 학교에서 활용하는 성격 진단은 종이 진단지를 사용한 오프라인 방식으로 진행된다. 그러나 특이하게도 버크만 진단은 온라인으로 진행된다.

버크만 진단을 신청하면 신청자의 이메일로 진단지가 발송되고 온라인상에서 약 30분 동안의 진단이 실시된다. 진단을 마치고 나면 그 데이터가 버크만 본사로 보내지고, 본사에 저장된 데이터와 비교 분석하여 도출된 결과가 신청자의 메일로 송부된다. 이런 절차는 즉석에서 결과를 확인할 수 있는 다른 진단보다 훨씬 번거롭게 느껴진다. 그렇지만 버크만 진단이 세계적으로 신뢰받는 이유가 바로 이 '온라인' 진단에 있다.

버크만 박사는 인터넷이 활성화되기 훨씬 전인 1967년부터 진단 결과를 대형 컴퓨터에 저장하기 시작했다. 그로부터 50년이 흘렀고 버크만 진단 횟수는 전 세계적으로 3,500만 회를 넘어섰다. 버크만은 그야말로 빅 데이터라고 할 수 있을 정도의 방대한 데이터를 축적할 수 있었다. 오랜 시간 축적된 인간의 성격과 직업적 특성[69]에 대한 방대한 데이터를 통하여 우리는 더욱 정확한 결과를 받아볼 수 있게 된 것이다.

한편 버크만은 이처럼 방대한 데이터를 바탕으로 놀라운 사실을 발견했다. 전 세계적으로 진단 결과를 비교해 본 결과 나이나 성별, 인종, 심지어 국가에 따른 차이는 미미한 반면, 한 집단 내에서의 개인별 차이가 더 크게 나타난다는 사실을 발견한 것이다.[70]

외국인보다도 내 옆에서 일하는 동료가 더 이질적이라는 사실은 우리가 조직 내에서 왜 그렇게 많은 갈등을 겪어야만 했는지 알려 준다. 반대로, 옆 사람을 이해할 수만 있다면 정말 즐거운 일터가 될 수 있다는 희망도 안겨 준다.

그렇다면 우리는 어떻게 해야 주변 사람들을 온전히 이해할 수 있을까? 겉으로 드러나는 행동만 봐서는 결코 알 수 없는 게 사람이다. 이제 버크만 진단의 다양한 지표를 통해 자신과 타인을 입체적으로 이해할 수 있는 방법을 알아보도록 하자.

자신과 타인을 이해할 수 있도록 도와주는 버크만의 지표들

버크만 진단 결과를 받아 보면 아래의 그림과 같이 좌표 위에 기호가 찍혀 있는 그림을 발견하게 된다. 과연 이 그림은 어떤 의미를 가지는 걸까? 사실 이 그림은 자신의 성격적 특성을 한눈에 파악할 수 있도록 표현한 것이지만, 그 의미를 모를 때에는 그저 암호에 불과하다. 이 그림을 이해하기 위해선 우선 기호의 의미부터 파악할 필요가 있다.

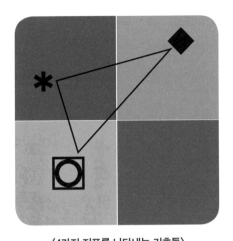

〈4가지 지표를 나타내는 기호들〉
(그림 출처: 버크만 컨설턴트를 위한 강의자료, 버크만 코리아 제공)

1) 하고 싶은 일 또는 나도 모르게 끌리는 일: 흥미(interests, ✳)

별표 모양의 ✳ 기호는 '흥미'를 나타내는데, 이는 기회나 보상과 같은 조건이 동일하다고 했을 때 가장 즐거움을 느끼고 몰입하는 활동을 말한다. 이때 ✳ 기호가 위치한 컬러에 따라 흥미 분야가 달라지는데, 컬러별 흥미 분야는 앞서 설명한 컬러별 특징을 바탕으로 한다.

일반적으로 Red는 무언가를 만드는 활동이나 문제 해결에 관심을 보이고, Green은 말을 통한 설득이나 판매에 끌리게 된다. Yellow는 숫자나 회계, 또는 구체적인 일정과 같은 규칙적이고 지속적인 일에 흥미를 느끼며, Blue는 예술이나 문학, 사색 등에 흥미를 느낀다.

이 흥미 지표는 진로를 정하거나 자신에게 맞는 업무를 찾을 때 나아가 삶의 열정을 유지하기 위한 활동을 찾을 때 유용하게 활용될 수 있다.[71]

2) 남이 보는 나의 모습: 평소 행동(Usual Style, ◆)

다이아몬드 모양의 ◆ 기호는 평소에 자기가 하는 행동 패턴을 의미한다. 이는 다른 사람들이 보는 나의 모습이며, 사회적으로 학습된 행동이다. 타인이 가장 편하게 느끼는 나의 모습이므로 '강점'이다.

컬러별로 나타나는 대표적인 특징을 살펴보면, Red는 결단력이 있고 활동적이며 솔직하다. Green은 자기주장이 강하면서도 열정적인 모습을 보인다. Yellow는 성실하고 질서 정연하며 끈기 있는 행동을 보인다. Blue는 사려 깊고 통찰력이 있으나 다소 낯을 가리는 모습이다.

3) 내가 타인에게 바라는 태도와 환경: 욕구(Needs, ○)

동그라미 모양의 기호는 '욕구'를 나타내는데 타인으로부터 받고 싶어 하는 대우나 지원 또는 환경을 의미한다. 무언가를 필요로 한다는 점에서 한국어의 '욕구'보다는 영어의 '니즈(Needs)'로 이해하는 게 더 적합하다. 니즈는 내면 속에 감춰져 있어서 상대방은 물론 자기 자신도 모르고 있는 경우가 많다. 그래서 나는 이 니즈를 파악하는 것이야말로 버크만 진단의 핵심이라고 생각한다. 각 컬러별로 나타나는 대표적인 니즈는 다음과 같다.

Red는 모호하지 않고 분명한 상황을 원하며 그 속에서 명확한 결정과 구체적인 결과가 나오길 기대한다. 또한 사람들에게 지시를 내릴 수 있는 명백한 권한이 부여되기를 원한다. 대인관계에 있어서는 가볍고 사무적인 관계를 맺는 걸 선호한다.

Green은 '소통하는 사람'이라는 특성답게 다른 사람들과 함께 일하면서 자신의 주장을 펼칠 수 있는 환경을 원한다. 또한 그 안에서 자신의 영향력(소위 말하는 '말발')이 통하길 바란다. 대인관계에서는 타인으로부터 인정받고 싶어 하는 욕구가 강하다.

Yellow는 '시스템 중심적'인 컬러 특성으로 인해 구체적인 지시와 관리가 이루어지며 예측 가능하고 규칙적인 상황을 원한다. 대인관계에서도 일관성 있는 모습을 원한다.

Blue는 개인의 감정과 일정 그리고 시간을 충분히 존중받는 환경을 원한다. '생각하는 사람'이라는 컬러별 특성상 생각할 수 있는 충분한 시간이 제공되길 바라는 것이다. 대인관계에서는 자신의 감정이 존중되길 바라며 지시를 받기보다는 제안이나 부탁을 받기를 원한다.

한편 이 니즈는 평소 행동과 반드시 일치하지는 않는다. 예를 들어 평소 행동은 외향적인 Red인데, 내면의 욕구는 다소 내향적인 Blue인 사람들도 상당히 많다.

그리고 중요한 것은 이러한 내면의 욕구가 채워져야 앞서 설명한 평소 행동이 나온다는 사실이다. 만약 자신이 처한 환경이나 대인관계로부터 이 니즈가 충족되지 않는다면 스트레스가 쌓이고 자신도 모르게 '스트레스 행동'을 하게 된다.

4) 내 안의 욕구가 채워지지 않을 때 나오는 이상한 행동들:

스트레스 행동(Stress Behavior, ☐)

욕구(Needs)가 오랫동안 채워지지 않으면 스트레스가 누적되다가 갑자기 터지고 만다. 이 모습은 평소에 자신이 보이는 행동과는 많이 다르기 때문에 주위 사람들은 상당히 놀라게 된다. 이와 같은 스트레스 행동은 욕구와 밀접한 관계가 있으므로 욕구를 나타내는 ○ 기호와 항상 같은 자리에 위치하게 된다. 따라서 욕구와 스트레스 행동은 하나로 겹쳐져 있는 모습을 하고 있다. 컬러별로 나타나는 대표적인 스트레스 행동은 아래와 같다.

Red는 행동하는 사람이라는 컬러 특성답게 더욱 바쁜 행동을 보인다. 또한 참을성이 없어지고 타인의 감정을 무시하며 충동적이고 경솔한 행동을 보인다.

Green은 자신의 니즈가 채워지지 않은 경우 '말하는 사람'이라는 특성답게 더욱 산만해지고 말이 많아지는데 대부분 자기 방어적인 말을 한다. 또한 위압적인 태도를 보이기도 한다.

Yellow는 지나치게 규칙을 강조하거나 변화에 저항하는 행동을 보인다. 또한 지나친 일관성으로 인하여 사고나 태도가 경직된 모습을 보이기도 한다.

Blue는 자신의 감정이나 자유가 침해되는 경우 더욱 깊은 침묵에 빠져들거나 머뭇거리는 행동을 하게 된다. 지나치게 예민해지며 문제를 확대 해석하는 경우도 있다. 사회 관습을 무시하는 모습도 종종 나타낸다.

5) 어떤 모습이 가장 이상적인가?

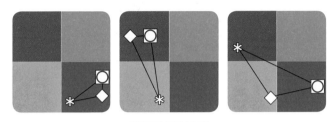

〈버크만 진단 결과〉

(그림 출처: 버크만 진단 결과 리포트)

위의 그림은 실제로 버크만 진단 결과를 나타낸 모습이다. 그런데 지표를 나타내는 기호를 연결한 모습들이 제각각이다.

좌측에 있는 그림에서는 모든 지표가 Blue영역 한곳에 집중되어 있고, 가운데에선 Red와 Yellow 두 영역에 걸쳐 있으며, 오른쪽 그림에서는 Red와 Yellow, Blue 세 영역에 걸쳐 있다.

모든 지표가 한 영역에 위치해 있는 경우, 행동이나 내면이 일치하므로 자신은 물론 타인도 그 사람이 어떤 사람인지 비교적 명확하게 알 수 있다. 반면 여러 컬러로 분산이 되는 경우, 행동과 내면의 욕구가 일치하지 않아 스스로도 자신이 어떤 사람인지 몰라 혼란스러울 가능성이 높다. 물론 이 중에서 더 나은 건 없다. 버크만 진단은 개인적인 특성을 말해 줄 뿐, 결코 어느 것이 더 좋다고 말하지는 않는다.

모든 지표가 한 가지 컬러에 있는 사람은 자신이 어떤 사람인지는 명확하게 알지만 다른 유형의 사람을 이해하지 못할 가능성이 높다. 반면 여러 컬러에 걸쳐 있는 사람의 경우 스스로는 어떤 사람인지 모르지만 자기 안에 있는 다양한 특성으로 인하여 타인을 잘 이해하며 호흡도 잘 맞춰 줄 가능성이 높다. 그렇기 때문에 어느 유형이 더 좋다고 말할 수 없는 것이다.

6) 나는 어떤 방식으로 일하는가?: 조직 지향점(Organizational Focus)

지금까지 살펴본 흥미, 행동, 욕구, 스트레스 행동은 '대인관계'에서 나타나는 특성을 나타낸 지표이다. 버크만 진단은 이 4가지 지표와는 별개로 '일을 할 때' 자신이 어떤 관점으로 문제를 바라보고 해결하는지에 대한 분석도 제공한다. 이는 대인관계에서 보이는 특성과 일을 처리하는 방식이 다를 수도 있다는 전제에서 출발한다. 이처럼 버크만 진단은 인간을 상황에 따라 변하는 입체적이고 유동적인 존재로 인식하여 다양한 분석을 제공하고자 노력한다.

일을 하는 동안 자신이 어떻게 문제를 인식하고 해결하는가에 대한 분석을 '조직 지향점(Organizational Focus)'이라고 하는데 아래의 그림과 같은 모습으로 표시된다.

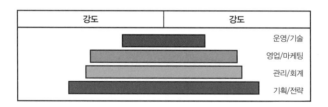

〈4가지 지표를 나타내는 기호들〉
(그림 출처: 버크만 컨설턴트를 위한 강의자료, 버크만 코리아 제공)

조직 지향점은 위의 그림과 같이 4가지 컬러의 막대로 표시되는데, 컬러별 특징은 앞서 살펴본 특성을 바탕으로 한다. 결과를 중요하게 여기는 Red는 운영과 기술적인 영역을, 소통의 색깔인 Green 은 영업과 마케팅을, 시스템적인 Yellow는 관리와 회계, 생각이 많은 Blue는 기획과 전략적인 관점을 중심으로 일을 처리한다.

그런데 위의 4가지 막대 중 어떤 게 나의 특성을 나타내는 걸까? 가장 아래쪽에 있는 막대가 자신이 일하는 방식을 나타낸다. 밑에서 두 번째 막대는 이를 보완하는 특성이며, 세 번째와 네 번째 막대는 자신에게 거의 보이지 않는 특성으로 자신에게 '부족한' 영역이다. 또한 막대의 길이가 길수록 그 영역에 해당되는 특성을 강하게 나타낸다.

현실에서의 갈등 상황과 버크만 진단 활용법

지금까지 살펴본 것처럼 버크만 진단은 사람의 행동 패턴과 일하는 방식, 그리고 내면에 숨겨진 욕구와 흥미까지도 분석하여 자기 자신을 입체적으로 이해할 수 있도록 도와준다. 뿐만 아니라 이러한 특성을 한눈에 알아볼 수 있도록 시각적으로 표시해 주므로 다른 사람의 특성 또한 바로 파악할 수 있다.

버크만 진단을 받고 나면 상세한 결과 리포트와 함께 한 장으로 요약된 네임택을 주는데, 이 네임택을 사무실 책상 위에 붙여 놓으면 누구든지 참조할 수 있다.

그런데 이렇게 하는 것이 과연 도움이 될까? 결론부터 말하자면 매우 도움이 된다. 일반적으로 누군가의 행동 패턴이나 일하는 방식은 다른 누군가의 욕구(니즈)에 영향을 미칠 수 있기 때문이다.

행동과 일하는 방식 그리고 욕구가 현실에서 어떤 영향을 주고받는지 알아보기 위해 앞서 소개했던, 나에게 소통 워크숍을 의뢰한 회사의 이야기로 돌아가 보자.

나는 이미 사직서를 제출한 직원을 포함한 전 직원들을 대상으로 버크만 진단을 실시한 결과 갈등의 원인을 명확하게 파악할 수 있었다. 새로 부임한 임원의 평소 행동과 니즈 그리고 일하는 방식은 '강한 Red*'를 나타내고 있었다. 반면 구성원 절반 이상의 니즈는 '강한 Blue'로 나타났다.

앞서 살펴봤듯이 Red의 행동은 다른 컬러에 비해 저돌적이고 직설적이다. 또한 욕구나 일하는 방식마저 Red이므로 목표 달성을 위해 구성원을 상당히 압박했을 거라 예측할 수 있었다. 문제는 구성원의 니즈가 Blue라는 점이었다. 이들에겐 일을 추진하기 위한 아이디어를 모을 시간이 필요하며 감정적인 배려가 필요함에도 새로 부임한 임원은 그런 니즈를 전혀 모르고 있었던 것이다.

그러나 워크숍 이후에는 임원과 구성원 모두가 서로의 차이에 대해 이해할 수 있게 되었다. 특히 임원의 경우 구성원에 대한 자신의 배려가 부족했음을 절실히 느꼈다고 한다. 나는 버크만 진단 결과를 바탕으로 맞춤 솔루션을 제공할 수 있었다. 모든 지표가 Red인 임원에겐 일방적인 지시보다는 제안하는 방식으로 일을 지시할 것을 당

---

* 지표를 나타내는 기호의 위치에 따라 컬러별 특성의 강도가 달라지는데, 각 컬러 영역의 모서리로 갈수록 그 컬러 특성이 강하게 나오는 반면, LSG의 중앙에 위치할수록 다른 컬러 특성과 섞인 모습을 보인다.

부했다. 그리고 Blue 성향이 강한 구성원에겐 일을 지시받으면 하염없이 미루지만 말고 일의 진행 상황을 수시로 보고하도록 했다. 또한 그 임원에게 보고할 땐 결과 중심적인 Red의 특성을 고려해 결과부터 말하도록 조언했다. 또한 임원과 구성원이 대화를 통해 일의 처리 기한을 정함으로써 서로 간의 불만을 최소화할 수 있도록 했다. 이후 그 회사는 빠른 속도로 팀워크를 회복할 수 있었다.

이처럼 서로의 차이점을 이해하기만 해도 우리는 얼마든지 조직의 분위기를 바꿀 수 있다. 저 멀리 외국에 있는 사람보다 옆에 있는 동료가 더 이질적이라는 사실을 기억하길! 다시 말하지만 그런 차이점은 소통에 대한 서로의 '니즈'를 이해하고 존중하는 것만으로도 충분히 해결될 수 있다.

참고로, 버크만 진단을 통해 자신에게 가장 적합한 직무 또는 직업을 찾을 수도 있다. 진단 신청은 버크만 코리아 홈페이지(www.birkmankorea.co.kr) 또는 가까운 버크만 컨설턴트에게 요청하면 된다.

또한 강남역에 위치한 '카페 버크만'(www.cafebirkman.co.kr)에서는 편안한 분위기 속에서 개인 상담 또는 팀 워크숍을 진행할 수 있다. 카페 버크만에는 버크만 진단을 기반으로 한 코칭 전문가들이 상주하고 있으므로 커플 관계나 부부관계, 또는 진로에 대한 고민이 있을 때 방문해 볼 것을 추천한다.

※ 감수 및 자문: 버크만 코리아(www.birkmankorea.co.kr)

Summary 5

진정한 팀워크는 '다름'을 존중할 때 발휘됩니다.

① 우리는 개인적 이익과 개성을 존중받을 때 협력하게 됩니다.

우리 팀, 우리 회사는 왜 이렇게 팀워크가 안 맞을까요? 그건 바로 각자의 이익이나 개성을 존중받지 못한 채 일방적으로 협력을 강요당했기 때문입니다. 이제 서로의 '다름'을 이해하고 존중해야 합니다. 그게 바로 우리 인간의 본성입니다. 각자가 개인으로서 존중받을 때 비로소 팀워크가 살아나기 시작합니다.

② '다름'을 파악할 수 있게 해주는 최적의 도구, 버크만 진단

1940년대 미국의 버크만 박사에 의해 개발된 버크만 진단은 70년 가까이 전 세계 8,000여 개 기업에서 활용된 성격 진단입니다. 오랜 시간 축적된 성격과 직업적 특성에 관한 빅 데이터를 기반으로 자신과 타인에 대한 입체적인 이해를 도와주는 최적의 도구입니다.

③ 소통에 대한 각자의 '니즈'가 중요합니다.

버크만 진단의 핵심은 바로 내면에 감춰진 욕구, 즉 대인관계에서 자신이 필요로 하는 '니즈(Needs)'입니다. 이 '니즈'가 채워지지 않으면 스트레스가 쌓이고 주변 사람들과 갈등하게 됩니다. 버크만 진단을 통해 자신과 타인의 니즈를 정확하게 파악하고 이를 존중하며 서로 맞춰 갈 수 있는 기회를 가지면 조직 내에서의 갈등을 해결하여 진정한 팀워크를 발휘할 수 있습니다.

이제 우리는 '직원존중 주식회사'로 출근한다.

아침에 눈을 떴을 때 우리의 머릿속에는 어떤 생각이 제일 먼저 떠오를까? 아마도 "오늘 회사 가기 싫어!"가 아닐까? 매일 아침마다 우리는 출근하기 싫은 마음과 출근을 해야만 하는 현실 사이에서 처절한 사투를 벌인다. 슬프게도, 언제나 이기는 쪽은 출근해야 하는 현실이다.

이 책은 그런 현실을 조금이라도 개선하기 위해 썼다. 지금까지 우리는 세 단계의 여정을 거쳤는데 첫 번째 단계에서는 강압적인 조직에서 살아남기 위한 매우 현실적인 방법을 살펴봤다. 두 번째 단계에선 더 나은 조직을 만들기 위해 리더가 가져야 할 바람직한 자세에 대해 알아봤다. 세 번째 단계에서는 아침에 출근하고 싶을 정도의 좋은 회사를 만들기 위해 우리 모두가 동참할 수 있는 일에 대해 살펴봤다. 이 모든 일의 중심에는 서로에 대한 '존중'이 있었다.

이제부터 회사 생활이 아무런 의미가 없는 제로섬 게임이 되지 않기를 바란다. 인생의 대부분의 시간을 보내야 하는 직장 생활이 아무런 의미가 없다면 우리 인생은 도대체 어떤 의미를 가질 수 있을까? 이 책을 읽고 난 이후부터는 서로 존중하는 태도를 바탕으로 즐겁게 일할 수 있는 조직문화를 형성해 나가기를 희망한다.

나는 이러한 일이 결코 낙관적인 희망만으로는 이뤄지지 않는다는 사실을 잘 알고 있다. 원래 인간은 자기중심적이어서 자신에게 이익이 되지 않는 일에는 절대 나서지 않는 법이다. 그러나 서로를 존중하고 높여 주는 건 자기에게 이득이 될 뿐만 아니라 우리 모두가 행복할 수 있는 지름길이라는 사실을 잊지 말았으면 좋겠다.

이제 300쪽이 넘는 긴 여정을 이 한마디로 마무리하고자 한다. 그것은 바로 우리가 '황금률'이라 부르는 원칙이다. 이 원칙은 조직 내에서 당신의 직급과 직책이 무엇인지 불문하고 공통적으로 적용된다.

"무엇이든지 남에게 대접을 받고자 하는 대로 남을 대접하라."

내가 다른 이들을 존중하는 만큼 나도 존중받을 수 있다니, 세상은 참으로 공평하다. 결국 모든 변화는 '남'이 아닌 '나'로부터 시작되며 그런 변화에 동참하는 사람이 많아질수록 정말로 환상적인 일터를 만들 수 있다는 사실을 잊지 말기를!

이 책을 읽은 모든 독자들이 언젠가 아침에 눈을 떴을 때 빨리 일하러 가고 싶다는 생각이 드는, 그런 찬란한 아침을 맞이하길 진심으로 소망한다. 일하러 가고 싶어 견딜 수 없는 회사를 한마디로 표현하면 '직원존중 주식회사'가 아닐까?

이제 우리 모두가 '직원존중 주식회사'로 출근하는 그 날을 꿈꾸며 이 책의 마침표를 찍는다.

참고 문헌

Step 1

1) 여전한 유리천장… 500대 기업 중 336곳 여성임원 '0명', 연합뉴스, 2017.7.26.
2) 허두영, 요즘것들, 씽크스마트, 2018, 61p.

Step 2

1) 대한상공회의소, 국내기업의 회의문화 실태와 개선해법, 2017.2
2) 대한상공회의소, Mckinsey&Company, 한국기업의 조직건강도와 기업 문화 진단 보고서, 2016.3.15, 18p.
3) 류랑도, 임파워먼트와 델리게이션, 월간인사관리 2017년 4월호
4) 마키아벨리, 로마사론, 연암서가, 2016, p.419
5) 차형석, 이채욱 GE코리아 사장 "옳은 것은 나쁜 것이다", 시사저널, 2004.6
6) 에릭 슈미트, 조너선 로젠버그 등, 구글은 어떻게 일하는가, 김영사, 2014, 14p.
7) 김기성, '술·골프·회식·의전 없는 차석용의 '5無 경영'…기적을 쏘다', 조선일보 위클리비즈, 2017. 3. 4
8) 김기성, '술·골프·회식·의전 없는 차석용의 '5無 경영'…기적을 쏘다', 조선일보 위클리비즈, 2017. 3. 4
9) 문유석, [문유석 판사의 일상有感] 부장님들께 원래 드리려던 말씀, 중앙일보, 2017.1.31
10) KBS 명견만리 제작팀, 명견만리 새로운 사회 편, 2017, 인플루엔셜, p.253
11) KBS 명견만리 제작팀, 명견만리 새로운 사회 편, 2017, 인플루엔셜, p.253~254
12) 장재웅, '빠름'이 아니라 '빠른 판단력'이다. 시각화와 피드백에 답이 있다. 동아비즈니스리뷰, 2016.9월, Issue 2
13) 이대호, 모바일게임 평균수명, 6개월 남짓… 국내는 더 짧아, 디지털데일리, 2016.7.21
14) 강희석, '하고, 실패하고, 배우고, 다시하고, 민첩한 조직이 IT변혁기의 승자다', 동아비즈니스리뷰 209호, 2016. 9. Issue(2)
15) 한은정, 빨라야 살아남는다… 신한금융, 애자일조직 도입한다, 머니투데이, 2018.7.4
16) 장재웅, '빠름'이 아니라 '빠른 판단력'이다. 시각화와 피드백에 답이 있다. 동아비즈니스리뷰, 2016.9월, Issue 2
17) 대럴K. 릭비, 제프 서덜랜드, 앤디 노블, 애자일을 확장하라, 하버드비즈니스리뷰, 2018.5-6월호

Step 3

1) 김선민, 유럽연합(EU)의 비재무적 정보 공시 현황 및 시사점, 한국기업지배구조원, 2013
2) 임우선, 선진국서 중시하는 '비재무적 성과(ESG)'는?, 동아일보, 2009.9.23
3) CSV Platform 홈페이지 참조
4) 한국생산성본부 지속가능경영센터, 2017 다우존스 지속가능경영지수(DJSI) 평가결과 발표 보도자료
5) 박돈규, 폭탄주, 회식, 눈치… '푸 상무'의 한국 향수병, 조선일보, 2017.8.12
6) 임주환, 강제 참석에 뻔한 내용… 직장인 70% "회식문화 불만", 한겨레, 2007.6.19
7) 최성근, 직장인 61% 쉬자고 만든 회식에 스트레스… 이유는?, 이데일리, 2016.7.11
8) '시스템보다는 사람이 우선이다', 월간 HRD, 2015.10

9) 어도비.인텔.페이스북.구글.테슬라 사례 모두 '실리콘밸리사람들은 어떻게 일할까?, 삼성경제연구소, 2017'에서 인용

10) 신무경, 네이버는 어떻게 일하는가, 미래의창, 2018, 101p.

11) '일하기 좋은 기업(GWP) 발굴 통해 한국 기업 경쟁력 높여', 월간HRD, 2015.10

12) 캐논코리아 사례는 '류랑도.캐논코리아의 혁명은 포장마차에서 시작되었다. 랜덤하우스,2011' 및 '류랑도.이재용이 캐논코리아 안산공장을 세 번이나 찾은 까닭.주간조선.2011.11.21' 참조

13) 박성민, 10% 해고 룰… 첫 도입 GE는 이미 없앴다. 중앙일보, 2016.5.13

14) 정동관·이경희·정경은·최미나·김훈·김기선, 사무직 근로 시간 실태와 포괄 임금제 개선방안, 한국노동연구원 연구보고서 2016-9

15) 정동관·이경희·정경은·최미나·김훈·김기선, 사무직 근로 시간 실태와 포괄 임금제 개선방안, 한국노동연구원 연구보고서 2016-9

16) 곽용희, 포괄 임금제, 어떻게 태어나서 어떻게 사라질까, 월간노동법률, 2017년 7월호

17) 김상윤, [노동자 울리는 포괄 임금제] ② 헐값에 팔리는 '인간자유이용권', 이데일리, 2012.6.22

18) 앞서 설명한 바와 같이 연장근로와 별도로 인정되던 '휴일근로'가 사라지고, 주40시간을 초과하는 시간은 모두 연장근로로 산정된다.

19) 김범수, 고용부 "6월까지 '포괄 임금제 지침' 마련… 오남용 방지", 연합뉴스, 2018.4.10

20) 제이 W. 로쉬, 에밀리 맥타그, 문제의 주범은 문화가 아니다. 하버드비즈니스리뷰 한국어판, 2016.4월호

21) Jeanne Ellis Ormond, 인간의 학습(제5판), 시그마프레스, 2009, 650~651p.

22) 임명기, 일이 너무 따분해… '잡 크래프팅'이 필요하군요, 한국경제뉴스, 2013.3.28

23) 강혜선, 최금용, 구자숙, 잡 크래프팅과 성과 간 관계에 대한 매개효과: 일에 대한 심리 태도를 중심으로, 고용직업능력개발연구 제20권(1), 2017. 4, pp. 1~26

24) 강희석, 하고.. 실패하고.. 배우고… 다시하고… 민첩한 조직이 IT변혁기의 승자다. 동아비즈니스리뷰, 2016.9. Issue 2

25) 김철수, 작고 멋진 발견, 더퀘스트, 2018, 50~51p.

26) 금원섭, "수시로 평가해달라"… SNS세대는 다르네!, 위클리비즈, 2011.9.17

27) 류랑도, 성과중심으로 일하는 방식, 쌤앤파커스, 2017, 24~26p.

28) 장재웅, 스펙.정년.징벌.상대 평가 없애… HR이 경영의 본질, 동아비즈니스리뷰, 2018, 5월, Issue1

29) 이명우, 사일로 경영 탓에… 소니, 아이팟 만들 기회 놓쳐, 조선비즈, 2012.5.3

30) 토머스 프리드먼, 평균은 끝났다, 동아일보, 2012.1.31.

31) 나무위키, '월드컵 디펜딩 챔피언 징크스' 참조

32) 이재원, 한샘은 어떻게 이케아를 이용했나, 티타임즈, 2016.2.17

33) 고란, 여성이 고객인 가전사, 경영은 남성… 아이러니 아닌가, 중앙일보, 2013.3.8

34) 김창환, 김창환의 통계 인사이트, '여성혐오 남성에게 닥칠 암울한 미래', 주간동아, 1042호 (2016.6.15), p.56~57

35) Sangeeta Bharadwaj Badal, The Business Benefits of Gender Diversity, Gallup Business journal, January 20, 2014

36) Sharon Florentine, 여성 직원을 채용해야 하는 6가지 이유, CIO(한국 IDG) 홈페이지에서 재인용, 2015.1.21

37) 김민희, CJ는 어떻게 여대생 선호 1위 기업이 되었나, 주간조선, 2348호(2015.3.16)

38) 연합뉴스, 대학생 '취업선호 1위' 기업은 CJ…네이버 · 삼성전자 '톱3', 2018.6.25

39) 이상 CJ관련 정보는 '김민희,CJ는 어떻게 여대생 선호 1위 기업이 되었나, 주간조선, 2348호 (2015.3.16)' 및 '권기범, 리턴십 도입 1년. CJ의 성공모델 만들기,동아일보,2014.10.10' 참조

40) 성희롱(성폭력) 고충상담원 업무매뉴얼, 한국양성평등교육진흥원 폭력예방교육부, 2017, p.10

41) 직장 내 성희롱 예방, 대응 매뉴얼, 고용노동부, 2017, p.18

42) 무타 카즈에, 부장님, 그건 성희롱입니다. 나름북스, 2015, p.34

43) 직장 내 성희롱 예방, 대응 매뉴얼, 고용노동부, 2017, p.9

44) 대법원2009.2.26. 선고 2008다89712 판결 참조

45) 직장 내 성희롱 예방, 대응 매뉴얼, 고용노동부, 2017, p.65

46) 마이클 킴멜, 남성의 참여를 이끌어내는 방법, 하버드비즈니스리뷰 한국어판, 2018년 5~6월호, p.198

47) 직장 내 성희롱 예방, 대응 매뉴얼, 고용노동부, 2017, p.83

48) 직장 내 성희롱 예방, 대응 매뉴얼, 고용노동부, 2017, p.78

49) 차이 R. 펠드블룸, 빅토리아 A. 리프닉, 성희롱 문제에 더 이상 침묵하지 않는 방법, 하버드비즈니스 리뷰 한국어판, 2018년 5~6월호, p.185

50) 남녀고용평등법 제14조 제3항 (2018.5.29부터 적용)

51) SAMSUNG NEWSROOM, 스페셜리포트: '미래 기업 운영의 뇌관 밀레니얼 세대 공략법', 2018.1.31

52) 서울대 소비트렌드 분석센터, 트렌드 코리아 2017, 미래의 창, 2017, p.244~245

53) 이재원, 시리얼, 패밀리레스토랑, 맥주, 비누, 골프, 다이아몬드, 백화점의 몰락, T Times, 2017.8.25

54) 한용수, '취업 어렵지만' 신입사원 4명 중 1명 "입사 5개월 만에 조기 퇴사", 메트로신문, 2018.7.19

55) 진주화, 밀레니얼 세대에게 필요한 동기 부여 방식, LG Business Insight, LG경영연구원, 2016.9.28

56) 서울대 소비트렌드 분석센터, 트렌드 코리아 2017, 미래의 창, 2017, p.259

57) 곽상아, '박근혜-최순실' 때문에 피로한 사람에게 추천하는 '장수풍뎅이 연구회' 이야기, 허핑턴포스트 코리아, 2016.11.21

58) 대도서관, 유튜브의 신. 비즈니스북스, 2018, p.174~176

59) 서울대 소비트렌드 분석센터, 트렌드 코리아 2017, 미래의 창, 2017, p.263

60) 닐 도시, 린지 맥그리거, 무엇이 성과를 이끄는가, 생각지도, 2015

61) 박은연, 글로벌 10대 인사 동향과 아벨리노 랩스 사례, 월간인사관리, 2018년 5월호

62) 닐 도시, 린지 맥그리거, 무엇이 성과를 이끄는가, 생각지도, 2015, p.187

63) 허두영, 요즘것들, 도서출판 씽크스마트, 2018, p.219

64) 제프 콜빈, 재능은 어떻게 단련되는가, 부키, 2014, p.295

65) 허두영, 요즘것들, 도서출판 씽크스마트, 2018, p.219

66) 이어령, 흙 속에 저 바람 속에, 문학사상, 2002(신판)

67) 로저 버크만, True Colors, Birkman korea, 2014, 12~13p

68) 샤론 버크만 핑크, 스테파니 케이퍼렐, 버크만 프로젝트, 위너스북, 2015, 53p.

69) 버크만 진단은 신청자의 대인관계에 관한 분석 뿐만 아니라 일을 처리하는 방식이나 적합한 직업군과 같은 직업적 특성에 대한 정보도 제공한다.

70) 샤론 버크만 핑크, 스테파니 케이퍼렐, 버크만 프로젝트, 위너스북, 2015, 33p.

71) 샤론 버크만 핑크, 스테파니 케이퍼렐, 버크만 프로젝트, 위너스북, 2015, 68~69p.

그림 출처

〈버크만 진단에서의 'Life Style Grid (LSG)'〉

(그림 출처: 로저 버크만, True Colors, Birkman korea, 2014, 71p.)

〈4가지 컬러별 특성〉

(그림 출처: 샤론 버크만 핑크,스테파니 케이퍼렐, 버크만 프로젝트, 위너스북, 2015, 54p.)

〈4가지 지표를 나타내는 기호들〉

(그림 출처: 버크만 컨설턴트를 위한 강의자료, 버크만 코리아 제공)

〈버크만 진단 결과〉

(그림 출처: 버크만 진단 결과 리포트)

〈조직지향점(Organizational Focus) 예시〉

(그림 출처: 버크만 컨설턴트를 위한 강의자료, 버크만 코리아 제공.)